ZHONG GUO DIAN JI YU WEN HUA

○○ 国家图书馆古籍馆
《中国典籍与文化》编辑部 编

中国典籍与文化

第九辑

讲座丛书

第二编

国家圖書館出版社

图书在版编目(CIP)数据

中国典籍与文化(第九辑)/国家图书馆古籍馆,《中国典籍与文化》编辑部编. --北京:国家图书馆出版社,2016.11

(讲座丛书第二编)

ISBN 978 - 7 - 5013 - 5820 - 5

Ⅰ.①中…　Ⅱ.①国…　②中…　Ⅲ.①古籍—中国—文集②中华文化—文集　Ⅳ.①K203 - 53

中国版本图书馆 CIP 数据核字(2016)第 094563 号

书　　名	中国典籍与文化(第九辑)	
著　　者	国家图书馆古籍馆　《中国典籍与文化》编辑部　编	
责任编辑	张珂卿　赵　嫄	
出　　版	国家图书馆出版社(100034　北京市西城区文津街7号)	
	(原书目文献出版社　北京图书馆出版社)	
发　　行	010 - 66114536　66126153　66151313　66175620	
	66121706(传真)　66126156(门市部)	
E-mail	nlcpress@ nlc. cn(邮购)	
Website	www. nlcpress. com→投稿中心	
经　　销	新华书店	
印　　装	河北三河弘翰印务有限公司	
版　　次	2016 年 11 月第 1 版　2016 年 11 月第 1 次印刷	
开　　本	787×1092(毫米)　1/16	
印　　张	16	
字　　数	240 千字	
书　　号	ISBN 978 - 7 - 5013 - 5820 - 5	
定　　价	49.00元	

目 录

孙燕峰

中医的基础理论与发展

　　孙燕峰　主任医师。1982年12月毕业于北京第二医学院中医系。曾在首都医科大学中医药学院、北京联合大学特殊教育学院任教。现为北京市朝阳区中医医院主任医师。发表论文多篇，为《中医内科临证手册》一书副主编。用中医和中西医结合的方法治疗常见病和多发病及一些疑难杂症，治疗风湿性疾病，如 SLE 肾病、湿疹等取得良好疗效。

中医是中国人民几千年来与疾病抗争的医疗技术。《周礼·天官冢宰》里有医师、食医、疾医、疡医的记载。"东周时医与巫分业，医尚用药治病。"（《中国通史简编》）说明专门的医疗活动 2000 多年以前就已经开始，而且分类明确。

中医学包括中医基础理论、临床医学和预防医学三部分。学习中医必须从它的理论开始。中医学理论体系在秦、汉时期已经形成。在这一段时间里先后出现了《黄帝内经》《神农本草经》《难经》和《伤寒杂病论》等医学著作，形成了中医理法方药比较完整的理论体系。

中医的基础理论与现代医学的基础理论有巨大的差异。现代医学的理论是从人体解剖、生物实验技术发展起来的，它的发展依靠了现代科学技术的成果。比如显微技术、化学技术、X线的影像技术，还有电子计算机技术等等。实验结果是能看得见的，所以比较直观，容易被现代人所理解和接受。

中医理论的形成是 2000 多年以前的事，不可能依靠现代先进的实验技术。由于社会制度和封建思想的束缚，人体解剖也是非常困难的事。为了治病，必须找出人体生理病理的变化，所以人们就把长期、大量的治病、养生的经验，以及所观察到的生命现象归纳起来，从中理出规律性的东西，这样就出现了五脏六腑、经络、气血津液、病因病机等理论学说。目的是说明人体内部组织的、看不到的生理和病理的变化。另外，脏腑与脏腑之间，脏腑与气血津液之间等还有一些关联，所以借用当时的阴阳五行学说来说明脏腑和各组织间的关系及生理病理的变化。这些理论构架了人体的理论模型，后来人们遵照这个模型进行医疗实践。随着经验不断增多，理论不断发展，补充这个模型的内容，使之越来越丰富，中医理论不断地完善、细化。

因时间关系，今天从三个方面讨论中医理论的特点和它发展的大概情况（如有谬误，纯属个人观点，还请批评指正）。

一、承传与发扬，综合与实践

（一）承传与发扬

中医理论的形成已有几千年的历史，理论形成发展的过程，正如张仲景《伤寒杂病论》一书的序中所叙"勤求古训，博采众方，撰用素问、九卷、八十一难、阴阳大论、胎胪药录并平脉辨证为伤寒杂病论，合十六卷"。勤求古训，博采众方，《素问》《九卷》《八十一难》《阴阳大论》《胎胪药录》是继承、借鉴前人的经验和成果，平脉辨证是总结归纳自己的实践经验，提出自己新的观点。这个模式也是中医理论的从无到有的发展模式。

《史记·扁鹊仓公列传》也说明了这一点。扁鹊的老师长桑君教他医道时候给了他两样东西，一是"悉取其禁方书尽与扁鹊"，这个"禁方书"应该是经验方剂秘笈。二是"出其怀中药予扁鹊"，并且说"饮是以上池之水，三十日当知物矣"。让扁鹊吃了药，30天后就能隔墙看见人，能看见人的五脏六腑。从表面上看，该药让扁鹊产生了特异功能。这种特异功能的出现不能说不可能，因为长桑君也认为扁鹊"非常人也"。但是从客观上看，应该是教会了扁鹊认识疾病的方法，扁鹊路过虢国救治太子时，他就说能够"闻病之阳，论得其阴；闻病之阴，论得其阳"。所以说这个方法就是中医理论。

文中的另一位名医是太仓公淳于意。他的老师阳庆"使意尽去其故方，更悉以禁方予之，传黄帝、扁鹊之脉书，五色诊病，知人死生，决嫌疑，定可治，及药论，甚精"。这里"黄帝、扁鹊之脉书""五色诊病"就是中医关于诊法的书。这些书已经失传，失传的原因可能有多种，最主要的可能是后来出现的《黄帝内经》《神农本草经》已经能够取代它了。

《汉书·艺文志》记载医经七家，有《黄帝内经》《黄帝外经》《扁鹊内经》《扁鹊外经》《白氏内经》《白氏外经》《白氏旁篇》，现仅存《黄帝内经》。《黄帝内经》包括《素问》和《灵枢》两部分，共有162篇文章。这些篇章各自独立，又互有联系。因为《黄帝内经》不是一人所为，所以有些内容的观点还不完全一致，像是一本论文集。

《黄帝内经》中也常引用《上经》《下经》《奇恒五中》《阴阳从容》《揆度》《明堂》等内容。在第一篇《上古天真论》中就有"夫上古圣人之教下也，皆谓之虚邪贼风，避之有时。恬淡虚无，真气从之……"一段，与老子《道德经》的内容十分相似。这说明《黄帝内经》理论传承了前人的实践经验，是多种学术观点的阐释和总结。学术上的争鸣与融合，使得这本书把中医理论发展到一个很高的水平，成为旷世千年的鸿篇巨著。后世称之为"医家之宗"，是学习中医必读的古典医籍。中医各家无不研习其理论以指导医疗实践。

后人在研究、学习的过程中，一些注家把《黄帝内经》里的内容按照阴阳五行、藏象、经络、气血津液、病因病机、病证、诊法、论治（药性学说）、养生、运气等系统进行分类加以注释，使中医的基础理论分类更加明晰。

（二）对生命现象的观察

中医理论中的很多观点来自于对自然现象、生命现象的观察。比如"天癸"，《素问·上古天真论》："女子七岁，肾气盛，齿更发长；二七而天癸至，任脉通，太冲脉盛，月事以时下，故有子；三七肾气平均，故真牙生而长极；四七筋骨坚，发长极，身体盛壮；五七阳明脉衰，面始焦，发始堕；六七三阳脉衰于上，面皆焦，发始白；七七任脉虚，太冲脉衰少，天癸竭，地道不通，故形坏而无子也。"这里讲述的主要是肾气与天癸关系，大致七年一个变化，从生长、壮盛到衰老出现的生命现象（男子的生长、壮盛和衰老也是这个规律，只不过男子以"八"数）。天癸在这里是指与肾气有密切关系、促进生殖机能成熟的物质，现代称为激素。没有长时间的观察，不可能得出这样规律而细致的结论。

二、强调整体观，阴阳为总纲

（一）中医理论是研究现象与内在组织功能关系的理论

中医基础理论运用阴阳五行、脏腑、经络、气血津液等构建了一个人体的模型，并且以此来说明人体内部各个组织结构的功能。各脏器的功能，在外都有所表现，或者说是人体内部组织功能活动的外在表象，即所谓"藏于内而象于外"。中医治疗疾病，就是通过对现象（症候）的分析，找到内在的生理病理的变化，再通过中药、针灸等治疗方法来纠正体内阴阳的偏盛偏衰，使机体内达到阴平阳秘的状态。

正常表现—脏腑—生理功能

异常症状—辨证—脏腑—治疗

现在的电视节目里，经常播放关于做饭的内容。一个菜除了色、香、味以外，还有一些营养专家经常提到的"开胃健脾"或者"补血养颜"等功用。如果简单地理解，开胃健脾就是提高食欲并且对人有补益作用。如果仔细分析什么是开胃，什么是健脾，就是中医理论了。

中医理论中胃的功用有受纳饮食水谷，所以称为"水谷之

海"。胃有"腐熟水谷"的功能，也就是初步的消化作用。胃有胃气，以和降为顺，如果胃气失于和降，会出现脘痞纳呆、嗳腐呕恶等症状。这里的受纳（进食）或者出现脘痞纳呆、嗳腐呕恶等病理现象是能够看得见的"象"；而"腐熟"和"胃气"是看不见的藏于内的"藏（腑）"的功能。胃气和腐熟水谷的功能是否正常，要从症状表现上来分析。

再说脾。中医的脾脏和现代解剖学中脾不是一回事，中医五脏的功能，不能套用现代解剖学中相应脏器的概念，脾就是其中的一个例子。中医中脾的功能是：运化、升清、统血，主肌肉四肢，开窍于口，其华在唇，与胃相表里。

运化是指把饮食水谷消化成为精微物质，再输送到全身，水谷精微物质是气血生化之源泉。所以，脾有后天之本的说法。脾运化失常，会导致消化异常，出现腹胀、大便溏泻、纳呆、气血虚弱的现象。脾运化水湿的功能失常，就会出现腹胀、痰饮、水肿等病证。

脾主升清，是指在脾气的作用下，水谷精微物质上升布散、输送到肺，布散到清窍（大脑），维持脏腑和其他组织器官的功能活动。另外脾气上升的功能正常，还可以维持内脏位置的固

定。清气不升，就会清窍失养，出现头晕目眩等症状。清浊不分而下注，就会出现便溏、带下、身倦乏力等症状。脾和胃的气一升一降，维持人体消化系统的功能正常，如果出现相反的情况，就是《阴阳应象大论》所说"清气在下，则生飧泄，浊气在上，则生䐜胀"，出现病理的状态。

脾统血是说脾气有统摄血液在血脉中正常运行的功能。脾虚不能统血，会出现血外溢，如皮下出血、便血等现象。治疗以补气摄血为主，可用归脾汤治疗。

脾主四肢肌肉。脾的功能正常，水谷精微营养肌肉，可使肌肉发达、壮实有力。反之，则会消瘦，肌肉疲软无力，甚至出现痿证，不能随意运动。治疗上多以健脾益气为主。

脾开窍于口，其华在唇。脾气正常，食欲旺盛，口味正常，能"知五谷"。反之，食欲改变，口味异常，如出现口淡、口甜、口粘等症状。口唇可以反映脾的功能是否正常，脾气健运，口唇红润光泽，脾虚则会口唇发黄、干裂等。

总之，开胃实际上是开脾胃之气，增强胃的腐熟、和降功能，增强脾的运化功能，从而增加食欲，促进消化。

（二）强调整体观

整体理论是中医理论的一大特点，它强调局部与整体的关系以及人与自然的联系。

1. 人本身是一个整体

脏腑经络气血阴阳等组成了一个人的整体。当人体出现疾病时，某一局部或脏器的病理变化，会影响到其他脏器。

比如发怒以后，会使人食欲减退。用中医的理论解释：肝在五行之中属木，木能疏土；脾属土，有运化水谷精微输送到全身的功能。脾的运化功能正常需要木的疏泄，发怒会使肝气郁滞，疏土的功能受到影响，脾的运化功能也会受到影响。临床的辨证"肝脾不和"，方用柴胡疏肝散、逍遥丸之类。

《回春录》有一则医案："曾稼梅令媛，患眩晕，脘痛，筋掣，吐酸，渴饮，不饥，咽中如有炙脔，朱某与温胃药，病日剧。孟英诊脉，弦滑，投：（竹）茹、贝（母）、（吴茱）萸、（黄）连、旋（覆）、赭（石）、栀（子）、楝（实）、枳（实）、郁（金）、雪羹之药，十余剂始愈。"这是一个头晕胃疼的病例。

7

病机是肝郁气滞，肝火上炎而眩晕，邪犯脾胃，痰火中生而胃脘痛。前面医生误用温补法，使病情加重。王孟英采用左金丸、川楝、栀子解肝郁清肝热，旋覆、代赭镇胃气，郁金、枳实、竹茹、贝母、雪羹（荸荠、海蜇等）散郁祛痰育阴，解除了病患。从这个病例的分析我们可以看出，人体的各个脏腑在一个有机的整体之中，脏腑之间互相关联。

2. 人和自然界是一个整体

人体内的阴阳变化和自然界的阴阳变化关系密切。人应该顺应自然界阴阳的变化，调整起居、劳作、心态等等。保持与四时阴阳变化的相对平衡，这样就可以达到养生防病的效果。《素问·四气调神大论》讲述了在春夏秋冬四季的养生方法之后提出："春夏养阳，秋冬养阴。"春夏自然界阳气盛，在这一时期应该保养体内的阳气，目的是有利于消除体内的阴邪（风寒湿邪）；秋冬自然界寒冷，主封藏，这时应该保养体内的阴精，有利于消除体内的阳邪（虚火），在冬季为了抵御寒冷，阳气消耗比较大，藏精目的是保证阳气消耗的需要，因为"阴者藏精而起亟也"。《素问·四气调神大论》还指出："逆之则灾害生，从之则苛疾不起，是为得道。道者，圣人行之，愚者佩之。从阴阳则生，逆之则死；从之则治，逆之则乱。"

（三）阴阳为总纲

阴阳是中国古代哲学的范畴，是一种宇宙观和方法论，是辨别事物性质归属和解决问题的出发点。《易经》中"一阴一阳之谓道"，所谓"道"就是事物对立统一，事物发生发展变化的规律。

中医所说的阴阳与唯物辩证法所说的矛盾范畴有着本质的区别。唯物辩证法所说的矛盾范畴，各对立面的性质，除了指出它的对立统一外，不加任何其他限定。所以矛盾范畴是对世界上一切具体矛盾现象最抽象、最一般的概括。而中医所用的阴阳概念仅是矛盾现象的一类而已，而且包含着一定的具体内容。所以矛盾范畴比阴阳概括的内容要广阔。

用阴阳来分门别类之后，中医理论中的人体结构、生理功能、病理变化以及对疾病的诊断、治疗的方法明朗化，起到执简驭繁的作用。2000 多年前在那样的历史条件下，人们运用阴阳、五行、脏腑、经络来解释人体内复杂的生理、病理现象，把研究的对象分门别类（辨证），从而把握治疗原则，这应该说是一个创举。因为即便到了现在，人们还不能用其他的理论来替代它。

说到人体阴阳，还必须引入一个概念"气"。在我国古代哲学领域里，"气"的概念是：微细的肉眼看不见的，活力很强的物质叫作气。中医学里"气"的概念是：构成人体和维持人体生命活动最基本的物质叫作气。人体内"气"的来源有三：首先是禀受于父母的先天精气；二是后天饮食物中的营养物质，即水谷精气（简称谷气）；三是存在于自然界的清气（空气）。在肺、脾胃和肾等脏器生理功能的综合作用下，将三者有机结合而生成人体最基本的物质。所以阴阳都以"气"为物质基础，一般称为阳气、阴气（精）。

《素问·阴阳应象大论》中说："天地者，万物之上下也；阴阳者，血气之男女也；左右者，阴阳之道路也；水火者，阴阳之征兆也；阴阳者，万物之能始也。"也就是说天为阳，地是阴，有了阴阳的天覆地载，有了阴阳之气的变化，万物才能够生长。对于人体来说，气为阳，血为阴，天向右，地向左旋转，形成昼夜、四时季节，所以左右是阴阳运行的道路。阴阳不可见，而水火可见，水火可以表示阴阳的特征。阴阳是世间万物最初的本元或元始。区分阴阳的目的在于治病必求于本——调整阴阳，使之平衡。

1. 阴阳的具体内容

（1）阴阳属性的特点

表现为剧烈运动的、外向的、上升的、温热的、明亮的，机能亢进的都属于阳；相对静止着的、内守的、沉降的、寒冷的、晦暗的、机能衰减的都属于阴。

对于人体来说"阳化气阴成形"（《素问·阴阳应象大论》）。当事物表现为"气化"状态时，属于阳，中医的生理学中把具有温煦、推动、固摄作用的"气"叫作"阳气"；当事物表现为有形物质时，则为"阴"，对人体有凉润、滋养、纳藏作用的"气"叫作"阴气"或"阴精"。

（2）阴阳对立，相互制约

从阴阳的属性特点我们不难发现，阴阳有对立的性质。二

9

者之间有相互斗争、相互制约的特性。《素问·阴阳应象大论》中说"阴胜则阳病，阳胜则阴病"，说明阴阳的胜负、失调会导致疾病的发生。阴阳要在相互对立、相互制约中达到平衡。所以《素问·生气通天论》中就说"阴平阳秘，精神乃治"。人体内的阴阳平衡，人才能健康无病。

（3）阴阳互根互用，相互依存

《素问·阴阳应象大论》中说"阳生阴长，阳杀阴藏"。人体内阴精的积蓄需要阳气的运动才能够得以实现；阳气的消耗，会导致阴精的匮乏。"阴者藏精而起亟也，阳者卫外而为固也"，"阴在内，阳之守也，阳在外，阴之使也"，阳气以阴精为基础，阴藏于内，靠阳气的固守。如老年人阳气不足，出现二便失禁，涕泪自出，口流涎唾。大出血的病人，随着阴血的流失，会出现怕冷、四肢不温的阳虚症状。

（4）阴阳的转化关系

某病症的阴阳属性在一定条件下，向相反的一方转化。表里之间、寒热之间、虚实之间、阴阳之间在一定条件下相互转化。如外感风寒有恶寒发热、头痛等表寒体征，若因治疗不当或病情发展，则病邪可由表入里，病变性质可由寒转热，最后由表寒证转化为里热证。邪气盛的实证，可因误治、失治等原因，导致病程迁延，邪气虽渐去，而正气消耗过大，逐渐转化为虚证。转化是在一定条件下才能发生，辨证时必须随时审察病机的转变，及时诊断治疗，避免疾病向恶化方向发展，促进疾病向痊愈方向转化。

（5）阴阳是相对的，有无限可分的性质

内外、上下、寒热、都是相对的。比如感冒是外感病，病位在表，相对于里证来说，表属于阳病。但是表病有寒热之分，比如有恶寒发热，身痛腰痛骨节疼痛，项背强，气喘，舌苔薄白，脉浮紧的属于外感风寒的证候，寒属于阴，所以这个证候是"阳病"中的"阴证"。治疗上用以辛温发汗的麻黄、桂枝为主的方剂。平时我们可以用姜糖水、感冒软胶囊等发汗治疗。如果感冒症状是发热恶风怕热，口舌干燥，有汗出，咽痛咳嗽，小便黄，苔白舌红，则脉浮数的证候，属于外感风热证，是表病中的阳病。治疗的方法应该是辛凉解表，用银花、连翘为主的一类方剂。从以上分析可知，虽然都是表病（阳），但是仍然有寒热（阴阳）之分。

2. 说明人体的组织结构及其功能

人的五脏六腑、上下、表里（内外）都可由阴阳来划分。
人的五脏心、肝、脾、肺、肾为阴；六腑胆、胃、大肠、小肠、
三焦、膀胱为阳。他们的作用各不相同，五脏有"藏精气而不
泻"的功能，六腑有"传化物而不藏"的特点。藏精气的功能
为阴，传化物的功能为阳，所以五脏为阴，六腑为阳。与五脏
六腑相关联的是十二经脉，根据所关联的脏腑，分为手足阴经
六条，手足阳经六条。十二条经脉首尾相连，具有联系五脏
（心包）六腑、四肢百骸，运行气血的作用。所以针刺体表局部
的穴位，可以调整相应脏腑阴阳。

3. 说明人体的病理变化

人体内的阴阳好像天平两端的砝码，一边重，另一边就显
得轻；一边轻，另外一边就显得重。总之天平的失衡，就是病
理状态，过盛的阴或阳就是病邪，阴阳的不足也是疾病的原因。
阴阳的偏盛偏衰有以下几种表现：

（1）阳胜则热，阳胜则阴病

人体内阳气偏盛而相对的阴津不足，阳邪则会耗伤阴液。
热盛为火，就会出现发热、（上火）头痛、牙疼、口渴、口舌生
疮、大便秘结、小便黄赤等症状。治疗的要点在于清热泻火，
去除火热之邪（多余的阳）。

（2）阴胜则寒，阴胜则阳病

阴寒内盛，阳气会相对不足，还会消耗阳气。阴寒内盛的症
状有手足冰凉、肢体不温、关节疼痛、恶寒、大便溏泻、小便清
长等症状。治疗的要点在于温阳祛寒，去除多余的阴寒之邪。

（3）阳虚则内寒

阳气虚时，不能制约阴气，会出现虚寒的症状，畏寒怕冷，
治疗时以温阳为主，益火之源，以消阴翳。

（4）阴虚则内热

阴虚时，会出现阳亢的症状，如五心烦热、口渴、夜眠多
梦的症状。治疗的方法在于补阴使阴阳达到平衡，壮水之主，
以制阳光。

（5）阳损及阴，阴损及阳

阴阳有相互依存的关系。阳气的耗损，如脾阳虚的证候，

脾的运化功能失常，水谷精微物质不能输散到全身，久而久之，阴精得不到补充，最后导致阴精虚损。又如发热大汗，汗出过多，津液大量的外泄，体内阳气也会随着津液的流失而外耗，这就是人们通常所说的大汗亡阳。

4. 用于疾病的诊断

中医理论的最终目的是要辨证施治。这里的"证"不是症状，症状是指疾病某个的外在的表现或体征，如头痛、发热、咳嗽、心慌等。证，即证据、证候的简称，是一组症状；是指疾病某一阶段；是邪正斗争的强弱比例，表现为阴阳的偏盛偏衰的病理情况的概括。辨证就是通过望、闻、问、切四诊搜集症状、体征，进行综合分析，辨明疾病的病因、病变部位、病变性质以及病变与脏腑之间的关系，从而认识疾病，做出正确的诊断，最后"对证下药"。

中医辨证的方法有多种，主要有六经辨证、八纲辨证、病因辨证、脏腑辨证、卫气营血、三焦辨证等。不管哪种辨证方法都是以阴阳作为辨证的总纲。

以八纲辨证为例：

八纲辨证是一种中医辨证的基本方法，根据四诊取得的信息，进行分析综合，以探求疾病的性质、病变部位、病势的轻重、机体反应的强弱、正邪双方力量的对比等情况。具体内容有阴、阳、表、里、寒、热、虚、实八类证候。在这八项中：

表、实、热——阳，

里、虚、寒——阴。

后人把八纲辨证称为两纲六要。

5. 用于疾病的防治

因为前面已经对疾病进行了辨证。治疗的原则就是根据病证的阴阳属性，选用治疗方法，处方用药。

阴阳偏胜的治则：以"实者泻之"为原则。

阳偏胜，属实热证，治用"热者寒之"。

阴偏胜，属寒实证，治用"寒者热之"。

阴阳偏衰的治则：以"虚者补之"为原则。

阳偏衰，属虚寒证，治用"益火之源，以消阴翳"的方法，即"阴病治阳"。

阴偏衰，属虚热证，治用"壮水之主，以制阳光"的方法，即"阳病治阴"。

归纳药物性质。《素问·阴阳应象大论》中说："辛甘发散为阳，酸苦涌泻为阴。"中药都有性味和归经，这是从长期实践中不断总结出来的。从神农尝百草，到后来出现的《神农本草经》，再后来到明代李时珍的《本草纲目》，这其中凝结了很多人的实践经验和智慧。根据治疗的原则选用相应的药物。寒证用热药为主，热证用寒凉药为主。

用于疾病的预防，指导养生。《素问·四气调神大论》依据了阴阳天人相应的整体理论，提出了春、夏、秋、冬四季养生的方法，强调人体内的阴阳要顺应四季阴阳的变化，使人体达到阴平阳秘的状态。

三、不断发展，任重道远

随着中医临床实践的不断进行，经验的积累越来越多，提出新观念、新论点的人层出不穷。对《黄帝内经》所没有涉及的问题人们开始不断补充。这就形成了对中医理论体系的发展。

（一）张仲景的辨证论治，千古经典

张仲景生活的东汉末年，因为连年混战，民弃农业，都市田庄多成荒野，人民生活颠沛流离，饥寒困顿，各地连续暴发瘟疫。尤其是张仲景的家乡疫情严重，"家家有僵尸之痛，室室有号泣之哀"，张仲景的家族200余人所剩无几。这种悲惨情景，使张仲景"感往昔之沦丧，伤横夭之莫救"，于是发愤学习研究医学，以期能够"上以疗君亲之疾，下以救贫贱之厄，中以保身长全，以养其生"（《伤寒论》自序）。他拜宗族中的名医张伯祖为师，竟尽得其传。《襄阳府志》一书中何颙曾赞叹说："仲景之术，精于伯祖。"关于张仲景的传说很多，例如做长沙太守、坐堂，治疗麻风、绦虫病等。

张仲景的主要贡献是《伤寒杂病论》。明代方有执说："昔人论医，谓前乎仲景有法无方，后乎仲景有方无法，方法具备惟仲景此书。然则此书者，尽斯道体用之全，得圣人之经，而时出者也。后有作者，终莫能比德焉。"（《伤寒论条辨》）

《伤寒论》的第一个特点是从疾病证候的理论上发展了《素

13

问·热论》。《热论》的六经证候大都是《伤寒论》中太阳病、阳明病中的证候，而《伤寒论》中少阳病和三阴病中的证候都是《热论》中没有的。柯韵伯在他的《伤寒来苏集》中说："《热论》之六经，专主经脉为病，但有表里之实热，并无表里之虚寒；但有可汗可泄之法，并无可温可补之例。仲景之六经，是分六区地面，所该者广，凡风寒湿热，内伤外感，自表及里，有寒有热，或虚或实，无所不包。"

《伤寒论》的第二个特点是实用性强。由于书中的六经分病、辨证论治的思想以及效如桴鼓治疗方剂的紧密结合，使其成为当时乃至2000多年以来的经典。清代的尤在泾说到《伤寒论》的方剂时认为"尝以方证对，对者其效如神"，也就是说治疗疾病康复率高。《伤寒论》中六经辨证的方法和方剂现在仍在运用。主要用《伤寒论》《金匮要略》中方剂治病的医生被称为"经方派"。

《伤寒论》的第三个特点是治学严谨。在论述六经病的每一病时，都有一条提纲。如太阳病提纲是"太阳之为病，脉浮，头项强痛而恶寒"。用现代的话来说就是一个病的诊断标准。尤在泾指出：提纲的作用如大将举旗，令人知其所向。提纲的后面是论述疾病的病因、脉象、转归等。这里提出了与《黄帝内经》"逐日传经"的不同观点，如"伤寒二三日，阳明少阳证不见者，为不传也"。这就是说，疾病的传变与否不能形而上学，要看具体情况，也就说要辨证。

在讨论具体的治疗方法时，比如桂枝汤证，有主证、有适应症、有兼证、有禁忌证。所处方剂的不但有药物剂量，兼证随证加减用药，还有该方剂的制作及煎服法。对于治疗不当或失治引起变证或坏病要"知犯何逆随证治之"。对于重证和危候，除了积极救治外，也直言不讳地提出——证候为难治或死候。也就是说，任何治疗的方法都是有局限性的。

（二）金元四家，继往开来

金元时期刘完素（守真）创立了河间学派。他认为疾病大多为火热病，而且六气皆能化火，所以治疗以清热为主。提出这一理论与"伤寒论"大相径庭。究其原因，是因为赵宋南迁以后，中国北部的广大地区成为民族斗争的战场。人民动荡不安，水深火热，热性疾病（传染病）广泛流行。在这种环境下，刘完素在实践中得出的结论，自然"因地因时，各明一义，补前人所未及"。

张从正（1156—1228），字子和，是刘完素私淑弟子。他认为外邪是导致热病的主要原因。病机方面以气血郁滞导致了疾病发生。所以主张治病要以汗、吐、下攻邪为主。《金史·本传》称张从正"精于医，贯穿《难》《素》之学，其法宗刘守真，用药多寒凉，然起疾救死多取效"。在他的《儒门事亲》里强调了汗、吐、下三法。成为攻下派的代表。

李杲（1180—1251），字明之，号东垣老人，师从张元素。在脏腑虚实议病的启发下，阐发《素问》土者生万物的理论，创"脾胃论"和"内伤说"。脾胃的运化水谷精微的功能正是人们生长发育、维持正常活动能力的后天之本。造成脾胃疾病的原因，一是天地之邪，二是水谷之寒热。水谷内伤是脾胃疾病的主要原因。因此临床以补中、升阳、益气、益胃等法为治疗脾胃疾病的主要方法，自称为"补土派"。

朱震亨（丹溪）（1281—1358），字彦修。金元四大家中，朱震亨所出最晚。他先习儒学，后改医道，30岁才开始研习《素问》《难经》等经典著作，并访求名医，受业于刘完素的再传弟子罗知悌，成为融诸家之长为一体的一代名医。因为居住的地名为丹溪，所以学者尊之为朱丹溪。

朱丹溪认为三家所论，于泻火、攻邪、补中益气诸法之外，尚嫌未备滋阴大法。认为"阴虚火动难治"，力倡"阳常有余，阴常不足"之说，申明人体阴气、元精之重要，运用四物加炒黄柏治疗阴虚火亢的证候，故被后世称为"滋阴派"的创始人。有记载说他临证治疗，效如桴鼓，多有服药即愈不必复诊之例，故时人誉之为"朱一贴"。弟子众多，方书广传，是元代最著名的医学家。后世养阴、救津、填精等法，正是受到他的影响发展起来的。

（三）温病学派，创立新篇

明清时期温病学说成熟起来，将外感热邪作为温病的主要病因。将卫气营血和三焦辨证作为认识温病的规律和治法准则，堪称古代最系统的传染病学。

明末时期，正是政治腐败，清兵入侵之际。人民生活颠沛流离，加上疫病流行，山东、浙江、河北等地，很多人感染上疫病。当时医家们都以伤寒法治疗而不能取得效果。吴有性根据自己的实践经验认为伤寒与温疫两者完全不同，他说："夫温疫之为病，非风非寒，非暑非湿，乃天地间别有一种异气所感。"他在崇祯十五年（1642）写成《温疫论》，对温疫的传染病源、传染途径以及传染病的免疫性，都做出了独到的见解。《温疫论》认为温疫乃是感染了一种叫戾气的物质。指出戾气是肉眼不能察见，感觉不能触知，耳不得闻，鼻不得嗅的一种传染病的病原体。在感染途径方面，他认为病邪从口鼻而入的为"天授"，接触致病的为"传染"。

公元18世纪以后，温病学说逐步形成了温病学派，清代著名临床医学家叶桂被推为这一学派的代表人物。叶桂（1666—1746），字天士。他少年时就继承了家传医术，又先后从师17位，学习了各家长处。叶天士毕生致力于临床工作，因此著述不多。《外感温热篇》和《临证指南》都是学生们辑录而成。

叶天士认为"温邪上受，首先犯肺，逆传心包"。说明温病先是由呼吸道感染的疾病，严重时可以出现神志昏乱。对温病的辨证论治，他认为"大凡看法，卫之后方言气，营之后方言血。在卫汗之可也，到气才可清气，入营犹可透热转气，如犀角、玄参、羚羊角等物，入血就恐耗血动血，直须凉血散血，如生地、丹皮、阿胶、赤芍等物。否则前后不循缓急之法，虑其动手便错，反致慌张矣"。温病的症状表现和发展趋势可分成"卫、气、营、血"四个阶段，表明疾病的病位由浅入深，病情由轻变重的发展趋向，治疗的方法应该遵从辨证，按卫、气、营、血不同的病理阶段进行治疗，否则就不能取得好的效果。

吴鞠通（1758—1836），名塘，江苏淮阴人。他继承发扬了叶天士的学说，参考《黄帝内经》《难经》《伤寒论》等书籍以及历代医学家的学术思想，结合自己的临床经验，在清嘉庆三年（1798）写成《温病条辨》。把温病的证候分为上、中、下三焦进行辨证论治。如上焦证候，多属呼吸系病变；中焦证候，多属消化系病变；下焦证候，多属机体抵抗力减退而形成的一系列肝肾阴虚为主的病变。

卫气营血辨证是疾病由外向里的变化，三焦辨证说明疾病自上而下的传变，二者结合起来，成为温病的立体辨证模式。吴鞠通还创制了"桑菊饮""银翘散"等著名方剂，直到今天仍在临床上广泛应用，而且疗效可靠。

温病学派形成以后，引起了"伤寒"和"温病"之间的学术争鸣。在《伤寒论》以后的1000多年里，人们不断探索对于外感热病的认知规律和治疗方法。而温病学说的成立，正是说明在《伤寒论》的基础上有了新的发展。温病学派的出现，丰富了中国医学"理、法、方、药"的内容。

（四）汇通学派，力求变革

中西医汇通思潮是在19世纪中后期，西洋医学大量涌入中国后而逐渐形成的。清末民初，西方列强获得了自由出入中国通商口岸的特权，其后，兴办了一些医院、医学校、药厂。传入包括基础医学和临床医学在内的各种西医书籍，吸收留学生，派遣传教医士来华，给传统医学的发展前景带来影响和压力。这时出现了主张将中西医学汇聚沟通的一派医学家。唐容川说："西医亦有所长，中医岂无所短？"他认为中医已发展到"气化"的阶段，超越了解剖学的阶段。

典籍与文化 9

张锡纯不仅从理论上进行中西医学汇通的尝试，更进一步从临床上，尤其是中药与西药的结合方面创制出一些中西药结合的治疗方剂。他的代表作是《医学衷中参西录》。

（五）继往开来，任重道远

近几十年，中医理论的研究有从临床病例观察入手的，有从中药及其化学成分着手的，有经络实质研究的，有从脏腑模型（肾、脾虚模型）研究的，都取得了长足的进步。但从结果看，挖掘多于创新。

中医如何发展目前也有一些分歧，孟庆云先生认为：一是原始性创新，即从新的医学实践（包括临床、理论和实践研究）中，概括出创造性的理论，如经络学说、五运六气学说、变蒸学说等；二是引申性创新，是对理论的补充、发展、完善，如张仲景把《内经》的三篇热论发展为六经辨证，金元四大家分别发挥主火、主攻、补脾、滋阴等理论而自创一家；三是整合性创新，即把中西医两种理论和方法整合而实现的综合创新，如肾虚和脾虚的动物模型研制等，超越了中医命题西医解释并

17

具有概念方法上的突破，成为整合性创新。

从现代医学发展的历史看，他们是借助了现代科技的发展：医药化学、分子水平的生物学技术，影像学技术上的发展如显微镜、电子显微镜，运用计算机技术出现了彩超、CT、核磁共振，同位素扫描技术等等。科学没有国界，医学也是一样，现代医学的发展对中医的发展既是压力也是促进。中医的理论研究也应该利用现代的科技手段。问题是中医理论是从临床实践中来的，是自下而上的经验总结。现在要反过来，用基础理论研究解决以往中医理论认识的本质问题，这个过渡显然存在巨大难度。基础性研究有超前和探索性的意义，对于中医理论体系的研究和发展，这个工作也有着十分重要的意义。基础研究的难度大，成果有不确定性，而且没有直接的效益也是当前的难题。

我去过日本筑波的一所技术大学，他们教残疾人针灸推拿。校园虽然不大，但有基础实验室，有图书馆，有很多中医方面的藏书，如《内经》《伤寒论》《金匮要略》《千金方》《诸病源候论》《景岳全书》等，在书名的下面标有"宋本""明本"的字样。看完后我有一个感觉，再过若干年，中医会不会像中国的围棋那样，在中国有上千年的历史，而围棋大师吴清源先生却要到日本去学习围棋。我们应该警醒并珍视自己民族的优秀文化，并且使之发扬光大。应该把握机遇，致力于中医学术的研究，排除干扰，把中医基础性研究推向一个新的阶段。

刘 宁

从古代医学技术的发明看中医学的历史成就

　　刘宁　1982 年毕业于首都医科大学，医学学士。首都医科大学中医药学院副教授、副主任医师。从事中医教学、临床和科研工作。在核心期刊及学术杂志发表《论中医学的整体思想》《孙思邈学术思想对金元医家的影响》《用比较的观点看中医学的特色与优势》《古籍中消渴专题的数字化研究》《论温疫学说的历史沿革与发展》《孙思邈论养生》《张锡纯〈医学衷中参西录〉学术思想探微》等多篇论文。主编全国中等成人中西医结合教育系列教材《中医妇产科学》《中医基础学》《2006 年国家执业医师考试——中医、中西医结合执业（助理）医师实践技能应试指南》等；参编《2004 年国家执业医师考试——中西医结合执业助理医师应试冲刺》《2004 年国家执业医师考试——中医、中西医结合执业（助理）医师实践技能应试指南》《急救知识与技术》等多部教材。

中国的传统医学——中医学有着悠久而光辉的历史。历经几千年的历史实践活动，形成了具有丰富医疗经验和完整思想理论的体系，为中华民族的身体健康和繁衍发展做出了卓越的贡献。它是我们伟大民族传统文化的重要组成部分。让我们走近中医，了解中医，了解中医辉煌的成就。

中医发源于黄河流域，很早就建立了学术体系。中医在漫长的发展过程中，历代都有不同的创造，涌现了许多名医，出现了许多重要学派和名著。中医学是目前全世界所有传统医学中保留最完整、最有生命力的实用医学。在漫长的历史发展中蕴藏的许多科学技术发明为人类健康生存做出了巨大贡献。今天我试从以下几个方面加以介绍。

一、中医麻醉技术与外科手术

早在公元 3 世纪，中医就开展了外科手术，并成功应用麻醉技术。享有盛名的中国外科专家——华佗，已成功地使用了全身麻醉剂并实施外科手术。20 世纪 30 年代，美国人拉瓦尔在论述华佗时指出："一些阿拉伯权威提及吸入性麻醉术，这可能是从中国人那里演变出来的。"

华佗，字元化，是东汉末年一位杰出的医学家。他精通内、外、妇、儿、针灸各科，尤以外科著名。早在 1700 多年以前，就应用麻醉剂实施腹部手术。我们看问题要用历史的观点。华佗生活的时代，正是东汉末年三国初期。那时，各路诸侯混战，水旱成灾，传染病流行，百姓处于水深火热之中。目睹这种情况，华佗非常痛恨作恶多端的封建豪强，十分同情受压迫受剥削的劳动人民。为此，他不愿做官，行医于民众之间，为人民解脱疾苦。华佗不求名利，不慕富贵，使得他能集中精力于医药的研究上。《后汉书·华佗传》说他"兼通数经，晓养性之术"，尤其"精于方药"，人们称他为"神医"。他曾把自己丰

21

富的医疗经验整理成一部医学著作。

历史上利用具有麻醉性能的药品作为麻醉剂，在华佗之前就有人使用。不过，他们或者用于战争，或者用于暗杀，真正用于手术治病的却没有。华佗总结了这方面的经验，又观察了人醉酒时的沉睡状态，发明了酒服麻沸散的麻醉术，正式用于医学。华佗是世界上第一个发明麻醉剂和使用它进行全身麻醉的医学家。直到1800年，英国人才发现氧化亚氮能在外科手术中起麻醉作用，1844年美国才开始用它治疗牙齿，1846年美国才有人开始作全身麻醉。这些发明和使用，比起华佗来要晚1600多年。古代由于缺乏麻醉药，外伤病人在手术过程中十分痛苦，经常痛得昏过去。华佗根据《神农本草经》中关于中药乌头、莨菪子、羊踯躅功效的记载，又凭借自己的临床经验，将几种具有麻醉作用的药物，编了一组医方。经过多次试验，证实这些药物确有麻醉作用。华佗将这医方定名为"麻沸散"，当作有效的麻醉药物使用。华佗治病碰到那些用针灸、汤药不能治愈的腹部疾病，就叫病人先用酒冲服麻沸散，等到病人麻醉后没有什么知觉了，就施以外科手术，打开腹腔，去除病灶，然后加以缝合，敷上药膏。四五天伤口愈合，一个月左右，病就全好。他的外科手术，受到历代推崇。由于全身麻醉的应用，使外科手术在治疗疾病中得到广泛开展。据史书记载，华佗曾用酒服麻沸散做过肿瘤切除、脾切除、肠胃吻合等腹部大手术。这与现代医学的外科手术程序非常相近。华佗在公元3世纪已发明了麻沸散，而西方医学家使用乙醚或笑气进行全身麻醉是在19世纪40年代，比中国足足迟了1600多年。所以，华佗不仅是中国第一个，也是世界上第一个使用麻醉术进行手术的人。在当时的历史条件下，华佗的麻沸散和高难度的外科手术技术，确实是中国医学和古代文化的骄傲。千百年来，人们传说的华佗给关公"刮骨疗毒"的故事，更是脍炙人口。三国初期，关羽到樊城去攻打曹操，右臂被毒箭射中。伤口渐渐肿大，十分疼痛，不能活动。经有名医生多方诊治，始终无效。华佗特为关羽治疗箭伤。关羽问华佗："用何物治？"华佗曰："自有治法。当于静处立一标柱，上钉大环，请君侯将臂穿于环中，以绳系之，然后以被蒙其首。吾用尖刀割开皮肉。"他用刀将骨头上的箭毒刮净，而后缝合复原，敷上药，包扎好，方可无事。

经过华佗的治疗关羽的剑伤痊愈了，关羽说"现在我的右臂不疼了，您真是妙手回春啊！"

华佗发明的麻沸散是全身麻醉药，而关羽的右臂箭伤只需要局部手术，不必作全身麻醉。华佗在手术时用立柱、钉环、系绳的方法，就是一种原始的局部止血减痛的手术方法。三国时期，华佗的这种局部麻醉方法比西方现代外科医学奠基人——法国医生巴雷要早得多。巴雷是16世纪一位长年在军队从事外科手术的医生，有"外科之父"之称。发明用丝线结扎血管的新方法——结扎法。16世纪的欧洲，在巴雷之前对伤员进行外科手术时，医生们通常是把伤员绑在粗笨的椅子上，由几名壮汉手持锯子拉来扯去强行锯下伤员受伤的腿。在一阵又一阵刺耳的锯骨声中，伤员歇斯底里地大喊大叫，场景使人心惊肉跳。可怜的伤兵不仅要忍受战场上创伤的痛苦，还要经受这种野蛮的外科手术的折磨，让人不忍目睹。当时欧洲的外科手术要把病人用棍子击昏，或者放血至昏迷后再进行，并用火红烙铁来烧灼血管止血，病人几乎没等手术结束，就已经被折磨死了。巴雷发明了在手术肢体的上部，用绳子紧紧绑住，然后再进行手术的方法，这样可以减轻疼痛和减少出血。巴雷的这种外科手术方法和《三国演义》中华佗所说的方法不是同出一辙吗？华佗钻研医学，一生勤奋，取得了卓越的成就，在我国的医学史上，写下了光辉的篇章。

二、中医的诊断技术

《黄帝内经》形成于古代，学术水平大大超越了当时的时代，建立了人体生命现象整体性指标，全面、深刻地总结了人的整体层次的生命规律，构建了一个完整的理论体系。《黄帝内经》建立了以人的阴阳二气为整体性指标的模糊量科学，是世界上第一个关于"人"的整体层次的理论体系，是生命科学的一座丰碑，至今无可匹敌。

望、闻、问、切四诊是中医诊断疾病的主要方法。

望诊是根据脏腑经络等理论进行的诊法。人体外部和五脏六腑关系密切，如果人体五脏六腑功能活动有了变化，必然反映到人体外部而表现为神、色、形、态等各方面的变化。所以观察体表和五官形态功能的变化征象，可以推断内脏的变化。

闻诊是医生运用自己的听觉和嗅觉，通过对病人发出的声音和体内排泄物散发的各种气味来推断疾病的诊法。通过听声音，不仅可以诊察与发音有关器官的病变，还可以根据声音的变化，诊察体内各脏腑的变化。听声音包括：语声、呼吸、咳嗽、呃逆、嗳气等。嗅气味分为嗅病体和病室的气味两种。其中，病体的气味主要是由于邪毒使人体脏腑、气血、津液产生败气，从体窍和排出物发出。糖尿病人当酮体高酸中毒时，会有烂苹果味，肾病尿毒症患者口有尿臭味。

问诊是医生采用对话方式向病人及其知情者查询患者疾病发生、发展、现在症状、治疗经过等情况的诊法。问诊主要是对客观难以察知的疾病情况，如在疾病体征缺乏或不明显时，发现可供诊断的病情资料，或提供进一步检查线索。同时，可全面掌握与疾病有关的一切情况，包括病人的日常生活、工作环境、饮食嗜好、婚姻状况等。

切诊是医生用手对患者体表进行触摸、按压的诊法。切诊包括脉诊和按诊两部分。脉诊又称为切脉、诊脉，是通过对脉象变化的体察，了解体内病变的切诊方法。按诊，是用手触摸按压病人体表某些部位，以了解局部异常变化，从而推断病变部位性质和病情轻重等情况的切诊方法。

在临床中诊断疾病要四诊合参，同时我们现在拥有现代技术，生化、影像核磁等普遍应用到中西医，使我们的诊断技术有了长足的进步。

要有效地治疗疾病，首先必须有正确的诊断。现代医学利用科学技术的有关成就，诊断疾病的手段越来越多。但在古代诊病主要靠眼望、口问、耳听、鼻闻、手摸等方法。这在古代世界许多国家几乎都是这样，而且各国都有自己丰富的经验。我国古代医学在诊断疾病方面采用的脉诊，是一项独特诊法。脉诊是中医"四诊"（望、闻、问、切）之一，也是辨证论治的一种不可少的客观依据。

脉诊在我国有悠久的历史，是我国古代医学家长期医疗实践的经验总结。《史记》中记载的春秋战国时期的名医扁鹊，便是以精于望、闻、问、切的方法，特别是以脉诊著名的。到春秋战国时期，脉诊已经达到一定水平。中医学重要著作《黄帝内经》和稍晚的《难经》中，已经对脉诊有许多详细论述。1973 年湖南长沙马王堆三号汉墓出土的医药类文献帛书——《脉法》《阴阳脉症候》，也有用脉诊判断疾病的宝贵材料。这些都说明早在 2000 多年前，脉学已成为我国古代医学的重要组成部分。到了汉代，脉诊就更加普遍了。在东汉名医张仲景《伤寒杂病论》一书中，可以看出脉诊已经广泛用于临床，并且有进一步的发展和提高。到了晋代，名医王叔和综合前代有关脉学的知识和经验，写成了《脉经》一书，成为我国现存最早的脉学专著。书中把脉分为二十四种，对每种脉象做了说明，并且叙述了各种切脉方法和多种杂病的脉症，把脉诊和病症进一步结合起来，使脉学成为更加实际的学问。

脉诊要求医生有解剖生理学等有关知识。在这方面，我国古代有许多宝贵的记述。古代医家很注意脉诊在临床上的意义，认为通过切脉可以了解病的属性是寒还是热，机体正气是盛还是衰，以及测知病因、病位和判断预后。《黄帝内经》一书提到"经脉者，所以能决生死，处百病，调虚实，不可不通"。这就是说，脉诊可以判断病人的生死，处理百病，调理虚实。《黄帝内经》已经记有十多种脉象，《脉经》总结了二十四种，以后的脉书记述甚至多达三十多种或更多。

三、中医的免疫思想和免疫技术

中医历来重视疾病的预防。《黄帝内经》中有许多关于疾病预防的论述。认为高明的医生能够洞察人体细微的变化，采取积极的措施，将疾病消除在萌芽状态，不会给病人带来很大的痛苦，正所谓"上工治未病"。而技术平庸的医生则相反，对疾病的发展变化视而不见，迁延观望，坐失良机，酿成不可救治的危证。《黄帝内经》讲道："是故圣人不治已病治未病，不治已乱治未乱，此之谓也。夫病已成而后药之，乱已成而后治之，譬犹渴而穿井，斗而铸锥，不亦晚乎！"这些论述，在今天还有深刻的现实意义。由于人类在生活过程中，切身体会到疾病的痛苦和对生产的妨碍，因而产生"防患未然"的预防医学思想，并积极行动起来，这都是很自然的事。《黄帝内经》说：在疾病没有发作前，就制止住了，才算是上等医生。这里可以看到祖国医学对于预防工作的重视。

古代人民在扑灭有传染疾病的有毒动物上，也是尽了最大努力的。对狂犬病的认识，早在《左传》一书中已有预防狂犬病的记载。晋代医家葛洪在《肘后备急方》中首创用狂犬脑组织覆贴在被咬伤的伤口上，以防治狂犬病的方法。现代医学证明，狂犬脑组织中含有抗狂犬病毒素，可见当时已有免疫思想的萌芽。德国细菌学家贝林对此称赞"中国人远在2000年前，即知'以毒攻毒'的医理"。

天花曾是全球流行最广的一种传染病，古埃及的木乃伊身上已见到天花的疤痕。在公元前6世纪，印度也发现天花流行。天花在欧洲中世纪时期也留下阴影，平均每5人中就有一位"麻脸"。18世纪，欧洲有1.5亿人死于天花。中国人很早就开始探索防治天花的办法。唐代孙思邈根据"以毒攻毒"原则，提出取天花患者疮中脓汁种于皮肤的办法预防天花。传说到宋真宗时期，宰相王旦一连生了几个儿女，都因天花而夭折。王旦老年又得一子，取名王素，为使王素逃脱天花侵袭，遂请四川峨眉山民间医生为其种痘。人痘接种术，从宋代发展到元代、明代，有关种痘的专书大量出现，数量之多，没有哪一类疾病的专书能与之相比的。清代，人痘法的推广，还得益于康熙皇帝的提倡。他首倡在皇族内接种人痘，然后推广到外边四十九旗。康熙帝一旨命令，使人痘接种术得到更大范围的推广。中医的免疫思想和免疫技术——人痘接种术的预防效果，不仅使中国人受益，而且引起世界上其他国家的注意与仿效。1688年，俄罗斯首先派人到中国学痘医，这是文献记载的最早派学生到中国学习种痘的国家。1744年，中国医生李仁山到达日本长崎，首次将中国的人痘接种术带到日本。1790年，朝鲜派使者朴斋家、朴凌洋到中国京城，回国时带走大型医学丛书《医宗金鉴》《幼科种痘心法要旨》。1721年英国驻土耳其公使夫人学种人痘，并将这种方法带回英国，以后人痘接种法又从英国传到欧洲大陆，甚至越过大西洋传到美洲。18世纪后半期，人痘接种法在上述地区已普遍施行，甚至还出现了专门以种人痘为职业的医生。

1796年，英国医生琴纳接种牛痘预防天花试验成功。1805年，牛痘接种法传入中国，逐渐取代了人痘接种。人痘接种术，是人类社会首次成功预防天花的有效方法，是人工免疫法的先驱。因此病毒的人工免疫法是由中国人发明，英国人完善的。这也说明我国人民不仅善于发明创造，而且善于接受外来的科学文化，使我国固有的科学文化更加灿烂。在人类征服天花的历程中，中国发明的人痘接种法和琴纳发明的牛痘接种法，都为消灭天花发挥了作用。特别是广泛接种牛痘以后，天花发病率明显降低。20 世纪 70 年代后，天花在中国停止传播，80 年代，天花在全世界被消灭。这是迄今为止人类消灭的唯一一种传染病，为后世各种预防疫苗的诞生奠定了基础，是中国医学对世界医学的巨大贡献。

四、中医针灸术

针灸是中国传统医学的重要组成部分，最初只作为一种医疗手段，后来逐渐发展为一门学科。两晋南北朝时期出现了许多针灸著作，可惜大多失传。宋代针灸技术进步很大，达到鼎盛时期，出现了闻名世界的针灸铜人，以及著名的针灸专著。北宋医学家王惟一（约987—1067），曾任翰林医官，精于方脉、针灸，擅长雕刻，在皇帝批准、政府支持下，于 1027 年铸造成针灸铜人两具。因为当时正是北宋仁宗天圣年间，所以把铜人命名为"天圣铜人"。针灸铜人大小与成年男性身高比例为1：1。躯体外壳可以拆卸，胸腹腔能够打开，腔内可见五脏六腑。而且位置、形态、大小均为正常。体表精刻 14 条经络循行路线，各条经络上的穴位悉备，注明名称与体腔相通，是我国医学史上最早且最珍贵的教学模型。铜人对经穴教学的形象化与直观化，做出了不可磨灭的贡献，开创了针灸学的腧穴考试要进行实际操作的先河。

新中国成立后，中医的针灸技术有很大的发展，被广泛应用，受到世界各国的欢迎。自 1975 年以来受世界卫生组织的委托，开始在北京、上海、南京举办国际针灸培训班，为世界各国培养针灸人才。20 多年来，仅设在这三个城市的国际针灸培训中心就为 120 多个国家和地区培养针灸医师 5000 余人。到我国学习自然科学的留学生中，学习中医药的占第一位。中医在历史上取得了很辉煌的成就。现在中医药也越来越受到全世界的关注和青睐。世界上已有近三分之二的人接受过中药、针灸、气功、按摩等方法治病防病，其中以发达国家更为明显。中医药机构也遍布世界各地。在今天和未来中医药还会为我们人类的健康、保健做出更大贡献。

钱超尘

宋本《伤寒论》版本简史

　　钱超尘　　北京中医药大学教授、博士生导师，国务院政府特殊津贴获得者，国家中医药管理局"中医药文化建设及科学普及专家组"专家、"中医药古籍保护与利用专家组"专家、"北京中医管理局中医药薪火传承3+3工程钱超尘人文学术传承工作室"专家。1961年北京师范大学中文系毕业后被保送为著名训诂学家陆宗达教授研究生，学习以《说文解字》为重心的文字音韵训诂之学。毕业后在高校从事古汉语教学，1972年到北京中医药大学从事医古文教学，中华中医药学会颁以"医古文资深教授"称号，以研究整理中医古籍为科研方向。目前从事中医药文化与中医文献"师带徒"工作，指导13名弟子学习小学与中医文献学。研究成果分为两大类：一是以中国传统语言学整理研究中医经典著作，《国医论衡》《内经语言研究》《黄帝内经太素研究》《中医古籍训诂研究》《内经古韵研究》《国学与中医》等是这方面成果；二是中医经典著作版本研究，《宋本伤寒论考笺》《影印南朝秘本敦煌秘卷〈伤寒论〉校注考证》《影印孙思邈本〈伤寒论〉校注考证》《影印日本安政本〈伤寒论〉考证》《伤寒论文献通考》《影印〈金匮玉函经〉校注考证》《校勘元本影印明本〈金匮要略〉集》等为研究成果。

"宋本《伤寒论》"原指北宋治平二年（1065）刊行的大字本《伤寒论》及北宋元祐三年（1088）刊行的小字本《伤寒论》。金皇统四年（南宋绍兴十四年，1144）成无己《注解伤寒论》刊行，注释详明，便于使用，逐渐取代北宋无注大字本、小字本。南宋及元，宋本《伤寒论》未再刊行，明仅有元祐三年小字本《伤寒论》一线单传，为著名藏书家赵开美发现，翻刻于《仲景全书》，底本旋即亡佚。赵刻本字体字距行格栏线逼真原刻（唯每卷首页增"明赵开美校刻沈琳仝校"10字为藏书家诟病），开美称之为"宋本《伤寒论》"，实赵开美刻本也。"宋本《伤寒论》"之称首见赵开美序，今人沿用。"宋本《伤寒论》"与"赵开美本《伤寒论》"是同一概念。赵刻《仲景全书》收书四部，依次是：翻刻北宋小字本《伤寒论》、成无己《注解伤寒论》、宋云公《伤寒类证》、张仲景《金匮要略》。

一、赵开美墓表

赵开美（1563—1624），又名琦美，字玄度，一字如白，号清常道人，江苏常熟人。明万历中以父荫授刑部郎中，官太仆丞。开美生活在富有文化底蕴的书香之家。父用贤（1535—1596），字汝师，号定宇，万历中官至吏部左侍郎，卒谥文毅，性喜读书，精校雠，著有《赵定宇书目》(1957年古典文学出版社出版)。钱谦益《列朝诗集小传·丁集》称用贤"强学好问，老而弥笃，午夜摊书，夹巨烛，窗户洞然，每至达旦"[1]。开美继父业，藏书愈富，网罗古今典籍，诠次甲乙，以期实用（见所撰《脉望馆书目》）。开美校书精勤细密，一丝不苟。如1599年（万历二十七年岁次己亥）始校《洛阳伽蓝记》，至1606年（万历三十四年岁次丙午）校成，历时8年，始藏其事，终成善本[2]。

《仲景全书》二十六卷，刊成于1599年3月。据笔者所考，

《仲景全书》有首刻本、修订本、日本盗版本三大系统。开美卒后，藏书多归钱谦益绛云楼。毛晋汲古阁、钱曾述古堂、孙从添上善堂、陈揆稽瑞楼、张金吾爱日精庐、瞿镛铁琴铜剑楼等皆得开美遗泽。中国中医科学院图书馆藏《赤水玄珠》为开美遗册。钱谦益为撰墓表，见钱谦益《牧斋初学集》。钱谦益（1582—1664）字受之，号牧斋，万历三十八年（1610）进士，与开美同里。墓表对了解开美大有裨益，全文如下：

刑部郎中赵君墓表

神宗之末年，建州夷蹦我辽左。赵君官太仆寺丞，有解马之役。匹马出山海关，周览厄塞要害，遇废将老卒，从容访问我所以败、夷所以胜者，感激挥涕，慨然奋臂出其间。归而上书于朝，条上方略。君之意，以谓天子将使执政召问从何处下手，庶几倾囊倒度，以自献其奇；仅如例报闻而已。君自此默然不自得，以使事归里用久，次再迁刑部郎中。裴徊久之，过余而叹曰："已矣，世不复知我，而我亦无所用于世矣！生平好兵家之言，思以用世；好神仙之术，思以度世。今且老而无所成矣。武康之山，老屋数间，废书数千卷，吾将老焉。子有事于宋以后四史，愿以生平所藏，供笔削之役，书成而与寓目焉，死不恨矣！"是年八月君还朝，寓书于余者再。明年其家以讣音来，则君以病没于长安之邸舍，天启四年（1624）之正月十八日也。君讳琦美，字玄度，故广参议讳承谦之孙；赠礼部尚书，谥文毅，讳用贤之子。君之历官，以父任也。天性颖发，博闻强记，落笔数千言，居恒厌薄世之儒者。以谓自宋以来，九经之学不讲，四库之书失次，学者皆以治章句、取富贵为能事，而不知其日趋于卑陋。欲网罗古今载籍，甲乙铨次，以待后之学者。损衣削食，假借缮写三馆之秘本、兔园之残册，刑编醫翰，断碑残壁，梯航访求，朱黄雠校，移日分夜，穷老尽气，好之之笃挚与读之之专勤，盖近古所未有也。而君之于书，又不徒读诵之而已，皆思落其实，而取其材，以见其用。于当世诸凡天官、兵法、谶纬、算历以至水利之书、火攻之谱、神仙药物之事，丛杂荟蕞，见者头目眩晕，君独能暗记而悉数之。官南京都察院，照磨修治公廨，费约而工倍。君曰：吾取宋人将作营造式也。升太常寺典簿，转都察院都事，厘正勾稽，必本旧章，及其丞太仆印烙之事，人莫敢欺。君曰：吾自有相马经也。君之能于其官、于所读之书未用其一二，而世已有知之者。至其大志之所存，如戊午所上方略，君所慷慨抵掌，以冀一遇者，其不迂而笑之者亦鲜矣。呜呼，其可悲也。君生为贵公子，而布衣恶食，无绮纨膏粱之色。少年才气横鹜，落落不可羁勒，而遇旅人羁客，煦妪有恩礼，精强有心计，时致千金，缘手散去，尽损先人之田产，不以屑意也。尤深信佛氏法，所至以贝叶经自随，正襟危坐而卒。享年六十有二。归葬于武康之茔。而君之子某，状君之生平，属余为传。余尝以谓今人之立传，非史法也，故谢去不为传，而又念君之隧不可以不表也。盖世之大人得志而显于后者，名在国史，信于金石，虽不表可也。若夫庸下薄劣之人，富贵赫奕，死而其人与骨肉俱朽，虽大书深刻，犹泯没耳，表之无益也。如君者，其为人魁雄奇伟，而生不获信其志，死或困于无闻，则不可以不表也。呜呼，表其墓云。

　　开美不仅是一位藏书家，而且是一位关心国事的政治家。他翻刻古籍，意在"网罗古今载籍，甲乙铨次，以待后之学者"，充满实用学风。明自中叶始，学风窳败，束书不观，即使喜读者，亦为寻利禄之门径，求闻达之阶梯。求其实用，有益民生，网罗古今，诠次甲乙，如开美者，实鲜见焉。

　　今世宋本《伤寒论》原刻本，皆存中国，计五部。笔者从1984年4月13日始访宋本，至2010年8月末始将五部原刻本目睹之、手抚之、笔记之、拍摄之，前后凡二十六年。中国所藏五部原刻本，今藏如下：

　　1. 台北"故宫博物院"文献大楼三楼善本书室一部；

　　2. 北京中国中医科学院善本书室一部；

　　3. 上海图书馆善本书室一部；

　　4. 上海中医药大学善本书室一部；

　　5. 沈阳中国医科大学善本书室一部。

二、台北"故宫"本《伤寒论》

2009 年 4 月 10 日笔者赴台北"故宫博物院"图书文献大楼查阅赵开美本《伤寒论》。为称说方便，简称"故宫"本。

（一）"故宫"本概观

1. 书签

第一册夹有三张书签。

第一张书签："'国立中央图书馆'　善本　子部　医家类医理之属。书名：仲景全书。汉张机撰。二六卷。五册。明万历二十七年。海虞赵氏刊本。"按，1965 年《仲景全书》从美国国会图书馆回归台湾，藏于"中央图书馆"（1996 年 1 月更名"国家图书馆"）。1985 年《仲景全书》改由"故宫博物院"图书馆收藏。

第二张书签："汉张机撰。明赵开美编。仲景全书　二十六卷。明万历二十七年海虞赵氏刊本。书号：5892。五册。"

第三张书签："平 064。平图 011603—011607。明万历己亥（二十七年）海虞赵氏刊本。"按，"平"指北平。此书原藏北平图书馆，今称中国国家图书馆。

2. 徐坊墨笔题记

"故宫"本《伤寒论》封面钤盖篆体"务本堂"三字朱章。第一册首页有徐坊于 1908 年所写墨笔题记。徐坊字梧生，又字士言，号矩庵，称其家藏有北宋治平二年大字本《伤寒论》。此绝非虚夸炫奇，而是必有其事。大字本为人间奇珍，无价重宝，今不详所在。若天不丧斯文，躲过"文革"，其书或存人间，必有逢时而出之日，真为中华民族之大幸也！矩庵同时家藏赵开美于明万历二十七年（1599）刊行之小字本《伤寒论》，矩庵题记写于赵开美本《伤寒论》第一册首页。矩庵曾详读此书，除写有题记外，于卷三子目末条与第 31 条（"太阳病项背强几几无汗恶风葛根汤主之"）间写有"第一"二字，于 34 条（"太阳病桂枝证医反下之利遂不止"）与 35 条（"太阳病头痛发热身疼腰痛骨节疼痛"）间写有"此作中篇第一条"七字，句旁多处有圈点符号。矩庵对赵开美小字本《伤寒论》珍重若此。徐坊《清史稿》有传。

小字本题记末尾钤盖"榘翁""大徐"两枚朱章。中国中医科学院、沈阳中国医科大学、上海中医药大学、上海图书馆所藏《伤寒论》皆无此题记。

台北"故宫"本徐坊题记云：

> 《伤寒论》世无善本，余所藏治平官刻大字景写本外，唯此赵清常本耳。亡友宗室伯兮祭酒曾悬重金购此本不可得，仅得日本安政丙辰覆刻本（近蜀中又有刻本，亦从日本本出）。今夏从厂贾魏子敏得此本，完好无缺，惜伯兮不及见矣。　坊记。时戊申中秋日戊辰。
>
> 北宋人官刻经注皆大字，单疏皆小字，所以别尊卑也。治平官本《伤寒论》乃大字，经也；《千金方》《外台秘要》皆小字，疏也。林亿诸人深于医矣。南宋巳后，乌足知此？矩庵又记。

王重民《善本医籍经眼录》亦载有此题记。

北京师范大学古籍研究所刘乃和教授是徐坊外孙女，写有一篇回忆徐坊藏书的文章，题名"藏书最好的归宿——陈垣书的捐献与徐坊书的散失"，文章说：

> 徐坊（1864—1916），山东临清人。字士言，又字梧生，号矩庵，三十四岁（光绪二十三年，1897）后号蒿庵，后二年又号别画渔师、止园居士、楼亭樵客，其藏书楼名"归朴堂"，盖取反朴归真之意。藏书雄富，多罕见珍本。缪荃孙《艺风藏书记·藏书缘起》说："……迨时谈收藏者：潘吴县师、翁常熟师、张南皮师……盛伯羲、王廉生两祭酒……王卿、徐梧生两户部……互出所藏，以相考订。"徐坊时任户部江南司主事，故称。缪荃孙这里是把徐梧生与潘祖荫滂喜斋、翁同龢、张之洞、盛昱意园相提并论，可见徐坊藏书雄富，名声显赫。

傅增湘在《双鉴楼善本书目·序》中，也曾提到："历观近代胜流，若盛意园、端匋斋、徐梧生诸公，当其盛时，家富万

35

签，名声烜赫，骎骎与南瞿北杨齐驱方驾。"③傅增湘这里甚至认为徐坊可与常熟瞿氏铁琴铜剑楼、聊城杨氏海源阁并驾齐驱，则徐坊不可不谓藏书大家了，在近代藏书史上应是屈指可数的人物。

徐坊很少写题记，除非是珍品之尤珍者，才偶题数字。刘乃和说："徐坊藏书数量多，质量高，抄本善本，宋元刻版之书很多，大都价值连城，可称无价之宝。他还注意抄书，他自己刻印有'归朴堂'的专用稿纸，每遇罕见珍本或先哲先贤手稿，不能到手，即为录副，故他藏的旧抄本、手抄本亦复不少。可惜他生前似乎未曾全面整理过自己的藏书，也没见过他的藏书目录，他考证出的内容很少在书上题跋，也很少录出结集，因此究竟这位大藏书家藏过多少书，藏过什么书，现在已很难全面了解。"④

徐坊在"故宫"本卷首写有题记，可以看出他对"故宫"本《伤寒论》是何等重视。刘乃和先生说，徐坊藏书楼名"归朴堂"，而台北"故宫"本出自徐坊所藏，封面钤盖"务本堂"，且"归朴"与"务本"意义相近，是不是刘先生记忆有误呢？

3. 台北"故宫"本张仲景《伤寒杂病论集序》误装于他册

"故宫"本在《仲景全书目录·翻刻宋版伤寒论全文》前面有四篇文章，依次是：

（1）赵开美《刻仲景全书序》；

（2）高保衡、孙奇、林亿等《伤寒论序》；

（3）《国子监牒文》；

（4）《医林列传》。

无《伤寒杂病论集序》。沈阳中国医科大学本张仲景《伤寒杂病论集序》置于《国子监牒文》后《医林列传》前。沈阳中国医科大学本与台北"故宫"本是同一板木印刷之本。继考台北"故宫"本之《伤寒杂病论集序》装于《注解伤寒论》首，非漏刻也。

4. "张仲景述"及"姜问岐印"图章

"故宫"本《伤寒论》每卷第一页皆有"汉张仲景述""晋王叔和撰次""宋林亿校正""明赵开美校刻""沈琳仝校"字样，在"王叔和撰次"五字上，钤盖"姜问岐印"及"秋农"两枚朱章。这几行字在文献考证上及两枚朱章在"故宫"本流传考证上均具有重要意义。

"张仲景述"的"述"是"述而不作"之"述"，指遵循旧

36

章而无自作。《甲乙经序》《伤寒论》林亿序均称仲景据《汤液经法》而成《伤寒论》。敦煌旧藏陶弘景《辅行诀五脏用药法要》说："汉晋以还，诸名医辈，张机、卫汜、华元化、吴普、皇甫玄晏、支法师、葛稚川、范将军等，皆当代名贤，咸师式此《汤液经法》，悯救疾苦，造福含灵。""昔南阳张机，依此诸方，撰为《伤寒论》一部，疗治明悉，后学咸尊奉之。"⑤这些文献说明，张仲景在中国历史上最大功绩是承接《汤液经法》医脉，撰成《伤寒杂病论》流传后世，传经之功，无尽无穷。

"姜问岐印"和"秋农"两枚朱章，显示"故宫"本由清代姜问岐承传。

姜问岐事迹见何时希《中国历代医家传录》："《隐求堂日记》：姜问岐，内科，清。字秋农，嘉城人。游曹仁伯之门。推演《内经》《拾遗》《宣明方论》，续为一书。《宝山县志》：著《伤暑全书》。姜问岐本农家子，愤族人为庸医所误，遂究心岐黄，收藏古今医家著述甚富。性狷介，贫者招，辄徒步往，富人或聘以重金，弗顾也。《罗店镇志》：字振扬。幼习医。壮从吴门曹乐山仁伯游。自《素问》《灵枢》及仲景、时珍诸名家，靡不淹贯。及归，僦居嘉城二十余年。所治沉疴，应手辄效。遇歉岁，汇《疗饥良方》刊刻济世。卒年六十余。著《三经通汇》。"⑥李经纬《中医人物词典》云："曹存心（1767—1834），清医学家。字仁伯，号乐山。常熟人。弟子百余人，每日临诊，亲诊仅二三十人，余皆由弟子分诊，诊毕一一复核。"⑦曹仁伯卒于道光十四年（1834），与姜问岐同时而稍长，则问岐当为道光、咸丰、同治时人，时至清末矣。姜问岐得自谁手无考，然确知此书在乾隆年间修《四库全书》时未曾进献，故四库所收为成无己本。据徐坊题记，"今夏从厂贾魏子敏得此本"，"今夏"者，指1908年，徐坊于此年从书商魏子敏处购得"故宫"本，魏子敏其人不详，依时间考之，魏子敏晚于姜氏。此本后归京师图书馆。京师图书馆是北平图书馆前身。台北"故宫"本递传过程如下：姜问岐—魏子敏—徐矩庵—北平图书馆—美国国会图书馆—台北"中央图书馆"—台北"故宫博物院"图书馆。北京的中国国家图书馆所藏为缩微胶卷本。这段曲折流传的历史，增加了人们对"故宫"本的珍护情感。"故宫"本这段显晦离合的经历，是藏书史上的一则嘉话。

章太炎先生《伤寒论单论本题辞》云："其书传于今者，宋开宝中高继冲所献，治平二年林亿等所校，明赵开美以宋本摹刻，与成无己本并行，至清而逸（按：赵开美《仲景全书序》先以成注《伤寒论》《金匮要略》合刻，命之名《仲景全书》，既刻已，复得宋版《伤寒论》，复并刻之，然清世所传唯成注本，而单《论》本则清修《四库》时，已不可见），入于日本枫山秘府，安政三年，丹波元坚又重摹之，由是复行于中土。"⑧《仲景全书》刻于1599年，幸赖姜问岐两枚朱章为此书在清代流传架起一座桥梁，使后人看到此书大致流传过程。

5. "东海仙蠹室藏"朱章

"故宫"本卷四末页及《伤寒论后序》最末一行下端各有"东海仙蠹室藏"朱章一枚。旧书所匿蛀虫曰"蠹"，俗称"书蠹"，又称"衣鱼"。钤此章者，嗜书如蠹，故名其室曰"仙蠹"。书蠹又称"脉望"。唐段成式《酉阳杂俎》续集二《支诺皋》说："据《仙经》曰：蠹鱼三食神仙字，则化为此物，名曰脉望。"赵开美名其室曰"脉望馆"，名其所撰书目曰《脉望馆书目》，则"东海仙蠹室藏"为赵开美藏书章无疑矣！"故宫"本为赵开美目睹手抚之本无疑矣！该书确为书林奇珍亦无疑矣！

6. 木印牌记

"故宫"本卷四末页有"世让堂翻刻宋版赵氏家藏印"木印牌记。

卷五末页刻有"世让堂翻宋版"木印牌记，字迹较模糊。

卷六末页刻有"世让堂翻宋版"木印牌记。

卷七末页书纸只存前两行，其后残损，后经修补，以别纸粘连，故无木印牌记。据理分析，此页亦当有"世让堂翻宋版"木印牌记。沈阳中国医科大学本卷七末页有此木印，则台北"故宫"本有此牌记无疑也。

卷八、卷九、卷十末页均有"世让堂翻宋版"木印牌记。

卷十最后一页最后一行刻有"长洲赵应期独刻"牌记。

这些木印牌记显示赵开美以北宋元祐三年小字本《伤寒论》为底本翻刻，反复刻以木印申明之。尤当引起注意者是卷四末页牌记："世让堂/翻刻宋/版赵氏/家藏印"。"世让堂"是赵开美家堂号。此牌记的意义是，世让堂据宋本《伤寒论》翻刻之，此事不但见之于序言，而且牌记于卷四，以示所据底本之珍秘郑重。刻此牌记者是当时优秀刻字工人赵应期。瞿冕良《中国古籍版刻辞典》有关于赵应期资料：

> 赵应期，或署赵其、赵应其、赵应麒。明嘉靖间苏州地区刻字工人。嘉靖四十三年（1564）参加刻过《宋史新编》(半页十行，行二十一字)。万历间参加刻过《东坡先生志林》(脉望馆本)、《两汉隽言》(桂芝馆《文林绮绣》本)、《新唐书纠谬》(脉望馆本)、《古今万姓统谱》(桂芝馆本)、《史记评林》《汉书评林》(皆凌稚隆本)、《史通》(张之象本)、《资治通鉴》(重修孔天胤本)、《订正通鉴纲目前编》(朱燮元本)、《国朝名世类苑》(桂芝馆本)、《两浙海防类考续编》《皇明疏钞》。[9]

赵应期所刻之书，皆是有关人文教化的严肃之作。

上述书目没有赵应期刊刻《仲景全书》记载，是因为瞿冕良先生编撰《中国古籍版刻辞典》时，所在图书馆无其书，他所参阅的图书目录亦无赵本《仲景全书》的记载。

（二）"故宫"本转移至美国及回归台湾简考

今存五部赵开美本《伤寒论》，以"故宫"本的保存经历最为曲折。

北平图书馆《仲景全书》转移原因、过程及拍摄缩微胶卷情况，《中国善本书提要》傅振伦序、杨殿珣序、谢国桢序以及刘修业后记有翔实记载。北京大学王重民教授（1903—1975）为拍摄《仲景全书》缩微胶卷和撰写该书提要做出贡献巨大。

1. 台北"故宫"本转移至美国

王重民字有三，我国著名版本目录学家。他的版本目录研究成果主要收集在他的《中国善本书提要》。该书写于1939年至1949年间。他的夫人刘修业在《中国善本书提要·后记》中写道：

> 一九三四年，北京图书馆派有三去法国巴黎国家图书

馆编辑伯希和（P. Pelliot）劫去的敦煌卷子的目录，不久我亦随之赴法，帮助他抄录敦煌卷子的材料并搜集现藏于巴黎图书馆的古典小说、戏曲罕见本中的资料，这些书籍大都是来华传教士带回去的。一九三七年，我去英国伦敦大学进修，一九三八年，有三亦赴伦敦辑录藏于伦敦博物院图书馆中的斯坦因（A. Stein）劫去的敦煌卷子。至一九三九年第二次世界大战爆发，我们原拟经美国回国，但由于当时美国国会图书馆远东部主任恒慕义（A. W. Hummel）邀请有三整理鉴定该馆所藏的一批中国善本古书，因之我们就留居美京华盛顿。以后有三撰成《美国国会图书馆藏中国善本书录》，著录了中国古籍一千六百余种。

抗日战争期间，北京图书馆为了保证古籍善本的安全，曾选出馆中所藏珍贵的书籍二千七百二十余种，先运存上海，后又秘密运往美国，寄存于国会图书馆远东部。有三不仅为这批书籍全部照了显微胶卷，而且撰写了提要。一九四六年，有三又应普林斯顿大学图书馆的邀请，去整理鉴定该馆所藏葛思德（G. M. Gest）文库的中国善本书，他又撰写成一千种书籍的提要。总计他在美国的八年之中，所写的善本书提要，约共五千四百余种。[10]

傅振伦在《中国善本书提要·傅序》中说：

> 亡友北京大学教授王重民（1903 年 1 月 23 日—1975年 4 月 16 日）同志，自 1929 年毕业于北京师范大学后，即任职于北京图书馆，研究国学，留心古籍。1934 年始历游法国、英国、德国、美国各大图书馆，尝取所见中国古代文献或拍制显微胶卷，或撰写序录、提要，对发扬学术，颇为有功。[11]

杨殿珣在《中国善本书提要·杨序》中说：

> 《中国善本书提要》，高阳王重民有三著。有三博通典籍，精研目录学，自初任河北大学（1928 年）及以后任北

讲座 丛书

京大学教授外，多半在北京图书馆工作。当1939年夏，馆中派有三赴法国国家图书馆工作，至1939年工作告一段落，而第二次世界大战起。有三遂离巴黎，由大西洋回国。而美国国会图书馆请有三鉴定该馆所藏之中国善本书籍，有三遂留华盛顿。在鉴定美国国会图书馆中国善本书时，有三每阅一书，即写提要一篇，凡写一千六百余篇，而同时摄制北京图书馆在抗战时庋存于美国之善本书籍。有三每摄照一书，亦写提要一篇。及1947年归国，又继续写北京图书馆藏善本书提要。并前所写，共两千一百余篇。⑫

谢国桢在《中国善本书提要·谢序》中说：

> 今修业同志把有三兄的遗著《北京图书馆善本书提要》和《美国国会图书馆善本书书录》及其题记蔚成一编，标点校勘，整理得井井有条，其嘉惠学林，实非浅尟。⑬

2. "故宫"本回归台湾

原国立北平图书馆所藏《仲景全书》转移与拍摄过程如下：

（1）转移时间。杨殿珣说"（有三）摄制北京图书馆在抗战时庋存于美国之善本书"，则《仲景全书》非抗战前转移至美国者，而是在抗战时期转移至美国国会图书馆的。台湾游文仁、苏奕彰《台北"故宫"馆藏赵开美本仲景全书护页题记作者考》说："在抗日战争期间，为了保存国粹，北平图书馆在1941年起将所藏的甲库善本精品近3000种从上海运往美国国会图书馆寄存。"⑭

（2）从上海起航运美。《仲景全书》首先运达之处为上海，不是南京。刘修业指出："先运存上海，后又秘密运往美国，寄存于国会图书馆远东部。"⑮

（3）1965年运回台湾。游文仁、苏奕彰说："1965年运到台湾，由'中央图书馆'（1996年1月更名为'国家图书馆'）代为保管。1985年再转由台北"故宫"代管。"⑯

3. 王重民在美国拍摄缩微胶卷与撰写提要

王重民为《仲景全书》所写提要在《中国善本书提要》里未载，不是遗失，而是收录于《四部总录医药编》。《四部总录医药编·编者的话》（上册）说：

> 北京大学教授王有三（重民）先生专攻目录版本之学，校勘尤精，善本过目，辄有题记，积稿颇富。此次知有《医药编》之刊行，惠然许以《善本医籍经眼录》一稿相贻，颇多为向所未知见之书及各种版本，足资补订。只以未能插入正书中，因列为补遗，附于卷末。⑰

王重民在美国国会图书馆远东部将《仲景全书》拍摄成缩微胶卷，今藏中国国家图书馆。笔者曾反复阅览，基本清晰，但徐坊印章、姜问岐印章、赵开美藏书室章模糊不清。1991年北京中医药大学刘渡舟教授《伤寒论校注》（人民卫生出版社）所用底本即此缩微胶卷本。

王重民所写提要，收录于《四部总录医药编·现存医学丛书总目》附录二：

> 《仲景全书》二十六卷（明万历间刻本，十行，行十九字）。
>
> 汉张机撰。明赵开美辑刻。辑刻旨意，均详序文。全书凡四种：张仲景《伤寒论》十卷、成无己《注解伤寒论》十卷、又《伤寒类证》《金匮要略方论》各三卷。其《伤寒论》据宋本翻刻，尤足宝贵。卷端有矩庵题记两则，专论宋本之善（下面是王重民转录的徐坊墨笔题记两则，已见前，此从略）。⑱

三、日本内阁本是赵开美本盗版本

日本国立公文书馆内阁文库收藏赵开美《仲景全书·伤寒论》一部，1988年10月日本燎原书店影印发行。影印清晰，高度存真。为便称说，简称"内阁本"。

《明·赵开美本伤寒论·凡例》说："本书是国立公文书馆内阁文库所藏明万历二十七年赵开美刊《仲景全书》（枫·10册·子四五函·十三号）""每半叶框廓高17.9cm，幅约13.0cm。"该书由日本北里研究所附属东洋医学会综合研究所医史文献研究室编辑。

笔者藏有日本内阁文库赵开美本《伤寒论》复印件全本及燎原书店影印本一函，影印本内含三书，函套印有如下文字：

明　赵开美本　《伤　寒　论》
清　陈世杰本　《金匮玉函经》
元　邓　珍本　《金匮要略》
燎　原

今将日本内阁文库本《伤寒论》复印件、燎原书店《伤寒论》影印本与台北"故宫"本详细校读，同时参阅 1997 年中医古籍出版社影印《仲景全书·伤寒论》（所据底本为中国中医科学院本）、沈阳中国医科大学本、上海中医药大学本、上海图书馆本，惊奇地发现日本内阁本与中国所藏五部赵开美本《伤寒论》原刻本有大量不同。这是一件重大的学术公案，应引起学术界高度关注。

（一）内阁本与"故宫"本有许多不同

1. 内阁本有墨钉。如内阁本卷七《辨霍乱病脉证并治第十三》第 385 条"恶寒脉微一作□而复利"，小注"一作"下为一墨钉，"故宫"本、沈阳中国医科大学本、中国中医科学院本、上海中医药大学本、上海图书馆本该墨钉皆作"缓"。

2. 内阁本有讹字。如内阁本卷九《辨可下病脉证并治第二十一》"汗出不恶寒者，此表解里未和也。属十枣汤。方三十。芫花熬赤　甘遂　大戟各等分。右三味，各异捣筛科已"，"科已"不辞，"科"系讹字，台北"故宫"本、沈阳中国医科大学本、中国中医科学院本均作"秤"。

3. 内阁本卷八《辨发汗后病脉证并治第十七》"虽鞕不可攻之，须自欲大便，宜蜜煎导而通之。若土瓜根及大猪胆计，皆可为导"，句中"计"字误，当作"汁"。同条内阁本"家煎方：食蜜七合"，"家"字讹，当作"蜜"。同条服法，内阁本"欲可丸，并手捡作挺"，"捡"字讹，当作"捻"。在同一条竟有三个讹字。中国所藏五部均不误，即"猪胆计"作"猪胆

43

汁"，"家煎方"作"蜜煎方"，"检作挺"作"捻作挺"。此条是重出之条，卷五《辨阳明病脉证并治第八》第233条无讹字，与中国五部书文字皆同。经过卷五、卷八同条文字对比，证明日本内阁本是盗版本，刻校草率，亦未精校。又如卷七《辨不可发汗病脉证并治第十五》内阁本"太阳与少阳并病，头项强痛，或眩冒，时如结胸，心下痞鞭者，不可发汗"，句中"痞"字偏旁讹为"广"，等等。

4. 内阁本无木印牌记。卷四至卷十台北"故宫"本、沈阳中国医科大学本、上海中医药大学本、上海图书馆本、中国中医科学院本均有木印牌记，如卷四有"世让堂/翻刻宋/版赵氏/家藏印"牌记，卷五至卷十有"世让堂翻宋版"牌记，卷十有"长洲赵应期独刻"木印牌记，内阁本均无。

5. 内阁本无《伤寒论后序》。中国所藏赵开美本《伤寒论》均有《伤寒论后序》。

6. 内阁本书口黑白交错不一。中国所藏五部赵开美本书口皆为白口，无黑白书口交错现象。

（二）日本内阁本有大量讹误

说明：

1. 本表所用赵开美本资料来源：（1）1988年10月日本燎原书店影印本；（2）内阁文库赵开美本复印本。

2. "位置"栏之"第一""第二"等序号表示内阁本与"故宫"本《伤寒论》不同之数量。

3. "位置"之1、2等所表示的意义。如"第十五"之"3–15b–10–7"表示误字在卷三第15页b面的第10行第7字，即"其人又手自冒心"的误字"又"在卷三第15页b面第10行第7字。古书一页分前后两面，前面一页以a表示，后面一页以b表示。

4. 本表以与台北"故宫"本校读为主，同时参阅沈阳中国医科大学本、中国中医科学院本、上海中医药大学本、上海图书馆本，凡"故宫"本之校语不加括号，凡沈阳中国医科大学本、中国中医科学院本、上海中医药大学本、上海图书馆本外面加括号。此表是现存5部赵开美本《伤寒论》校读录异纪实之作。

表 1　日本内阁本与台北"故宫"本校读录异纪实

位置	日本内阁本	台北"故宫"本
第一 赵序 1－4	黑鱼尾。此书黑白鱼尾交错出现。	白鱼尾。此本通书白鱼尾。（沈阳中国医科大学本、中国中医科学院本、上海中医药大学本、上海图书馆本同）
第二 赵序 4a－8－2	万历的"历"头上无一点。	万历的"历"头上有一点。俗字。（沈阳中国医科大学本、中国中医科学院本、上海中医药大学本、上海图书馆本同）
第三 宋臣序 1－2	黑鱼尾	白鱼尾（沈阳中国医科大学本、中国中医科学院本、上海中医药大学本、上海图书馆本同）
第四 医林列传	无	有（沈阳中国医科大学本、中国中医科学院本、上海中医药大学本、上海图书馆本同）
第五 牒文 1－5	书口刻"进呈"二字	书口无"进呈"二字（沈阳中国医科大学本、中国中医科学院本、上海中医药大学本、上海图书馆本同）
第六 目录 1－2	黑鱼尾	白鱼尾（沈阳中国医科大学本、中国中医科学院本、上海中医药大学本、上海图书馆本同）
第七 张仲景自序	《伤寒卒病论集》仲景自序	"故宫"本无（台北"故宫"本序文装订于成本。沈阳中国医科大学本、中国中医科学院本、上海中医药大学本、上海图书馆本均有张仲景序）
第八 1－2b－7－3	脉阴者如转索无常也	脉紧者如转索无常也（沈阳中国医科大学本、中国中医科学院本、上海中医药大学本、上海图书馆本与"故宫"本同）

典籍与文化 9

位置	日本内阁本	台北"故宫"本
第九 1-10b-2-末	肾谓所胜脾（中国中医科学院本、上海中医药大学本、上海图书馆本同）。按，此句误。	肾为脾所胜（沈阳中国医科大学本同）。按，此句是。
第十 2-10a-1-11	一身尽疼，病法当汗出而解（中国中医科学院本同）。按，"病"字及句读均误。	一身尽疼痛，法当汗出而解（沈阳中国医科大学本同）。按，作"痛"及上属为句是。
第十一 2-14a-3-11	不可令如水流离（中国中医科学院本同）。按，作"漓"义长。	不可令如水流漓（沈阳中国医科大学本同）
第十二 2-14a-6-11	周时观之	周时觀之（沈阳中国医科大学本、中国中医科学院本、上海中医药大学本、上海图书馆本均作繁体"觀"）
第十三 2-20b-10	无	伤寒论卷第二（沈阳中国医科大学本、中国中医科学院本、上海中医药大学本、上海图书馆本同）
第十四 3-8b-9-5 （左）	大枣十二两擘（中国中医科学院本同）	大枣十二枚擘（沈阳中国医科大学本、上海中医药大学本、上海图书馆本同）
第十五 3-15b-10-7	其人又手自冒心	其人叉手自冒心（沈阳中国医科大学本、中国中医科学院本、上海中医药大学本、上海图书馆本同）

讲座 丛书

46

位置	日本内阁本	台北"故宫"本
第十六 3－30b－10	无	伤寒论卷第三（沈阳中国医科大学本、中国中医科学院本、上海中医药大学本、上海图书馆本同）
第十七 4－1b－5－5 （右）	子目"与大柴胡汤第四大味"	八味（沈阳中国医科大学本、中国中医科学院本、上海中医药大学本、上海图书馆本同）
第十八 4－3a－7－6 （左）	下有大阳一证	下有太阳一证（沈阳中国医科大学本、中国中医科学院本、上海中医药大学本、上海图书馆本同）
第十九 4－9a－7－11	更于臼中杵之	更于臼中治之（沈阳中国医科大学本、中国中医科学院本、上海中医药大学本、上海图书馆本同）
第二十 4－18b－7－14 （左）	黄连汤主之。方三十五。大枣十二枚□（墨钉）	黄连汤主之。方三十五。大枣十二枚擘（沈阳中国医科大学本、中国中医科学院本、上海中医药大学本、上海图书馆本同）
第二十一 4－21b－4－6	无	世让堂/翻刻宋/板赵氏/家藏印（沈阳中国医科大学本、中国中医科学院本、上海中医药大学本、上海图书馆本同）
第二十二 5－10a－2－6 （右）	小承气汤方大黄四（按"四"下无字）	大黄四两（沈阳中国医科大学本、中国中医科学院本、上海中医药大学本、上海图书馆本同）
第二十三 5－17a－9－1 （右左）	时有微热喘冒一作□□不能卧者	时有微热喘冒一作怫郁不能卧者（沈阳中国医科大学本、中国中医科学院本、上海中医药大学本、上海图书馆本同）
第二十四 5－22b	无	世让堂翻宋板（沈阳中国医科大学本、中国中医科学院本、上海中医药大学本、上海图书馆本同）

典籍与文化 9

位置	日本内阁本	台北"故宫"本
第二十五 6-5a-4-11	子目：少阴病自利清水心下鞕口干者	少阴病自利清水心下痛口干者（沈阳中国医科大学本、中国中医科学院本、上海中医药大学本、上海图书馆本同）
第二十六 6-5b-5-1	"病形悉具小便白者"之"病"字阙头上一点。	病形悉具小便白者（沈阳中国医科大学本、中国中医科学院本、上海中医药大学本、上海图书馆本同）
第二十七 6-24b	无	世让堂翻宋板（沈阳中国医科大学本、中国中医科学院本、上海中医药大学本、上海图书馆本同）
第二十八 7-2b-2-5 （左）	恶寒脉微一作□而复利	恶寒脉微一作缓而复利（沈阳中国医科大学本、中国中医科学院本、上海中医药大学本、上海图书馆本同）
第二十九 7-5a-9-4 （右）	伤寒阴阳易之为病	伤寒阴易之为病（沈阳中国医科大学本、中国中医科学院本、上海中医药大学本、上海图书馆本同）
第三十 7-10a-8-2	"心下痞鞕者"之"痞"字阙左侧两点	心下痞鞕者（沈阳中国医科大学本、中国中医科学院本、上海中医药大学本、上海图书馆本同）
第三十一 7-12a-8-12 （右）	四近汤二味	四逆汤二味（沈阳中国医科大学本、中国中医科学院本、上海中医药大学本、上海图书馆本同）。按，"二"字讹，当作"三"。唯安政本改为"三"。
第三十二 7-18b-10-13	"其气上冲者属桂枝汤证二十一"之"桂"字有明显剜改痕迹	"其气上冲者属桂枝汤证二十一"之"桂"字无剜改痕迹。

位置	日本内阁本	台北"故宫"本
第三十三 8－12a－2－9	及大猪胆计	及大猪胆汁（沈阳中国医科大学本、中国中医科学院本、上海中医药大学本、上海图书馆本同）
第三十四 8－12a－3－1	家煎方	蜜煎方（沈阳中国医科大学本、中国中医科学院本、上海中医药大学本、上海图书馆本同）
第三十五 8－12a－6－11	并手捻作挺	并手捻作挺（沈阳中国医科大学本、中国中医科学院本、上海中医药大学本、上海图书馆本同）
第三十六 8－14b	无	世让堂翻宋板（沈阳中国医科大学本、中国中医科学院本、上海中医药大学本、上海图书馆本同）
第三十七 8－14b－10	无	伤寒论卷第八（沈阳中国医科大学本、中国中医科学院本、上海中医药大学本、上海图书馆本同）
第三十八 9－19b－8－9 （右）	宜大承气汤二十九（用前第二方云大柴胡汤）	"宜大承气汤二十九（用前第二方一云大柴胡汤）"。（沈阳中国医科大学本、中国中医科学院本、上海中医药大学本、上海图书馆本同）
第三十九 9－20a－4－9	各异捣筛科巳合治之	各异捣筛秤巳合治之（沈阳中国医科大学本、中国中医科学院本、上海中医药大学本、上海图书馆本同）。按，日本内阁本安政本及中国所有五部赵本"巳"字均误，当作"已"。
第四十 9－23b	无	世让堂翻宋板（沈阳中国医科大学本、中国中医科学院本、上海中医药大学本、上海图书馆本同）
第四十一 9－23b－10	无	伤寒论卷第九（沈阳中国医科大学本、中国中医科学院本、上海中医药大学本、上海图书馆本同）

典籍与文化 9

续表

位置	日本内阁本	台北"故宫"本
第四十二 10-18b-7-16（左）	属桂枝加厚朴杏子汤方二十五。大枣十二枚璧（下面作"王"字）	"属桂枝加厚朴杏子汤方二十五。大枣十二枚擘"（沈阳中国医科大学本、中国中医科学院本、上海中医药大学本、上海图书馆本同）
第四十三 10-18b-10-10	"头痛有热者"之"痛"字阙左边的两点。	头痛有热者（沈阳中国医科大学本、中国中医科学院本、上海中医药大学本、上海图书馆本同）
第四十四 10-26b	无	世让堂翻宋板（沈阳中国医科大学本、中国中医科学院本、上海中医药大学本、上海图书馆本同）
第四十五 10-26b-10	无	伤寒论卷第十（沈阳中国医科大学本、中国中医科学院本、上海中医药大学本、上海图书馆本同） 长洲赵应期独刻（沈阳中国医科大学本、中国中医科学院本、上海中医药大学本、上海图书馆本同）
第四十六	无	伤寒论后序（沈阳中国医科大学本、中国中医科学院本、上海中医药大学本、上海图书馆本同）

此表由山西省中医药研究院赵怀舟先生制作，谨致谢忱。

通览该表，日本内阁本与台北"故宫"本至少有 46 处不同，很明显，它们不是同一板木刷印之书。中国中医科学院本有四处与日本内阁本相同，这在版本考察上具有重要启发意义。

（三）日本内阁本何以出现大量讹误

笔者细考赵开美精于校雠的学术经历和他对善本古书的珍惜态度，确认内阁本不是赵开美初刻本，而是盗刻本。

1. 内阁本每卷首页皆题"明　赵开美校刻　沈琳仝校"，开美精校勘，对北宋唯一传本视如拱璧，曰："《仲景全书》既刻已，复得宋本《伤寒论》焉，予曩固知成注非全文，及得是

50

书，不啻拱璧，转卷间而后知成之荒也"，于是乃与沈琳连手同校，何得有此众多缺憾与讹误耶？此与开美治学精神不相谐也。

2. 赵开美校书极为精审缜密，前人早有定评。与赵开美同里而时代略后的目录学家钱曾（1629—1701，字遵王，号也是翁）《读书敏求记》卷二《地理舆图》一节"杨衒之《洛阳伽蓝记》五卷"条目说：

> 清常道人跋云："岁己亥（按，1599）览吴管刻《古今逸史》中《洛阳伽蓝记》，读未数字，辄龃龉不可句。因购得陈锡玄、秦西岩、顾宁宇、孙兰公四家抄本，改其讹者四百八十八字，增其脱者三百二十字。丙午（按，1606）又得旧刻本，校于燕山龙骧邸中，复改正五十余字。凡历八载，始为完书。"清常言雠校之难如此。余尝论牧翁绛云楼，读书者之藏书也；赵清常脉望馆，藏书者之藏书也。清常殁，武康山中白日鬼哭，嗜书之精爽若是。然绛云一烬之后，凡清常手校抄书，都未为六丁取去，牧翁悉作蔡邕之赠。[19]

又，《读书敏求记》卷二史部"《孙逢吉职官分记》五十卷"条目：

> 富春孙彦同广、杨侃职林而成是书。清常道人惜旧抄讹谬，借金陵焦太史本雠校；而焦本亦多残缺，复赖此本是正。清常又从书贾搜得宋椠本第七卷补订入。前辈好书之勤如此，惭予空螳梁黍，展卷便欠伸思睡。每睹清常手校书籍，未尝不汗下如浆也。[20]

又，《读书敏求记》卷三子部医家类"《丹溪手镜》二卷"条目云：

> 此为清常手校本。序称丹溪著医书数帙，皆行于世，此乃耄年所作，故传之独秘独迟。未知清常从何本是正。其校书可谓专勤矣。[21]

又，《读书敏求记》卷三子部医家类 "《眼科捷》一卷" 条目云：

> 赵清常得此书于洪州李念裏，李传写于道士蓝田玉，蓝幸于世庙，名位显隆，旋以不循道，瘐死。此盖录内府秘藏本也（按，《全国中医图书联合目录》《全国中医古籍总目》未著录）。[22]

又，《读书敏求记》卷二《地理舆图》之 "《崂山仙迹诗》" 条目云：

> 邱长春诗三十余首，王重阳、马丹阳、刘朗然各数首。是集人间绝少，万历乙卯，赵清常借柏台靖恭堂本缮写。

今人对赵开美校书精细无讹亦倍加赞扬。1938 年赵开美脉望馆藏书楼所藏《钞校本古今杂剧》内含 242 种杂剧在上海发现，被郑振铎誉为 "元明杂剧的宝库"，郑振铎《西谛书话》指出：

> 这弘伟丰富的宝库的打开，不仅在中国文学史上增添了许多本名著，不仅在戏剧史上是一个奇迹，一个重要的消息，一个变更了研究的种种传统观念上是一个起点，而且在中国历史、社会史、经济史、文化史上也是一个最可惊人的整批重要数据的加入。这发现，在近五十年来，其重要性，恐怕是仅次于敦煌石室与西陲的汉简的出世的。[23]

这部内容丰富卷帙浩大的《钞校本古今杂剧》是赵开美既抄写又校雠的一项巨大工程，而其校雠之精湛，令郑振铎无限敬佩。他说：

> 总之，他是一位很忠诚的校录者，在他的校改上，很少见到师心自用的地方，有许多种杂剧，并不委之钞胥，而是他自己动手抄写的。对于这样一位恳挚的古文化保存者、整理者，我们应致十分的敬意！[24]

清常校书如此精审，内阁本有不少"龃龉不可句"之处，他绝对不可能将视如拱璧的宋本《伤寒论》犹如未加校勘而刊行之。笔者认为，日本现存之赵开美本《伤寒论》不是万历二十七年赵开美主持刊刻的初刻本，而是据万历二十七年赵开美首刻本盗刻本，盗刻比较草率，盗刻者不详。其误与中国中医科学院所藏《仲景全书·伤寒论》之讹误全同，而其讹误数量又远远超出中国中医科学院本，观上表可知。日本江户时期著名中医文献学家森立之《经籍访古志》云："明赵开美校刻、沈琳仝校，其字画端正，颇存宋板体貌，盖《伤寒论》莫善于此本。然流传绝少，仅见秘府所贮，而人间特有宽文重刊本……宽文本非佳刻。"[25]丹波元坚《影刻宋本伤寒论序》云："顷日从子兆焘于枫山秘府始览清常原刻本，狂喜之至，恭请借贷，亟取校之，其文字端正，可以订宽文本者不一而足。"[26]森立之、丹波元坚均称颂内阁文库本是赵清常原刻本，但是考证版本的真伪与时代需要与同一系列相关版本进行对比，才能论其真伪与时代。森立之、丹波元坚当时都没有见过中国所藏赵开美原刻本，所见仅是讹误很多的宽文本，所以才误认内阁本是赵开美原刻本。目前日本学者尚未找到内阁本所据以翻刻之底本藏于何处。尽管如此，笔者对这个结论——《伤寒论》内阁文库本是盗刻本——抱有充分信心。

综观中国所存五部赵本《伤寒论》，其中某些文字亦互有不同，这些不同，乃出于赵开美之修订。据今考之，五部赵本有初刻本与修订本之不同。证据是：

1. 中国中医科学院本卷二《辨痓湿暍第四》：

"一身尽疼，病法当汗出而解"。这是既有讹字又有句读之误的"龃龉不可读"的病句。"病"字误，当作"痛"，上属为句。内阁本亦作"病法当汗出而解"，其误与中国中医科学院本同。台北"故宫"本、沈阳中国医科大学本均作"一身尽疼痛，法当汗出而解"，是。应该注意的是，台北"故宫"本、沈阳中国医科大学本与中国中医科学院本所以不同，是由于赵开美曾对中国中医科学院本之板木加以修版，即剜改讹字补以正字而形成的。

2. 中国中医科学院本卷二《辨太阳上》第 12 条服法："不可令如水流离"，台北"故宫"本、沈阳中国医科大学本"流离"均作"流漓"。"离""漓"虽可通用，但作"漓"义长。可以看出，赵开美对中国中医科学院本的板木做了修补，将"离"改为"漓"。内阁本亦作"不可令如水流离"。中国中医科学院本"周時觀之"，日本内阁本误将"觀"字改为简体"观"字。由此窥知中国中医科学院本当为赵开美首刻本，台北"故宫"本、沈阳中国医科大学本为修订本。日本内阁本为据赵本首刻本盗刻本。

3. 我们从日本内阁本《仲景全书·金匮要略》有墨条而中国所存五部《仲景全书·金匮要略》均无墨条上窥知内阁本《仲景全书》为翻刻本之事实。日本《昭和乙丑日本汉方协会据内阁文库藏明刊本现寸大影印》之《金匮要略》全册，是日本汉方协会将存于内阁文库的《金匮要略》影印作为研究仲景著作的内部教材，按原书尺寸影印，高度存真。笔者发现《金匮要略》有墨条。如：内阁本《金匮要略》卷中"渴欲饮水，□□□□□□□（按：这是七个墨钉）人参汤主之"。台北"故宫"本、中国中医科学院本、沈阳中国医科大学本、上海中医药大学本、上海图书馆本《金匮要略》皆无墨条，从而确证日本内阁文库所藏《仲景全书》是据万历二十七年赵开美《仲景全书》而盗刻之本，翻刻较为草率，未认真校雠。

4. 内阁本《金匮要略》卷中"太阳病，无汗而小便反少，气上冲胸，口噤不得语，欲作刚痉，葛根汤主之。葛根汤方。"其方"芍药三两"，元邓珍本《金匮要略》芍药剂量作"二两"，中国所藏五部赵开美本《金匮要略》均作"二两"，作三两误也。

这些文献资料反映出这样一个事实：中国所藏五部《仲景全书》与日本内阁文库所藏《仲景全书》不是同一版本，日本所藏《仲景全书》是据万历二十七年赵本首刻本盗刻之本，有墨钉、有墨条、有讹字、有阙文、书口黑白交错，与中国所藏《仲景全书》异。

研究赵开美本《伤寒论》版本问题不是小事，除与医理、临床有关外，它彰显的是赵开美精勤不息认真负责的学术精神，正是凭借这种精神，才为中华民族留下价值连城的医学宝典，其意义不亚于《钞校本古今杂剧》。

四、赵开美修订《仲景全书》

赵开美博古尚文，对宋元古书的考据校勘翻刻极为认真，面对宋本《伤寒论》首刻本所存一些讹误，决定加以修订。修订的原则是：

第一，在《伤寒论》首刻版的板木上剜改讹字，不换版重雕。现存中国中医科学院的宋本《伤寒论》是初刻版，台北"故宫"本、沈阳中国医科大学本是剜改讹字后的修订本。

第二，修订版刻上刻工姓名。如在宋本《伤寒论》《注解伤寒论》适当版页刻有刻工姓名，即便追究责任，也是一种酬答。宋本《伤寒论》是赵应期一人独刻，《注解伤寒论》是赵应期、姚甫合刻。《注解伤寒论》卷第二《伤寒例》书口下端刻有"姚甫刻"三字，卷三《辨太阳上》卷末"释音"末有"吴门赵应期刻"六字。

五、日本安政本据内阁本翻刻

日本安政三年（1856）丹波元坚弟子堀川济据内阁文库本翻刻《伤寒论》，简称"安政本"。

（一）安政本重要特点：

安政本以内阁本为底本而未选用宽文本为底本，显示当时日本学者具有深厚的版本学素养。

今细校安政本与内阁本，发现二者有许多不同。下分述之。

1. 安政本结构与内阁本大异

（1）内阁本有赵开美《刻仲景全书序》，安政本无，以丹波元坚《影刻宋本伤寒论序》代赵开美序。

（2）安政本全书皆有日文返点符号，内阁本无。

（3）内阁本第一页第一行顶格刻"仲景全书目录"六字，第二行低三格刻"翻刻宋版伤寒论全文"九字，此版式与中国现存五部宋本《伤寒论》同。安政本删"仲景全书目录"六字，保留"翻刻宋版伤寒论"七字，删"全文"二字，置于第一行。

（4）内阁本卷一至卷十之第一行皆书"伤寒论卷第×仲景全书第×"（按，两个"第×"的序号随卷数改变而改变。"卷第×"三字下空四格，其余各卷亦同），此版式与中国现存五部宋本《伤寒论》同。安政本只保留"伤寒论卷第×"六字，删"仲景全书第×"六字。

（5）内阁本书口上端有"仲景全书"四字，版式与中国现存五部宋本《伤寒论》同。安政本将"仲景全书"四字删掉。

（6）内阁本黑白书口交错出现，安政本书口皆改为白口。

2. 改正内阁本讹字，补其阙字

安政本所据底本为内阁本。1924年章太炎《伤寒论单论本题辞》说：

> 其书传于今者，宋开宝中高继冲所献，治平二年林亿等所校，明赵开美以宋本摹刻，与成无己本并行，至清而逸，入日本枫山秘府，安政三年，丹波元坚又重摹之，由是复行于中土。[27]

"至清而逸"指《仲景全书·伤寒论》至清朝已经失传。这是当时普遍的观点。台北"故宫"本有姜问岐图章，证明清朝尚有宋本《伤寒论》；中国中医科学院本得自清末，卷一第一页钤盖五枚图章："津沽张/氏藏善/本医书""柏心堂""志刚印""张剑衡印""郭元极印"，图章主人不详，新中国成立后，由中央卫生研究院（中医研究院前身）收藏。上海图书馆赵本卷一钤盖"汤溪范氏栖/芬室所备医/史参考图书"篆字长方朱印一枚、"行准"朱章一枚，则上图本得自范行准，范氏购自晚清。沈阳中国医科大学本得自伪满洲国满洲医科大学，该书钤盖"东亚满洲医科大学""满洲医科大学图书"朱章。伪满本得自何方待考。该书一度为辽宁中医学院借藏，后归沈阳中国医科大学保管。这些赵本在清代珍藏于私人之手，而未显露之耳。

安政本改正了内阁本大量讹字：

（1）内阁本卷三《辨太阳中》第31条"太阳病，项背强几几，无汗恶风，葛根汤主之。方一。"方中之"大枣十二两擘"之"两"字误，当作"枚"，安政本改为"枚"。

（2）内阁本卷三《辨太阳中》第 64 条"发汗过多，其人又手自冒心"，句中"又"字形讹，当作"叉"，安政本改为"叉"。

（3）内阁本卷四《辨太阳下》子目"伤寒十余日，热结在里，往来寒热者，与大柴胡汤第四。大味。水结附。"按，"大"字形讹，安政本改为"七"，"故宫"本作"八"。考大柴胡汤由八味组成，作"八"是。

（4）内阁本卷四《辨太阳下》子目第十六方小注"下有大阳一证"。按，古文"大""太"多通用，而《伤寒论》"大""太"使用划然，故当作"太"。安政本改为"太"。

（5）内阁本卷四《辨太阳下》第 162 条"与麻黄杏子廿草石膏汤"，方中"廿"中间阙一点，安政本改为"甘"。

（6）内阁本卷四《辨太阳下》第 173 条黄连汤方"大枣十二枚□"，"枚"字下为墨钉一个，安政本填补为"擘"字。是。

（7）内阁本卷五《辨阳明病》第 208 条小承气汤方："大黄四　厚朴二两炙去皮　枳实三枚大者炙"，"大黄四"之"四"字下无剂量，安政本补"两酒洗"三字。"故宫"本"四"字下有"两"字，无"酒洗"二字。笔者检《千金翼方》卷九"用承气汤法第五小承气汤方"亦无"酒洗"二字，成无己本亦无"酒洗"二字。此二字为校勘者堀川济据承气汤之"大黄四两酒洗"而补也。

（8）内阁本卷五《辨少阴病》第 282 条："若小便色白者，少阴病形悉具"之"病"字，无上面一点，虽循文可读，然则无点则为讹字，安政本改为"病"，是。

（9）内阁本卷七《辨不可发汗》："太阳与少阳并病，头项强痛，或眩冒，时如结胸，心下痞鞕者，不可发汗。"句中"痞"字阙少左侧两点，安政本改为"痞"。

（10）内阁本卷七《辨可发汗》子目"温里宜四逆汤，攻表宜桂枝汤。第十六。（四近汤二味）"。句中五字小注误。"四近汤"当作"四逆汤"。四逆汤三味，非二味。安政本改作"四逆汤三味"。是。台北"故宫"本、沈阳中国医科大学本、中国中医科学院本、上海中医药大学本、上海图书馆本均将讹字"近"改为"逆"，但是讹字"二"依旧，未改为"三"，皆

57

不若安政本细腻也。

（11）内阁本卷八《辨发汗后第十七》第二十一方："若土瓜根及大猪胆计皆可为导"，其中"计"是讹字，当作"汁"。安政本改为"汁"字。

（12）内阁本卷八《辨发汗后第十七》第二十一方"家煎方"之"家"字讹，当作"蜜"。安政本改为"蜜"。

（13）内阁本卷八《辨发汗后第十七》第二十一方服法"并手检作挺"之"检"字讹，当作"捻"。安政本改为"捻"。

（14）内阁本卷十《辨发汗吐下后第二十二》第二十五方："大枣十二枚壁"。"壁"字误，当作"擘"。安政本改为"擘"。

（15）内阁本卷十《辨发汗吐下后第二十二》第二十六方："伤寒不大便六七日，头痛有热者"之"痛"字，偏旁作"广"，安政本改为"痛"。

（16）内阁本卷六《辨少阴病》子目第二十三小注："用前第二十二方。下有少阴病□证"，"证"上为空格。安政本补以"一"字。

3. 安政本改误未尽

安政本对内阁本的讹误做了大规模修改校勘，但尚有少数字句改误未尽。

（1）内阁本卷一《辨脉法第一》："脉浮而紧者，名曰弦也。弦者状如弓弦，按之不移也。脉阴者，如转索无常也。"安政本同。按，古代大绳曰索，小绳曰绳。《尚书·五子之歌》："若朽索之御六马。""转索"喻绞绳，绳绞则紧，故上句"脉阴者"之"阴"当作"紧"，作"阴"则失其所指。"故宫"本、上海中医药大学本、上海图书馆本、沈阳中国医科大学本、中国中医科学院本均作"紧"。安政本沿误作"阴"字。

（2）内阁本卷一《平脉》："若见损脉来至，为难治（肾谓所胜脾，脾胜不应时）。"安政本同。小注"肾谓所胜脾"系误句，词不达意。为考证此五字，笔者于 2007 年 8 月 27 日、2007 年 11 月 19 日、2010 年 7 月 30 日三次赴沈阳中国医科大学图书馆查阅宋本《伤寒论》，此五字该本作"肾为脾所胜"。2008 年 1 月 8 日至上海中医药大学图书馆查阅宋本《伤寒论》，1 月 10 日至上海图书馆查阅宋本《伤寒论》，这两个版本皆作"肾谓所胜脾"，与中国中医科学院本同。2009 年 4 月 10 日赴台北"故宫博物院"文献大楼三楼善本书室查阅赵开美宋本《伤寒论》，发现作"肾为脾所胜"。

就此五字小注观之，情况如下：中国中医科学院本、上海中医药大学本、上海图书馆本皆作"肾谓所胜脾"，日本内阁本、安政本与之同。沈阳中国医科大学本、台北"故宫"本均作"肾为脾所胜"，意谓土克水也，文从字顺，表意明确，符合医理。笔者认为，中国中医科学院本、上海中医药大学本、上海图书馆本是第一版次，台北"故宫"本、沈阳中国医科大学本为修订版次，即在第一版的板木上剜改讹字而成。

就中国现存五部赵开美本观察，台北"故宫"本、沈阳中国医科大学本文字准确性高于中国中医科学院本、上海中医药大学本、上海图书馆本。日本内阁文库本讹字较多，其文字正确性远不及赵本第一版次。台北"故宫"本第一卷首页有清末著名藏书家徐坊墨笔题记，其余四部皆无，且"故宫"本有赵开美私人藏书章"东海仙蠹室藏"签章，他书皆无，"故宫"本保存的文献信息较其他四部丰富，因此本文在校勘时，悉对照"故宫"本。

（3）内阁本卷二《辨痉湿暍第四》："问曰：风湿相抟，一身尽疼，病法当汗出而解"，"病"字误，当作"痛"，安政本未加改正。

（4）内阁本卷二《辨太阳上》第 12 条服法："不可令如水流离""一日一夜服，周时观之"，安政本对"离"字"观"字未加修改。

（5）内阁本卷四《太阳下》第 141 条五苓散服法"右五味为散，更于臼中杵之"，安政本同。"杵"字中国所藏五部赵本均作"治"。

（6）内阁本卷五《辨阳明第八》第 242 条："病人小便不利，大便乍难乍易，时有微热，喘冒（一作□□）。"安政本亦作两个墨钉。

（7）内阁本卷六《辨少阴病》子目第二十："少阴病，自利清水，心下鞕口干者，宜大承气汤。第二十"，安政本同。"故宫"本、中国中医科学院本"鞕"字均作"痛"。按 321 条正文作"痛"，则内阁本子目作"鞕"非，作"痛"是。

（8）内阁本卷七《辨霍乱病第十三》第 385 条"恶寒，脉微（一作□）而复利，利止亡血也。四逆加人参汤主之"，句中有一墨钉。安政本亦作墨钉。

（9）内阁本卷九《辨可下第二十一》十枣汤服法："右三味各异捣筛科已合治之"，文中"科"是讹字。安政本亦作"科"同。中国所藏五部均作"秤"，是。

上述材料证明，安政本改误未尽。

中国中医科学院本所存讹字，内阁本偶有改正者。中国中医科学院本《伤寒论》卷三《辨太阳中》第93条："太阳病，先下而不愈，因复发汗，以此表里俱虚，其人因致冒，冒家汗出自愈。所以然者，汗出表和故也。得里和，然后复下之。"其中"得里和"三字内阁本改为"里未和"。是。台北"故宫"本、沈阳中国医科大学本亦作"里未和"。显示内阁本以中国中医科学院本为底本翻刻之将"得里和"改为"里未和"，台北"故宫"本、沈阳医大本则在中国中医科学院本基础上修订之，改为"里未和"。

（二）安政本优于宽文本

据《伤寒论》内阁文库本翻刻者是宽文本。堀川济跋云：

> 二百年来，名师哲将，研究是经者，亦皆据陋刻，而私意删略，以讹传讹，竟无知赵氏旧本为何物者。夫医理深远，要在于尊经，尊经必择善本，是经尤为吾道之大本，而世无善本，可深慨也哉！嘉永辛亥之岁（1851），丹波晓湖先生于官库中始检出此本而影摹一通，济谨阅之，实赵氏原刻本，而人间绝无仅有之秘帙也。仍质之茝庭先生，详加校点，刊诸家塾，以广印行。[28]

所谓"官库"，指幕府红叶山房文库。丹波晓湖是丹波元坚从子。丹波元坚《影刻宋本伤寒论序》云：

> 此间唯存宽文中传刻本，其本出于明赵清常《仲景全书》中，而清常原刊亦未之见。在近时，则虽宽文本，日就散佚，世徒有坊间谬种盛行。学者就陋沿讹，动辄为别风淮雨，眩其心目，虽欲求古而从之，其道无由，岂可不痛叹耶？[29]

日本安政本在校勘《伤寒论》上，颇为精卓。它不仅把内阁本《伤寒论》大量讹字改正，而且还改正了常常被人忽视的两个讹字：

其一，现存台北“故宫”本、沈阳中国医科大学本、中国中医科学院本、上海中医药大学本、上海图书馆本卷七《辨阴阳易差后劳复病脉证并治第十四》第392条：“伤寒阴易之为病，其人身体重，少气，少腹里急，或引阴中拘挛，热上冲胸，头重不欲举，眼中生花【花一作胗】。”句中“胗”是讹字。字书有“胗”字，音chi。《集韵·纸韵》：“肉物肥美也”，与此条文意无关。安政本改为“眵”字，极是。

其二，台北“故宫”本、中国中医科学院本卷五《辨阳明病脉证并治第八·子目》第261条：“伤寒身黄发热，栀子蘖皮汤主之。第四十三。”“蘖”（nie）字形讹（按，子目误而正文不误），当作“蘗”，安政本改为“蘗”字。

从中可以看出当时任校雠之责的丹波晓湖及堀川济是何等认真，辨识文字讹误水平是何等卓越。

宽文本虽然不是好本，但它传播《伤寒论》功不可没。

首先，它是《仲景全书》刊行后首先据以刊刻者。据丹波元坚《聿修堂藏书目录》云：“《伤寒论》十卷。二册。宽文戊申重刻赵开美校刻宋版。汉张机撰。”宽文戊申八年相当清康熙七年（1668），《仲景全书》刊刻于明万历二十七年，两书相隔69年，宽文本在传播仲景学说、培养人才方面具有重要意义。宽文本之后刊行者，有宽政九年（1797）浅野元甫徽重校勘本，名《校正宋版伤寒论》，三册；文化十三年（1816）刊本，附片假名，一册；文政六年（1823）刊本，一册；文政十年（1827）由风月庄左卫门书肆据宽文八年本刊刻；弘化元年（1844）稻叶元熙刊本，书名《新校宋版伤寒论》，十卷二册。以上诸板，上海辞书出版社《中国中医古籍总目》皆有著录。按，以上诸刻，皆未按宋版原式摹刻，其中以《新校宋版伤寒论》较佳，然行款与宋版有异。该书凡例云：“《伤寒论》诸本，莫善于明赵开美覆刻宋版，然赵本卷页较多，人病于携带，今缩写入刻，以便学者翻阅。宋人旧注亦皆录存，新校则以圈别之。”

六、安政本对中国影响巨大

日本安政本刊行后很快传入中国，据《中国中医古籍总目》载，我国多家大型图书馆藏有此书。《总目》云："日本安政三年丙辰江户堀川舟庵据明赵开美本重刻本。"使用此本，应知晓该本与内阁本种种关系，即如上所述者。

《中国中医古籍总目》又云："1923、1925、1929年恽铁樵据明万历赵开美刻本影印本"，封面题以"影印伤寒论 赵开美刻本"。据统计，现有56家图书馆藏有恽铁樵影印本。1946年10月叶橘泉先生在《康平本伤寒论序》中对恽铁樵造伪赵开美本加以揭露，确指恽铁樵本以安政三年本为底本照相影印，抹掉安政本返点符号，根本不是据赵开美原刻影印的。叶橘泉先生云：

> 中国医学之最有价值而为近世科学医界所推崇者，厥为张仲景之《伤寒论》。是书当成于汉建安十余年（公元207—208年之间），距今已一千七百三十余年矣。西晋永嘉（怀帝）之乱，书已散佚，太医令王叔和（公元260余年之间）搜集撰次，复加阐释，以传于世。晋汉相距尚近，只六十余年，虽非仲景原本，尚得窥见其大概焉。中经五胡之乱，其书复晦，又为江南诸师所秘，传者益尟，故初唐孙思邈撰《千金要方》，未获其书，后幸得之，始采入《翼方》。逮宋开宝中（公元970余年间），高继冲编录《伤寒论》献进，藏诸秘府，未加校正。至治平熙宁间（公元1067—1068）英宗召天下儒臣校理医籍，高保衡、孙奇、林亿诸人与焉，《伤寒论》即经诸公校正以劂版行世，是为宋本，而仲景之学复行于世。未几又以靖康之乱，中原云扰，文物坠地，其书又在若存若亡之间。南宋迄元，未闻重刊，至明万历间，虞山赵开美得宋本，遂复刻之，文字端好，颇存治平之旧。
>
> 赵刻至今又三四百年，其书已稀如星凤，除东国枫山秘府藏有一部外，国内唯吾友范行准先生有其书。至民国初年，恽铁樵氏影印《伤寒论》，号称明赵开美本，实则原

本为日本安政间崛川济氏据秘府本所复刻者，恽氏固未见赵刻原书耳。㉚

安政本沿袭内阁本的错误，恽铁樵影印本同样保留下来。

1923 年恽铁樵在上海影印安政本，1924 年章太炎先生撰《伤寒论单论本题辞》，发表于《山西医药杂志》第 20 期，1924 年 8 月出版。此文续经多家杂志转载。太炎先生称赵开美本"入日本枫山秘府，安政三年，丹波元坚又重摹之，由是复行于中土"，"此《伤寒论》十卷，独完好与梁《七录》无异，则天之未绝民命也，虽有拱璧以先驷马，未能珍于此也"。太炎先生所阅之《伤寒论》，乃恽铁樵本，而恽铁樵本就是安政本，太炎先生终其一生，未见赵开美本也。

1931 年上海中医书局按安政本原刻影印发行，保留返点符号。

早在恽铁樵之前，清末杨守敬用剪贴办法，剪掉赵开美本每卷首页之"宋林亿校正、明赵开美校刻、沈琳仝校"15 字，然后将后面十卷纸页逐页依次向前推移三行与前纸相接，命名为《影北宋本伤寒论》，他这样做，也许出于使人追想北宋《伤寒论》原刻本的样子原来如此。可是看他在《日本访书志》卷九写的《影钞北宋本伤寒论》提要，却又像他在日本购买到北宋本《伤寒论》。全文如下：

> 《伤寒论》十卷，影北宋本。
>
> 伤寒一书，后人多所更乱。而所据者，大抵以成无己注本为集矢。不知成氏本亦非叔和所编真面目。盖叔和于每证治法相同者，不嫌复载（笔者按，《伤寒论》经文下所出方剂非为叔和排次，原始方证排列方式为条列于前，方汇于后，《金匮玉函经》尚保留其大体模式。其以方证同条，比类相附者，始于孙思邈。孙思邈《千金翼方》卷九小序云："旧法方证，意义幽隐，乃令近智所迷，览之者造次难悟，中庸之士，绝而不思，故使闾里之中，岁致夭枉之痛，远想令人慨然无已。今以方证同条，比类相附，须有检讨，仓促易知。"《金匮要略序》云："国家诏儒臣校正医书，臣奇先校定《伤寒论》，次校定《金匮玉函经》，

今又校成此书，仍以逐方次于证候之下，使仓卒之际，便于检用也。"观"仍以逐方次于证候之下"句，知《伤寒论》证候之下所次之方乃孙奇等在孙思邈基础上加详加密所为也。知此者，今鲜矣。）成氏则但载其初见者，以后则云"见某证中"以省烦。然医道至密，古人不惮反复叮咛，意自有在。今省去之，反开后苟简之弊。然自成氏注解后，林亿校进本遂微，著录家亦皆以成氏本为原书，冤矣！余在日本初得其国宽文本，见其与成氏注解本不同，而刻手草率，误字甚多。厥后得其翻刻明赵清常《仲景全书》本，而后知成氏本果非叔和原书。然开篇题名下，即署"明赵开美校刻，沈琳仝校"字样，是已非宋本旧式。最后于书肆得此影写本，每半页十行，行十九字。首题"《伤寒论》卷第一"；次行题"汉张仲景述，晋王叔和撰次"；再下行低三格"《辨脉法第一》《平脉法第二》"；又下行低二格"辨脉第一"，再下顶格"问曰"云云。乃知赵氏本根源于宋刻，但为题校勘姓名，遂移其行第（清常收藏名家，亦为流俗所染）。此本影写精致，俨然北宋旧刻。唯"第五"一卷、"第六"上半卷、"第八""九""十"三卷，摹写稍弱，纸质亦新，当又是后来补写也。窃怪日本著录家皆以赵开美本为最古，而此本尚存其国，未见甄异。余乃无意得之，归后屡劝人重刻，竟无应者。念此书为医家本经，日本翻刻赵本，其版已毁，恐他日仍归湮灭，故特录其经进官阶于左，以审世之存心济世者。

按杨氏"于书肆得影写本"（即翻刻本），今存剪贴本。由于剪贴工作繁重，剪贴草率，时有犬牙交错痕迹，一看即知是伪造的所谓"北宋本"。

剪贴本今存台湾。杨氏剪贴本未流行于社会，民国初年武昌柯逢时雕印《伤寒论》，与杨守敬剪贴本颇为近似，但柯本刊行量极少，所以没有产生多少影响。

20世纪80年代在国家中医药管理局具体领导下，大陆掀起整理中医古籍热潮，宋本《伤寒论》整理校注任务下达给北京中医药大学，伤寒论大家刘渡舟教授任主编，笔者任副主编，校注组以中国国家图书馆所藏赵开美本《伤寒论》的缩微胶卷本为底本，五历寒暑，始竣其事，于1991年由人民卫生出版社出版，世人第一次看到赵开美本的全部内容。在此以前，我国流行的无注的白文本《伤寒论》，基本上是日本安政本或恽铁樵据安政本影印之本。恽铁樵在封面上题以"影印伤寒论 赵开美刻本"，而且抹掉安政本的返点符号，极易鱼珷乱玉，鱼目混珠，深深眩惑广大读者，误认恽铁樵本就是赵开美本。近世有的日本学者亦误以铁樵本为赵开美本而影印之，都是情有可原的。20世纪50年代重庆人民出版社发行的《新辑宋本伤寒论》、1959年出版的《伤寒论译释》所据底本均是恽铁樵本。这都说明，研究宋本《伤寒论》版本流传演变的历史，尚需作进一步努力。

清儒说："欲免俗儒需读史。"研究中国医学史、研究《伤寒论》版本发展史，安政本是不可逾越之书。

七、刘渡舟本《伤寒论》所据底本述实

20世纪80年代初，中共中央、国务院发出加强古籍整理研究文件，卫生部于1982年制定《中医古籍整理出版规划》，同年6月在北京召开"中医古籍整理规划会议"，经专家讨论，确定十一部中医古籍作为卫生部重点中医古籍进行整理研究。这十一部重点中医古籍是：《素问》《灵枢》《难经》《神农本草经》《伤寒论》《金匮要略》《甲乙经》《脉经》《诸病源候论》《中藏经》《太素》。

整理研究十一部重点中医古籍主编是：

1. 《素问校注》：天津中医药大学郭霭春教授；
2. 《灵枢经校注》：辽宁中医研究院史常永教授；
3. 《难经校注》：上海中医药大学凌耀星教授；
4. 《神农本草经辑校》：中国中医科学院马继兴教授；
5. 《伤寒论校注》：北京中医药大学任应秋教授、刘渡舟教授；
6. 《金匮要略校注》：浙江中医药大学何任教授；
7. 《甲乙经校注》：山东中医药大学张灿玾教授；
8. 《脉经校注》：广州中医药大学沈炎南教授；
9. 《诸病源候论校注》：南京中医药大学丁光迪教授；

10.《中藏经校注》：湖南中医药研究院李聪甫教授；

11.《太素校注》：成都中医药大学郭子光教授。

本文称刘渡舟主编的宋本《伤寒论校注》为"刘渡舟本"。

《灵枢经校注》未完成。北宋校正医书局未加校正，留下遗憾。历史似在循环。

笔者是《伤寒论校注》副主编，并且是十一部重点中医古籍审稿委员，对此次大规模整理古典医籍了解较多，尤其对《伤寒论校注》前前后后许多事情较为熟悉，谨将本人了解的《伤寒论校注》有关事宜记录在下面。后之视今，犹今之视昔。作为今后回顾新中国成立后关于《伤寒论》文献研究以及整理中医古籍的成就，下面所引资料是珍贵的第一手资料。

1988年2月10日《伤寒论》整理研究课题组向北京中医药大学党委和科研处写了一份工作汇报，比较详细地回顾了校注《伤寒论》有关情况。谨将这份工作汇报全录如下：

《伤寒论》整理研究工作汇报

院领导、科研处领导：

现将刘渡舟教授主持的《伤寒论》整理研究工作进行一个阶段性总结，并把下一阶段的工作计划一并汇报。

中医古籍整理是国务院关于古籍整理计划的一部分。1982年6月，卫生部党组在西苑饭店召开了中医古籍整理规划会议，制定了九年计划，并初步确定了《素问》《灵枢》《难经》《伤寒论》等十一部古籍的整理研究为九年规划中的重点和基础。

1983年4月20日卫生部在沈阳召开了十一部重点中医古籍整理研究工作会议，确定《伤寒论》整理研究工作由我院任应秋、刘渡舟两位教授承担，并由两位负责人提名组成课题组，成员有毛雨泽、孙志洁、郝万山、裴永清。这是这一工作的起步。主要任务是：考察《伤寒论》版本源流、历代校勘、注释、训诂成果，在充分研究这些资料的基础上，撰写一部底本可靠、校勘精确、注释恰当、按语中肯的校注本；在校注本的基础上，写一部以直译为主适合普及使用的语译本。接着课题组便开展了版本的搜求考察与历代校注资料的收集，制定编写计划和编写样稿等工作。

任应秋教授当时因患癌证已不能过问这一工作，由刘老提名、经院领导和科研处批准、报请卫生部古籍整理出版办公室认可，于1984年3月14日起，由钱超尘副教授任课题组副组长、副主编，协助刘老工作。

1984年4月卫生部在北京京西宾馆召开了"十一部重点中医古籍样稿审定会"，并宣布卫生部已决定将这十一部古籍的整理研究列入部级重点科研项目加以管理，要求每个课题都要进行开题论证、签订科研协议合同书。

遵照京西宾馆会议精神，课题组在前一段工作的基础上，第二次编写了校注本、语译本样稿，编写了《伤寒论整理研究设计书》。经卫生部中医古籍出版办公室批准，在院领导和科研处支持下，于1985年10月16日在北京市怀柔区召开了"伤寒论整理研究论证会"。到会的专家有：

何　任　浙江中医药大学教授
俞长荣　福建中医学院教授

欧阳琦　湖南省中医药研究院研究员
李培生　湖北中医药大学教授
裘沛然　上海中医学院教授
李克绍　山东中医学院教授
袁家玑　贵阳中医学院教授
方药中　中国中医研究院西苑医院研究员
王绵之　北京中医学院教授
萧　璋　北京师范大学中文系教授
许嘉璐　北京师范大学中文系教授

各位专家对两份样稿和设计书提出了修改意见，并一致通过了开题论证、签署了评审意见书。会后，课题组根据专家意见修改了校注、语译两个样稿和设计书，并上报北京中医学院科研处和卫生部古籍出版办公室备案。整理校注工作也由此全面开展起来。

1986年9月完成了校注本、语译本第一次初稿（草稿），在建院30周年校庆展览会上展出了初稿的复印件。

1987年底，完成了第二次初稿及校后记的部分内容。

1988年1月，国家中医药管理局在沈阳召开了"十一种重点中医古籍整理研究工作会议"，到会的各课题组将几年来的工作情况做了阶段性总结汇报。我课题组除将工作进度做了汇报外，还总结了几年来工作比较顺利的原因。沈阳会议还安排了审稿工作及审稿专家名单。《伤寒论》审稿专家是欧阳琦、裘沛然、李克绍、李培生、汤万春五位。

我课题组拟于 1988 年底完成《伤寒论》全部校注工作。主要安排如下：

1. 1988 年 3 月底前修改完全部底稿，完成"编写说明"与"校注后记"，并和《金匮要略》校注组通稿，以免互相矛盾。

2. 1988 年 4 月初将书稿送陕西中医研究院计算机中心，利用其繁体字编辑系统打印书稿（由于找不到高水平的写繁体字的人，接受了国家中医药管理局的建议而决定的）。

3. 1988 年 5 月份将打印好的书稿及《伤寒论》底本（宋本影印本）分寄五位审稿专家。可否在第三季度召开专家审稿会议，待审稿进度而定。我们准备在审稿会上，与各位专家当场交换意见当场修改，随后将修改稿再由计算机打印，至迟 1988 年底完成全部校注工作。

数年来，课题组成员在完成繁重的教学、临床任务的同时，承担了这一科研课题。为了有一个集中的审稿通稿时间，只好利用晚上、节假日加班工作。同志们认为，我们应当做到无愧于中医事业、无愧于领导的关心与支持、无愧于我们自己的良心。

简要汇报如上，请院处领导批示。

此致

敬礼！

北京中医学院《伤寒论》整理研究课题组

1988 年 2 月 10 日

此汇报由郝万山教授执笔。通过这个材料，我们清楚地看到，在国家各有关领导部门的支持关怀下，《伤寒论》整理研究课题组的任务才得以顺利完成。其他几部重点中医古籍的整理研究情况基本相同。整理研究十一部中医古籍是国家行为，是在卫生部、国家中医药管理局直接管理领导下完成的。抚今视昔，更加可以看到 20 世纪 80 年代整理研究中医古籍不平凡的意义。

北宋校正医书局是编修院属下的一个单位，绝对没有新中国成立后整理医书这么大的规模，也不可能动员全国相关专家发挥集体智慧和力量共同投入这项工作。我国历史上整理医书最显著的有两次。第一次是西汉刘向校群书，医书由李柱国校订。第二次是北宋校正医书局，《伤寒论》《金匮要略》《金匮玉函经》三书主要由孙奇校定。"定"者，定也，通过校订使同一部书的多种传本始定于一也。在研究《伤寒论》时，每感北宋校正医书局留下的背景材料太少，难于考证当时整理校正医书的详情，略有参考价值的是国子监牒文及后附高官名录。牒文对于考证《伤寒论》大字本、小字本颇有价值；高官名录，可以考见朝廷对《伤寒论》校定之重视。本文留下这份汇报材料，今人读之，或曰赘文；后人读之，如啖甘饴。因为他们看到的是新中国成立后在整理医书上的伟大贡献与组织经验。

20 世纪 80 年代十一部重点中医古籍最为突出的特点是版本选择的精审无误。以《伤寒论》而言，以中国国家图书馆善本书室所藏赵开美本缩微胶卷为底本。此书自明万历二十七年翻刻至刘渡舟教授校注之书的出版（1991 年 6 月第一版）凡 392 年，其间既没有翻刻重印，亦没有以此书为底本校注刊行者，只有少数藏书家缜密深藏，秘不示人，以致清修《四库全书》时未征集到此书，只好将成无己《注解伤寒论》收入《四库全书》。1912 年武昌医馆刊行之《伤寒论》，系以杨守敬（1839—1915）在日本购到的赵开美本加以剪贴推移之本为底本而刊行，非以赵开美原刻本为底本而刊行者（北京中医药大学图书馆藏有武昌医馆本，研究《伤寒论》版本学，此书有参考价值）。1923 年恽铁樵（1875—1935）影印日本安政三年（1856）《翻刻宋版伤寒论》，抹去书中日文返点符号，改称赵开美原刻本，是为学术造假之本，造成宋本《伤寒论》版本流传的巨大混乱。考日本安政本以日本枫山秘府所藏《仲景全书·伤寒论》为底本刊行，经笔者详考，日本枫山秘府所藏《伤寒论》既不是赵开美《伤寒论》首刻本，亦非赵开美修刻本，而是日本无名氏坊刻盗版本。知此事者不多。1955 年重庆市中医学会《新辑宋本伤寒论》、1959 年南京中医药大学伤寒教研室主编《伤寒论译释》都是以恽铁樵本为底本而排印，沿用恽铁樵误说而称其底本为宋本。日本安政本在日本所有刻本中，品相接近赵开美本，惜讹字较多，无卷末牌记，无《伤寒论后序》，无赵开美序，是盗版本毫无疑义。安政本虽为盗版本，但它在中日《伤寒论》普及方面有重要历史功绩。笔者《影印日本安政本伤寒论考证》对安政本有详考，2015 年 2 月学苑出版社出版。

刘渡舟宋本《伤寒论校注》分工如下：

提要按语：刘渡舟　裴永清

校　　勘：孙志洁

注　　释：郝万山

校注说明与校注后记：钱超尘

语　　译：毛雨泽

《伤寒论校注》于 1991 年 6 月由人民卫生出版社出版，1992 年获国家中医药管理局科技进步二等奖。

刘渡舟本所用底本是中国国家图书馆所藏宋本《伤寒论》缩微胶卷本。1941 年北平图书馆将许多善本海运美国国会图书馆保藏，1942 年王重民在美国国会图书馆将《伤寒论》拍摄为缩微胶卷交北平图书馆保存。1965 年赵开美本《伤寒论》回归台北"故宫博物院"保藏。经与台北"故宫博物院"文献大楼所藏《仲景全书·伤寒论》仔细校读，发现刘渡舟本有讹字。2013 年 4 月下旬，人民卫生出版社通知笔者，要求一周内将刘渡舟本修订完毕，急待重刊发行。由于时间紧促，笔者据台北"故宫"本复印件改正了 1991 年《伤寒论校注》印刷本讹字，增删了《后记》，修改了几条校勘，对"提要""按语""注释"未做修改，附有一段说明，如下：

　　一九九一年出版的《伤寒论校注》书末《校注后记》成于一九八九年二月二十五日，本次对《校注后记》做了增删，另写《附言》一篇作为《校注后记》的补充。

钱超尘　2013 年 5 月 18 日

这段文字与附言是 5 月中旬看清样时所写。附言如下：

　　北京中医药大学刘渡舟教授主编的《伤寒论校注》

1991 年出版，所用底本是中国国家图书馆珍藏的宋版《伤寒论》缩微胶卷。原书 1941 年运往美国国会图书馆保藏以防劫掠。1956 年回归台湾，今藏台北市"故宫博物院"文献大楼。刘渡舟教授主编此书时，尚不能见到原书，故以缩微胶卷为底本。

2009 年 4 月笔者亲至台北"故宫博物院"访书，见到明万历二十七年赵开美辑刻的《仲景全书》，内含四书，依序是：翻刻宋版《伤寒论》、成无己《注解伤寒论》、宋云公《伤寒类证》、《金匮要略》，保藏完好，与中国国家图书馆《仲景全书》缩微胶卷本内容全同。缩微胶卷本几枚图章模糊难辨，台北"故宫"本朱章清晰，分别是徐坊朱章两枚、"姜问岐印""秋农"朱章共两枚、"东海仙蠹室藏"朱章两枚。这几枚朱章在考证宋版《伤寒论》版本流传史上具有重要意义。

通常所说的宋版《伤寒论》不是指北宋治平二年雕印的大字本《伤寒论》或北宋元祐三年雕印的小字本《伤寒论》，而是指明赵开美（1563—1624）据北宋元祐三年小字本《伤寒论》翻刻之本，字体、行格、版式一仍元祐版本原貌，赵开美称其翻刻本为宋版《伤寒论》，后人沿用其称。赵开美本刊行后，小字本旋即亡佚。小字本《伤寒论》一灯独传，千灯续焰，赵开美传承中医药文化，存亡继绝，功德至伟！

赵开美翻刻本今存五部：中国中医科学院、上海图书馆、上海中医药大学各藏一部，属于首刻本，有少许讹字；沈阳中国医科大学、台北"故宫博物院"各藏一部，属于修刻本，剜改首刻本讹字，补以正字，二书为同一板木刷印。台北"故宫"本有徐坊（字矩庵）墨笔题记，称家藏北宋治平二年大字本《伤寒论》一部，这是一个异常宝贵的学术信息，不知其书尚存人间否。台北"故宫"本有清道光、咸丰年间姜问岐两枚朱章，于考察宋本《伤寒论》流传史有重要意义。赵开美名其藏书室为"脉望馆"，其藏书目录名《脉望馆书目》。书中蠹鱼啮蚀"神""仙"二字，古人称该书蠹为"脉望"，则"仙蠹"者，"脉望"也，亦即书蠹也。"东海仙蠹室藏"图章反映该书是赵开美

71

亲手抚摸研阅之书，其价值为另外四部书所不及。

本次修订以台北"故宫"本复印件校勘刘渡舟本。1991年人民卫生出版社刘渡舟本《伤寒论校注》文字排印正确率较高，本次修订检出几个排印讹字，均予改正：

1. 刘渡舟本"侯"讹为"候"。见国子监牒文。"开国侯"之"侯"皆误排为"候"。

2. 刘渡舟本"卫气"讹为"胃气"。见卷一《平脉》"浮者卫气虚""微者卫气疎"，两"卫"字皆讹为"胃"。

3. 刘渡舟本"覆"讹为"服"。见卷二《辨太阳病脉证并治上第五》"温覆令一时许"，刘本讹"覆"为"服"。

4. "旋覆花"宋本《伤寒论》作"旋复花"，刘渡舟本"复"作"覆"，今从宋本作"复"。

5. "蓄血"宋本《伤寒论》作"畜血"，刘渡舟本"畜"作"蓄"，今从宋本作"畜"。

6. 刘渡舟本卷十《辨发汗吐下后病脉证并治第二十二》"旋复花三两　人参二两"，刘渡舟本误将"二两"作"三两"。今正。

五部赵开美本《伤寒论》原本有三个明显讹字，分别是《刻仲景全书序》"购得数本"之"购"误作"构"；卷五子目第四十三方"栀子蘗皮汤主之"的"蘗"误作"蘖"；卷七"辨阴阳易"之"眼中生花"小注"花一作眵"，其中"眵"误作"胗"，皆予径改，未出注。

宋本《伤寒论》凡"抟"（tuan）字皆作俗体"搏"，与"搏"形体极近，铅字排印本、计算机录入本、高等中医院校教材均误作"搏"，特于《后记》撰《"抟"讹为"搏"字考》以正通行本之讹。

台北"故宫博物院"《仲景全书·伤寒论》无《伤寒卒病论》自序，1991年刘渡舟本《伤寒论校注》刊载此序。考沈阳中国医科大学本、中国中医科学院本、上海中医药大学本、上海图书馆本皆有此序，谨依上述诸本之序刊载之。1991年出版之《伤寒论校注后记》未言及此事，今补说之。台北"故宫"本所以无此序，非漏刻，而是装订于《注解伤寒论》卷首。沈阳中国医科大学本与台北"故宫"本皆为修刻本，属于同一版本，沈阳中国医科大学本张仲景序装于《伤寒论》卷首，可证台北"故宫"本之序为偶然装于成本卷首者。

"卒病论"之"卒"字是俗讹之字，即因俗写而复讹之。"杂"字俗写作"桼"，再简之而讹为"卒"。宋郭雍（字子和，号白云）《伤寒补亡论》卷一《伤寒名例十问》云：

问曰：伤寒何以谓之卒病？雍曰：无是说也。仲景叙论曰"为《伤寒杂病论》合十六卷"，而标其目者误书为"卒病"，后学因之，乃谓"六七日生死人，故谓之卒病"，此说非也。古之传书怠惰者，因于字画多省偏旁，书字或合二字为一，故书"杂"为桼，或再省为"卒"。今书"卒病"，则"杂病"字也。汉刘向校中秘书，有以"赵"为"肖"，以"齐"为"立"之说，皆从省文而至于此，与"杂病"之书为"卒病"无以异。

郭说极是，可纠正"卒病"种种臆想误说。

我国所藏五部《仲景全书·伤寒论》皆有《医林列传》，1991年刘渡舟本无。校注该书时以为《医林列传》非出林亿等人之手而未刊入校注书中。刘渡舟本既以宋本为底本，《医林列传》不可删裁，故补入重刊本中。

1991年版《伤寒论校注》未录入台北"故宫"本牌记，当时以为这些牌记与研究《伤寒论》没有多大关系。从中医文献学和版本学角度观察，这些牌记意义重大，确切证明赵开美所据底本为宋本《伤寒论》。这些牌记的内容和位置是：

第四章卷末有"世让堂翻刻宋版赵氏家藏印"楷体木印一方，每三字一行，凡四行。牌记下有"东海仙蠹室藏"篆体小型长方朱章一枚。"世让堂"是赵开美的家堂号，此木印显示赵开美据宋版《伤寒论》翻刻。篆体小章是赵开美的闲章。赵开美《刻仲景全书序》云："《仲景全书》既刻已，复得宋版《伤寒论》焉。予曩固知成注非全文，及得是书，不啻拱璧，转卷间而后知成之荒也，因复并刻之。"宋版《伤寒论》是赵开美刻完成无己《注解伤寒论》及《金匮要略》后接着翻刻的，在《仲景全书目录》后独立刊刻如下文字："翻刻宋版《伤寒论》全文"。赵氏纷纷言及所据底本为宋版《伤寒论》，反映出他对所获宋版《伤寒论》小字本是何等重视。宋版《伤寒论》小字本藉赵氏翻刻流传至今，这也正是明清民国学人医家视为枕中鸿秘不轻示人的原因，也是当今把赵开美原刻本视为国宝级文献的原因。

卷五、卷六、卷七、卷八、卷九、卷十末页皆有"世让堂翻宋版"牌记。卷十末页末行有"长州赵应期独刻"长条木印牌记。赵应期是当时优秀刻工，见瞿勉良《中国古籍版刻辞典》。这些牌记之有无，可以鉴别赵开美本之真赝。中国所藏赵开美翻刻五部《伤寒论》皆有上述牌记，日本内阁文库藏所谓宋本《伤寒论》没有上述牌记，没有《伤寒论后序》，确证它不是赵开美首刻本与修刻本，它是无名氏坊刻盗版本。

本次修订，未将牌记补入相应位置，但读者应知此事，故于此说之。

台北"故宫博物院"所藏宋本《伤寒论》有清末著名藏书家徐坊两则题记，涉及许多学术内容，另外四部宋本《伤寒论》没有徐坊题记。

赵开美以后，宋本《伤寒论》首刻本、修刻本只在少数藏书家手中珍藏，常人难得一见。刘渡舟本《伤寒论校注》出版前，人们学习的白文本《伤寒论》是日本安政三年堀川济据日本枫山秘府本翻刻的《翻刻宋本伤寒论》，而枫山秘府本不是赵开美翻刻之原版，而是坊刻盗版本。（按，笔者《影印日本安政本伤寒论考证》有详考。学苑出版社。）在《伤寒论》文献史上，刘渡舟本是第一次据宋本校注整理之本，为《伤寒论》文献史之研究提供了重要材料。

20世纪80年代卫生部、国家中医药管理局根据中央精神对十一部重点中医古籍进行整理研究，赵开美本第一次为世人所知，广大读者才第一次见到以中国国家图书馆珍藏的宋本《伤寒论》缩微胶卷为底本而整理研究之作——《伤寒论校注》，这不仅反映了北京中医药大学著名伤寒学家刘渡舟教授不朽的历史功绩，也显示了中医事业正以矫健的步伐迈进繁荣振兴的未来。

本次修订时间甚为短促，可能还有一些当修订而未修订之处，期待将来有机会再次进行全面深入修订。

本次修订增加方剂索引附于书末。

以上是笔者在刘渡舟《伤寒论注解》重刊本（2013 年 6 月）卷末所写的"附言"。

近日笔者以台北"故宫"本为底本校读 1991 年刘渡舟本，又发现四个讹字，2013 年 6 月重刊本亦随而讹之。四个讹字如下：

1. 以其脉夹鼻络于目，故身热目痛鼻干，不得卧。（卷二《伤寒例》。1991 年本页 35，又见 2013 年 6 月重刊本页 29）"痛"字讹，宋本作"疼"。

2. 伤寒不大便六七日，头痛有热者，与承气汤。其小便清者【二】一云大便清，知不在里，仍在表也。（卷三《辨太阳病脉证并治中》第 56 条。1991 年本页 82，又见 2013 年重刊本页 67）校注【二】云："《脉经》卷七'大便反清'下小注云：'一作小便者'"。按，"一作小便者"《脉经》卷七可发汗篇小注作"一作小便清者"。两校注本脱"清"字。

3. 太阳中风，阳浮阴弱，热发汗出，恶寒恶风，鼻鸣干呕者，属桂枝汤证。第十九。（卷七《辨可发汗病脉证并治第十六》子目。1991 年本页 225，又见重刊本页 180）"鼻鸣"之"鸣"，宋本作"鸣"。

4. 刘渡舟本卷二《辨太阳病脉证并治上第五》最后一条子目"谓胃承气汤"之"谓"误，赵开美本作"调"。

2013 年人民卫生出版社为纪念建社六十周年，决定重印刘渡舟本，要求笔者稍加修改。2013 年 4 月 24 日将宋本《伤寒论校注》寄给我，要求 4 月 29 日修改完寄回。由于时间仓促，对原文改讹不尽细密，故又检出四个讹字，颇感汗颜，于此文说明之。

前人说，校书如扫落叶，随扫随有。如果将台北"故宫博物院"本或沈阳中国医科大学本影印出版，省去多少校读功夫。日本东洋医学会已将台北"故宫"本影印出版，名为"《伤寒论》 赵开美原本"。沈阳中国医科大学图书馆宋本《伤寒论》与台北"故宫"本为同一板木刷印，差别仅是徐坊题记之有无，若能影印发行，功德无量，且不虞蠹鱼之啮蚀也。

八、宋本《伤寒论》版本流传史一览表

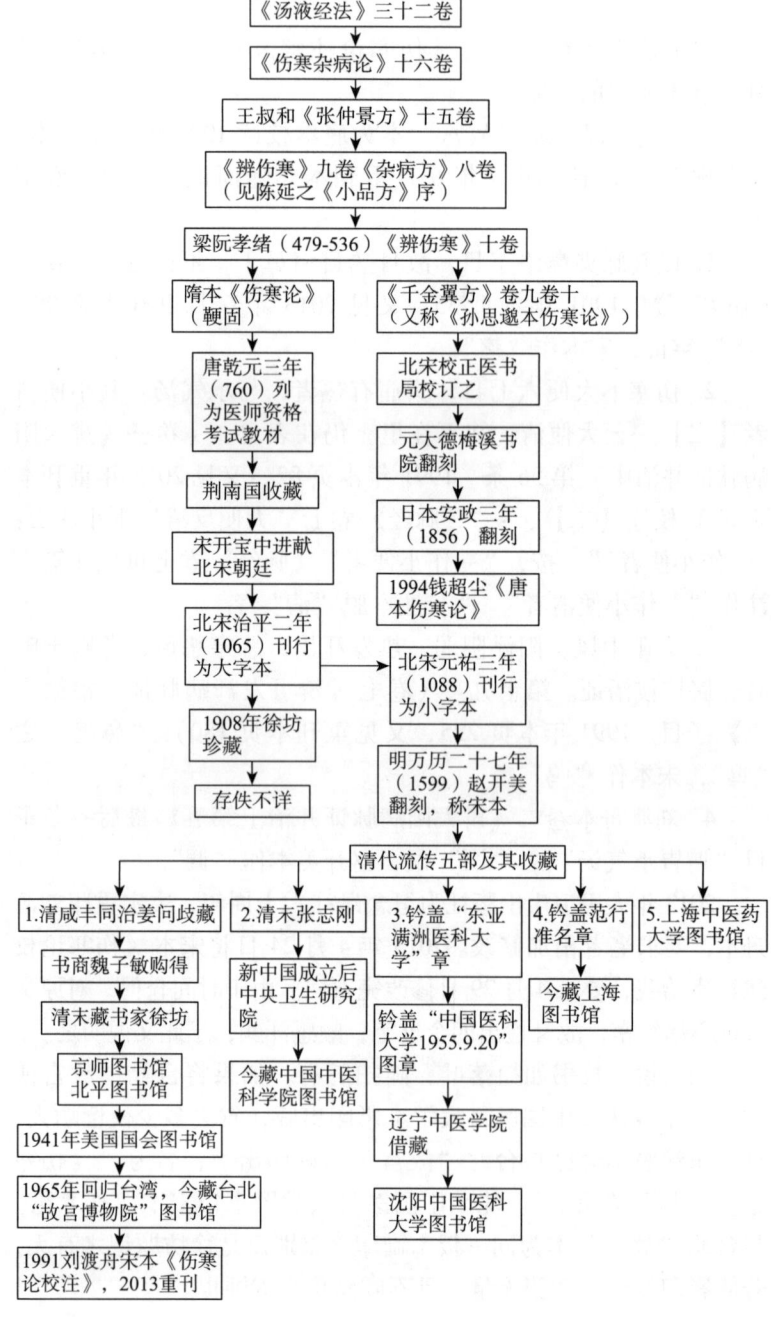

《汤液经法》三十二卷

《伤寒杂病论》十六卷

王叔和《张仲景方》十五卷

《辨伤寒》九卷《杂病方》八卷
（见陈延之《小品方》序）

梁阮孝绪（479-536）《辨伤寒》十卷

隋本《伤寒论》
（鞭固）

《千金翼方》卷九卷十
（又称《孙思邈本伤寒论》）

唐乾元三年
（760）列
为医师资格
考试教材

北宋校正医书
局校订之

荆南国收藏

元大德梅溪书
院翻刻

宋开宝中进献
北宋朝廷

日本安政三年
（1856）翻刻

北宋治平二年
（1065）刊行
为大字本

1994钱超尘《唐
本伤寒论》

北宋元祐三年
（1088）刊行
为小字本

1908年徐坊
珍藏

存佚不详

明万历二十七年
（1599）赵开美
翻刻，称宋本

清代流传五部及其收藏

1.清咸丰同治姜问歧藏

2.清末张志刚

3.钤盖"东亚
满洲医科大
学"章

4.钤盖范行
准名章

5.上海中医药
大学图书馆

书商魏子敏购得

新中国成立后
中央卫生研究
院

钤盖"中国医科
大学1955.9.20"
图章

今藏上海
图书馆

清末藏书家徐坊

今藏中国中医
科学院图书馆

京师图书馆
北平图书馆

辽宁中医学院
借藏

1941年美国国会图书馆

沈阳中国医科
大学图书馆

1965年回归台湾，今藏台北
"故宫博物院"图书馆

1991刘渡舟宋本《伤寒
论校注》，2013重刊

注释：

①钱谦益：《列朝诗集小传》丁集上《赵侍郎用贤》，上海：上海古籍出版社，1983 年，第 29 页。

②⑲钱曾：《读书敏求记》卷二，北京：书目文献出版社，1984 年，第 57 页。

③傅增湘：《双鉴楼善本书目·序》，《中国著名藏书家书目汇刊》（近代卷）第 28 册，上海：商务印书馆，2005 年，第 4 页。

④刘乃和：《藏书最好的归宿——陈垣书的捐献与徐坊书的散失》，《北京图书馆馆刊》1997 年第 3 期，第 60—66 页。

⑤钱超尘：《辅行诀五脏用药法要传承集》，北京：学苑出版社，2008 年 11 月，第 17 页。

⑥何时希：《中国历代医家传录》（下），北京：人民卫生出版社，1991 年，第 168 页。

⑦李经纬：《中医人物词典》，上海：上海辞书出版社，1988 年，第 554 页。

⑧㉒章太炎：《章太炎全集》第八集《医论集》，上海：上海人民出版社，1994 年，第 171 页。

典籍与文化 9

⑨瞿冕良：《中国古籍版刻辞典》，济南：齐鲁书社，1999 年，第 421 页。

⑩⑮刘修业：《中国善本书提要·后记》，上海：上海古籍出版社，1983 年，第 11 页。

⑪傅振伦：《中国善本书提要·傅序》，第 1 页。

⑫杨殿珣：《中国善本书提要·杨序》，第 3 页。

⑬谢国桢：《中国善本书提要·谢序》，第 9 页。

⑭⑯游文仁、苏奕彰：《台北"故宫"馆藏赵开美〈仲景全书〉护页题记作者考》，《中华医史杂志》2007 年第 37 卷第 2 期，第 99 页。

⑰丁福保、周云青：《四部总录医药编》（上），上海：商务印书馆，1955 年，第 1 页。

⑱丁福保、周云青：《四部总录医药编》（下），第 7 页。

⑳钱曾：《读书敏求记》卷二，第 36 页。

㉑钱曾：《读书敏求记》卷三，第 105 页。

㉓傅璇琮等：《中国藏书史》（下），宁波：宁波出版社，

2001 年，第 689 页。

㉔傅璇琮等：《中国藏书史》（下），第 691 页。

㉕森立之：《经籍访古志》卷七，《伤寒论十卷》见《近世汉方医学书集成》53，东京：名著出版，1981 年，第 392 页。

㉖［日］丹波元坚：《影刻宋本伤寒论·序》，东京：旭阳社，1991 年，第 1—2 页。

㉗章太炎：《章太炎全集》第八集《医论集》，第 172 页。

㉘［日］堀川济：《翻刻宋本伤寒论·跋》，东京：旭阳社，1991 年，第 647 页。

㉙［日］丹波元坚：《影刻宋本伤寒论·序》，第 2 页。

㉚叶橘泉：《古本康平伤寒论·原序》，长沙：湖南科学技术出版社，1986 年，第 1 页。

郝万山

《黄帝内经》的阴阳五行学说和养生保健

　　郝万山　北京中医药大学教授、主任医师、博士生导师。曾任伤寒教研室主任、中医临床基础系主任。从事中医教学、科研和临床工作多年。为北京中医药大学优秀教师、北京市教育创新标兵、国家中医药管理局全国优秀中医临床人才培养专家委员会优秀指导教师、中医经典著作全国示范教学主讲人。中央电视台《百家讲坛》《健康之路》、山东教育电视台《名家论坛》、北京卫视《养生堂》、中央人民广播电台《养生大讲堂》等栏目资深主讲嘉宾，讲学足迹遍及亚、欧、美、澳多国以及港澳台在内的国内大多数省市。著有《郝万山伤寒论讲稿》《郝万山伤寒论理论与临证》《郝万山话中医》《郝万山说健康》《不生气就不生病》等书。主编《伤寒论理论与实践》（全国研究生规划教材）《伤寒论讲义》（本科教材）等著作 14 部。副主编、参编著作 16 部。音像出版物有《郝万山伤寒论精讲》《亚健康与养生》《郝万山说健康》《千古中医故事——张仲景》等。

一、《黄帝内经》怎样看待人与自然

在我们这个星球上，人类是最有智慧、最具有好奇心的高等动物，正是由于这种好奇心的驱使，才使人类利用自己的聪明才智，对一切未知事物和人类与大自然的奥秘，都进行着不懈地研究与探索，其中关于生命起源和人类起源的问题，关于人和大自然关系的问题，关于人类怎样防病治病和怎样才能健康长寿的问题，大概从人类出现之时起，就已经成了人们所关注的研究课题。

2000多年前，中医药学的奠基著作《黄帝内经·素问·宝命全形论》说："人生于地，悬命于天，天地合气，命之曰人。人能应四时者，天地为之父母。"意思是说，人类和万物都是由天地之气化育而生成的，人类和万物都是大自然的子女，大自然则是人类和万物的父母。其精神和恩格斯所说的"生命是整个自然的结果"（《自然辩证法》）完全是一致的，只不过语言表述不同而已。

"龙生龙，凤生凤，老鼠的儿子会打洞"，生活经验告诉我们，子女像父母，从外观相貌到内在气质，从行路步态到语言发音，无处不相似，这是生物遗传的结果。那么人类作为大自然的子女，大自然给了人类一些什么样的"遗传"信息呢？

现代物理学认为，物质、能量、信息是构成宇宙的三大要素，我们也从这三个要素来看人和自然的关系。从物质构成来看，构成人体的各种元素都来自地球的地壳。而且人体随时都在和大自然进行着物质交换，并通过物质交换的方式来进行能量的传递。从信息活动规律来看，人体生理活动和病理变化的昼夜节律、七日节律、月节律、四季节律乃至年节律等，则和地球的自转与公转周期、月球的绕地运动周期等相关。可见人体生命信息周期的调控，也同样受着大自然的支配。

当我们从物质构成、能量传递、信息调控三个方面，说明了人与自然密切相关后，再去看中医药学所说的"人与天地相应"的观点，就十分容易理解了。《黄帝内经·灵枢·岁露论》篇所说的"人与天地相参也，与日月相应也"，讲的就是"天人相应"的观点，因此中医在研究人体的生理活动和病理变化乃至养生和治疗方法时，总是采用"仰观天文，俯察地理，中知人事"的思路和方法。也就是说，在研究人体的生理和病理时，并不是孤立地研究人体局部组织器官的结构、功能和病理变化，而是将人和化育人类的摇篮——天地大自然进行整体统一的研究。自然界是大宇宙，人体便是小宇宙。于是便有了天有日月，人有两目；天有四季，人有四肢；天有五行，人有五脏；天有六律，人有六腑；地有高山，人有肩膝；地有深谷，人有腋腘；地有江河，人有经络等一类的比拟。即使是研究人体的具体器官的功能和病变，也仍然把人看成统一的整体。注重研究器官与器官之间的功能联系，注重治疗局部的病变时从整体调节入手。这便是中医"整体观"的体现，而"整体观"则是中医药学的特色之一。

不过中医药学在研究自然、研究人体、研究人与自然关系时，并没有使用"物质""能量"和"信息"这一类词汇，而是将三者高度概括为一个字——气。气是物质的，是携带有能量的，气又是信息的载体。气是构成宇宙、构成大自然、构成人类与万物的唯一要素，天地之间，六合之内，"唯此一气耳"，"人之生，气之聚也，聚则为生，散则为死"（《庄子外篇·知北游》）。也就是说，气是世界万物的本源，无论是无机物的木火土石，还是生物的草木禽兽，乃至人类，其物质构成的统一基础都是气。只是由于气的性质、气的量、气的运动趋向不同，才构成了千姿百态的生命世界。因此气也就成了沟通人与自然的纽带，研究人与大自然关系的"中介"。

现代量子物理学认为，构成宇宙万物的是能量，物质只不过是能量的凝聚，是能量存在的另外一种形式，因此把"气"直接译为能量，从量子物理学的角度来看，则是完全正确的。

中医认为，对人体来说，气是构成人体的基本物质，气又是维持人体生命活动的物质基础。谈到气，必然要涉及气的性质，气的量变和气的运动趋向，而阐述气的性质和量变的学说是阴阳学说和三阴三阳学说，阐述气的运动趋向的学说则是五行学说，于是阴阳五行学说，也就成了通天、识地、知人的大道。研究人与自然的关系、研究人与天地之气运动变化的规律，把握中医学的特色，显然需要了解中医的阴阳五行学说，而三阴三阳学说则不在这次讲座中讨论。

二、《黄帝内经》的阴阳学说

仰观天象，天空有太阳光和热的辐射；俯察地理，地面则有昼夜和春夏秋冬四季的交替。向阳的时候，光明温暖，就叫"阳"；背阳的时候，黑暗寒冷，就叫"阴"。昼间向阳，昼为阳；夜间背阳，夜为阴。春夏日照时间渐长，气温渐升，春夏为阳；秋冬日照时间渐短，气温渐降，秋冬为阴。于是地球上便有了阴阳之分。西汉董仲舒在《春秋繁露》中说："天地之气，合而为一，分为阴阳，判为四时……"我们可以理解为：太阳光和热的辐射（天之气）与地球的自转和公转（地之气），两种因素相结合（合而为一），由此便分出了阴阳二气。至于董仲舒是否已经知道了地球的自转与公转，在这里我们没有必要去讨论，因为只要他认识到地之气的变化就可以了。

"万物生长靠太阳"，确实是至理名言。正由于太阳光和热对地球的辐射，而且这种辐射不亢不烈；也由于地球的自转与公转，而且这种运转匀速平稳，才使地球上阴阳分明而又相贯相得，平衡协调而又永不分离。阴阳二气如此周而复始地变化，日复一日，年复一年，经历了几十亿年的氤氲演化，化育了千姿百态的生命世界，因此地球上的生命乃至万物无不被打上了阴阳的烙印。任何生物体的生理活动，无不存在着对立统一的阴阳二气的矛盾运动。比如肺的呼与吸、心脏的收缩与舒张、细胞的同化与异化，代谢过程中的合成与分解、氧化与还原，精神状态的兴奋与抑制、觉醒与睡眠，都可以看成是阴阳二气作用的体现。

因此可以认为，阴阳是化育生命的基本条件，阴阳无处不在，无器不有。这正像《素问·阴阳应象大论》所说："阴阳者，天地之道也，万物之纲纪，变化之父母，生杀之本始，神明之府也。"《素问·生气通天论》所说："生之本，本于阴阳。"《素问·宝命全形论》所说:"人生有形,不离阴阳。"也如明代医家张景岳的《类经附翼·医易》所说:"天地之道,以阴阳二气而造化万物;人之生理,以阴阳二气而长养百骸。"

三、《黄帝内经》的五行学说

所谓五行,尽人皆知,乃是木、火、土、金、水。但若将这五字按其字义理解为五种具体的物质、材料或元素,充其量只能叫"五材"而不能称五行。"五材"的概念,古已有之。《左传·襄公二十七年》有"天生五材,民并用之,废一不可"的说法,《尚书大传》有"水火者,百姓之所饮食也;金木者,百姓之所兴作也;土者,万物之所资生,是为人用"的记载,指的都是五材,五种具体的物质和材料。

"五行"用的是"行"字,行字是什么意思呢?东汉许慎的《说文解字》说:"行,人之步趋也",也就是迈步行走的意思,进而可引申为行动、运行、运动,现代汉语中"人行道""自行车""步行街"中的"行"字,都是这个意思。所谓"五行",本来的意思是指自然界气的五种运行、运动趋向或者状态。汉代《白虎通·五行》篇说:"言行者,欲言为天行气之义也。"意思是说,五行用"行"字,是表述自然界气的运动、运行趋向的。西汉董仲舒在《春秋繁露》里说:"天地之气,合而为一,分为阴阳,判为四时,列为五行。行者,其行不同,故为五行。"显然是说五行指的是天地之气的运行、运动趋向。因此在《黄帝内经》里,又把五行叫五运、五气、五常,如《素问·天元纪大论》说:"五气运行,各终期日";《气交变大论》说:"五运更治,上应天期";《六元正纪大论》说:"五常之气,太过不及","金木水火土运行之数,寒暑燥湿风火临御之化,则天道可见。"这些经典论述,都明确指出了五行即五运、五气、五常,是大自然中气的运动基本规律和普遍规律。

五行学说和阴阳学说一样,既是揭示人与自然内在联系的学说,也是揭示人体各器官气机(即气的运动)特性和相互联系规律的学说。因此在五行学说中,木火土金水这五个字,并不是指具体的五种物质、材料或元素,而是指气的五种运动趋向或状态,表述的不是形而下的"器",而是支配万物出现生长壮老已的生命过程和生长化收藏的生命节律的形而上的"道"。

五行所代表的气的运动趋向或状态各是什么？将自然界万物用五行进行归类的依据是什么？我们仍需要用仰观天文，俯察地理，中知人事的研究方法来研究。由于地球的自转与公转，使生活在北半球的华夏先人，在傍晚仰望星空时，很容易观察到北斗七星的周日视运动和周年视运动。就周年视运动而论，当北斗七星的斗柄在傍晚时分指向东方时，地面上则是春季；指向南方时，则为夏季；指向西方时，则为秋季；指向北方时，则为冬季，这就是四方和四季相对应的来历。《史记·历书》说："黄帝考定星历，建立五行。"这里用了"星历"一词。东汉张仲景所著的《伤寒论》中有"四时八节二十四气七十二候决病法"，记述斗柄指向和四季、八大节气（立春、立夏、立秋、立冬、冬至、夏至、春分、秋分）、二十四节气以及七十二候的关系，称之为"斗历"。可见以观察北斗七星斗柄的指向来确定四季和节气的方法，由来已久而且很是精确。

仰观天文，斗柄指东；俯察地理，地面为春。春季微风和煦，冰雪消融，种子生根发芽，植物营养向根梢和枝端输送，使草木根须下扎，枝叶上展。蜷曲成团而冬眠的熊，在春风的呼唤下，爬出树洞，伸伸腰肢，打个呵欠，一派舒展之相；盘成圆盘而冬眠的蛇，被春风唤醒，伸展身体，爬出了山洞，开始了一年的新生活……从物候的观察，到古人关于春季阳气布陈、发散、发陈的论述，提示在春季应当是气的展发疏泄运动趋向，主导控制支配着自然界一切生物的生命活动。因树木的根须和枝条皆喜展发条达，故古人便将气的这种展发疏泄运动趋向，用"木"来命名，因此"木"在五行中，不是指具体的树木或木材，而是代表大自然之气的展发疏泄运动趋向。

斗柄指南，地面为夏，气候炎热，植物的营养向顶端输送，根的生长减缓，地面枝叶繁茂，万物兴旺，大自然一派欣欣向荣的景象。从物候观察，到古人关于阳气至夏洪盛、夏气扬蕃秀之令、万物蒸蒸向上、养长之道的论述，提示在夏季是气的上升运动趋向，主导控制支配着自然界一切生物的生命活动。由于火性炎上，故用"火"字来代表气的这种上升运动趋向。

斗柄指西，地面为秋，气候凉爽干燥，植物的营养向主干内收，向种子果实和主干内贮藏，枝叶枯萎，根须末端干枯；

冬眠的动物此时在体内贮备了大量脂肪，十分肥胖，以备冬眠后慢慢利用其中的能量。从物候的观察，到古人收敛神气、养收之道、秋气正收敛之令的论述，皆说明在秋季，是气的内收、收敛运动趋向，主导控制支配着自然界一切生物的生命活动。由于金属密度大、质量重，象征着收敛密集，故用"金"字来代表气的这种收敛内收运动趋向。

斗柄指北，地面为冬，气候严寒，万物闭藏。种子深藏土中，生机潜闭，处于滞育状态；冬眠的动物深居洞中，基础代谢降至最低水平。从物候观察到古人关于冬季地户闭塞，阳气伏藏；阳气下沉；地气下降；冬气正养藏之令的论述，提示在冬季，是气的下降潜藏运动趋向，主导控制支配着自然界一切生物的生命活动。由于水性就下，象征着下降潜藏，故以"水"字来代表气的这种下降潜藏运动趋向。

从春至夏，是由木气的展发到火气的上升，为气的阳性运动；由秋到冬，是由金气的内收到水气的潜降，为气的阴性运动。其间由阳转阴，需经由夏秋之交的转折过度，此时中医称之为"长夏"。在长夏，暑热未去，阴雨连绵，气候闷热潮湿。草木正在化育种子和果实，地上部分长势明显减缓；动物多在孕育胎儿，繁育后代，已不如春夏求偶交尾之活跃。由此推知，此时气的升降相平衡，出入相平衡，是气的平稳运动状态，主导控制支配着自然界一切生物的生命活动。而土性最为敦厚平稳，于是便用"土"字来代表气的这种平稳运动状态。

伴随着天空的斗转星移与地面上春、夏、长夏、秋、冬季节的依次更替。大自然的气机进行着展发、上升、平稳、内收、潜降等有序的运动和变化，并分别用木、火、土、金、水五字来代表它们的运动趋向，这就叫五行。当然季节更替的决定因素，与地球绕太阳公转时和太阳距离的周期性变化相关，而不取决于北斗七星斗柄的指向，斗柄指向只不过是观察天象的参照物罢了，但却是五行归类的内容之一。

五行之间，以季节为序，相资生、相养助、相促进，这叫五行的相生。春季木气的展发，为夏季火气的上升创造了条件，叫木生火；秋季金气的内收为冬季水气的潜降提供了前提，叫金生水；火气升至极点，必将停止上升而转为稳定，叫火生土；长夏土气的平稳，随着秋季的到来，则将转为金气的内收，叫土生金；而水气潜降，生机闭藏，则为来年春季木气的展发疏泄储备了能量，这就是水生木。

五行之间，以季节相间的次序相制约、相抑制，叫五行的相克。如木气的展发，抑制土气的过度平稳，以防其壅实内收倾向过早出现，叫木克土；土气的平稳，制约水气的过度潜降，叫土克水；水气的潜降抑制火气的过度上升，叫水克火；火气的上升，抑制金气的过度内收，叫火克金；金气的内收，制约木气的过度展发，叫金克木。

诚然在中医学里，对五行相克的解释，也有从五材之间的关系来代言的。如《素问·宝命全形论》说："木得金而伐，水得火而灭，土得木而达，金得火而缺，水得土而绝，万物尽然，不可胜竭。"如果从"万物尽然，不可胜竭"来看，应是以五材之间的关系来代言五行的相克规律。清代医学家黄元御在《四圣心源》里说得更明白："其相生相克，皆以气而不以质也，成质则不能生克矣。"黄氏所说的"气"，就是指气的运动趋向，"质"则指具体的材料。故黄氏进一步说："相克者，制其太过也。木性发散，敛之以金气，则木不过散；火性升炎，伏之以水气，则火不过炎；土性濡湿，疏之以木气，则土不过湿；金气收敛，温之以火气，则金不过收；水性降润，渗之以土气，则水不过润。皆气化自然之妙也。"虽然在有些细节和我前面的解释有所不同，但精神完全一致，皆是从气的运动趋向之间的养助、制约关系来认识五行生克的。

五行之间，有相生则不致导致某行的不足，有相克则不致造成某行的太过。而且生中有克，克中有生，生克制化，从而保证了一年之中气机变化的稳定状态。

年复一年，经历了几十亿年的氤氲演化，才化育了万物与人类，因此万物与人类也就无不被打上五行的烙印。从而便使植物有了生、长、化、收、藏等五个阶段的生命节律，使动物有了生、长、壮、老、已等五个阶段的生命过程，使人类有了肝、心、脾、肺、肾等五大脏器系统的完整结构与功能。

《黄帝内经》把五行和气的升降出入相提并论的地方随处可见。《素问·阴阳应象大论》说："天有四时五行，以生长收藏，以生寒暑燥湿风。"《素问·六微旨大论》说："故非出入则无以生长壮老已；非升降则无以生长化收藏。"一说"四时五行"

是万物"生长化收藏"的根源，一说"升降出入"是万物"生长化收藏"的根源，显然是告诉大家，五行就是升降出入，升降出入就是五行。《素问·六元正纪大论》说："天地升降，不失其宜，五运宣行，勿乖其政。"就是直接把升降出入和五行对偶并列起来，也就是说五行讲的就是气的升降出入。

但是由于近半个多世纪以来，"大自然是由木火土金水五种物质或元素杂合衍化而构成的，这是朴素的唯物主义"的说法，允斥了中医的教材和诸多著作，这种背离中医经典的错误说法，招致了当代以至世界科学家对中医理论的诟病，因此我们必须予以纠正和批判。

四、阴阳五行学说在养生保健方面的应用举例

阴阳五行学说既然是研究和阐释大自然气的性质和运动变化规律的学说，而人又是应天地之气而生，由大自然所化育，

因此也就可以将阴阳五行学说用于阐释人体的组织结构，生理功能，病理变化，以至用于指导临床诊断、治疗、保健养生等，也就是说，阴阳五行学说融入、渗透到了中医药学基础理论和临床诊疗体系乃至保健养生的各个方面。以下谨举例说明阴阳五行学说在养生保健方面的应用。

阴阳学说，在养生保健中的应用。《素问·四气调神大论》说："夫四时阴阳者，万物之根本也，所以圣人春夏养阳，秋冬养阴，以从其根，故与万物沉浮于生长之门。逆其根，则伐其本，坏其真矣。"意思是，四季之气的阴阳消长变化，是万事万物生长收藏、生长壮老的根本原因。所以懂得养生的人，春夏要注意阳气的展发上升等阳性运动趋向，秋冬要注意阳气的内收下降等阴性运动趋向，这样才能顺应化育生命的自然规律。这样才可以和地球上万紫千红的生命共生共存。如果不顺应自然界的阴阳消长和气的运动趋向的变化，那就动摇了生命的根本，破坏了生命的真元之气。

《黄帝内经》提到，会养生的人要"和于阴阳""法于阴阳""把握阴阳"。"和于阴阳"就是调和人体的阴阳。如女性从45岁到55岁之间，有些人会出现心烦、急躁、情绪不稳、烘热多汗、脸红的现象。这就是阴阳失调了，西医称更年期，就

是由青壮年的生育期，更替到没有生育能力的老年期，现在则称为绝经期。从中医来看，这是阴阳失调所致，属于阴虚而虚阳上亢，用滋阴清虚热的中药来治疗，症状就可以得到改善，这就叫"和于阴阳"。"法于阴阳"，"法"就是效法。春季阳气展发，你就要"广步于庭，被发缓形"，就是头发要松散，衣服要宽松，还要在院子里大步散步，让自己全身放松地、特别愉悦地来顺应春季气的展发运动趋向，这就叫"法于阴阳"。"把握阴阳"，就是控制自己，调节自己的阴阳二气，使人体的阴阳二气协调。

　　五行学说在治疗和养生保健中的应用，从相生的关系来论，有"虚则补其母，实则泻其子"的原则，这里的母和子，是指五行相生关系中，生我者为母，我生者为子。比如一个肾气虚的人，腰酸、腿软、乏力、阳痿、遗精、性冷淡。在补肾的同时，还要补其母就是补肺。因为肾属水，水之母为金，而肺属金，这就是"虚则补其母"。如果一个人肝血虚，肝阴虚，表现的症状是头晕、眼涩，受点委屈发泄不出去，闷在心里，两胁胀痛、乳房胀痛，这不仅是肝气虚，而且有点肝气郁结的表现。这时要用补肝、舒肝的方法，因为它是虚证，也要适当地补补肾，这也是"虚则补其母"。如果是个实证，比方说，肝火盛，头晕眼花、眼睛红肿、烦躁易怒，那就用泻肝火的法来治疗，用时要配合泻心火的药物，这就叫"实则泻其子"。从五行相克的关系来论，有"扶弱抑强"的治疗原则。比方说，有的人脾胃太虚，肝气太旺，稍稍生点气，就会拉肚子，肝属木，脾胃属土，木克土，这就容易形成相克太过，这在中医学上叫相乘，此例即木旺乘土。这个时候，既要补脾胃，又要平肝气、泻肝火，这就叫"抑强扶弱"。当然补法和泻法，可以找医生用药物来补泻，也可以在医生的指导下，用刮痧、拔罐、按摩的方法来达到补泻的效果。

五、阴阳五行在四季养生中的应用

　　关于四季养生《素问·四气调神大论》有专门的论述，其中谈到春季养生的原则说："春三月，此谓发陈。天地俱生，万物以荣，夜卧早起，广步于庭，被发缓形，以使志生，生而勿杀，予而勿夺，赏而勿罚，此春气之应，养生之道也；逆之则伤肝，夏为寒变，奉长者少。"意思是，从立春开始到立夏前一天，这三个月，气的运动趋向是展发布陈的，（木气主时）天地自然充满了生机，万物欣欣向荣。人们应当晚睡早起，适当减少睡眠，并在院子里大步地散步，这样有利于人体阳气的展发，因为睡眠使阳气内收潜藏，运动则使阳气外展。所以要适当减少睡眠，增加运动。还要把头发披散，衣着宽松，使形体舒缓轻松。如有事业开拓的想法，此时也正是制定开拓计划的时候。在行为上，要多放生而少戕杀，多施予而少敛夺，多奖励而少惩罚。这都是顺应春季气的展发运动趋向的养生方法。如果违逆了这个规律，就会损伤肝的生理功能，于是提供给夏长之气的条件不足，到夏季就会发生阳气上升不足而导致寒性病变的发生。

谈到夏季的养生原则时说道："夏三月，此谓蕃秀。天地气交，万物华实，夜卧早起，无厌于日，使志勿怒，使华英成秀，使气得泄，若所爱在外，此夏气之应，养长之道也；逆之则伤心，秋为痎疟，奉收者少，冬至重病。"意思是，从立夏到立秋的前一天，这三个月，气的运动趋向是兴旺上升的，（火气主时）天地之气相交，地气上为云，天气下为雨，雨水丰富，万物开花结果。这个时段更要晚睡早起，不要厌恶阳光的照耀，但又要保持平静的心境，不要使自己阳气上升太过而出现烦躁易怒的情绪。在春天萌发的开拓计划，现在就要落实了。多在室外活动，适当多出些汗，以利于排泄代谢产物。这就是顺应夏季气的上升运动趋向的养生方法。如果违逆了这个规律，就会损伤心的生理功能，于是提供给秋收之气的条件不足，到秋季就会发生类似疟疾一类的寒热交替病证。气的内收运动不足，到冬季气就不能很好地潜藏，进一步就会导致重病。

谈到秋季的养生原则时说："秋三月，此谓容平。天气以急，地气以明，早卧早起，与鸡俱兴，使志安宁，以缓秋刑，收敛神气，使秋气平，无外其志，使肺气清，此秋气之应，养收之道也；逆之则伤肺，冬为飧泄，奉藏者少。"意思是，从立秋到立冬的前一天，这三个月，气的运动趋向是内收、收纳的，（金气主时）"容"就是容纳收纳的意思，"平"是和夏季气的上升运动相比较，已经平静、平定了，不再上升了。天气已经

90

凉爽了，农作物已经收割，大地裸露出黄土。这个时候就要早睡早起，和鸡的作息时间相近，也就是要适当增加睡眠时间，以便利于气的内收。在精神情绪上，要收敛神气，平定心情，不要追求过多地身外之物，以此来缓和秋风肃杀劲急的杀庚之气，使肺气清爽畅达，这就是顺应秋季气的内收运动趋向的养生方法。如果违背了这一规律，不去养收，还要像春天那样展发，像夏天那样活跃，这就会伤损肺的生理功能。肺气不足，精气收得不足，冬季就会导致精气潜藏功能下降，就会出现拉肚子，泻下不消化的食物，这叫"飧泄"。

谈到冬季的养生原则时说："冬三月，此谓闭藏。水冰地坼，勿扰乎阳，早卧晚起，必待日光，使志若伏若匿，若有私意，若已有得，去寒就温，无泄皮肤，使气亟夺。此冬气之应，养藏之道也；逆之则伤肾，春为痿厥，奉生者少。"意思是，从立冬到立春的前一天，这三个月，气的运动趋向是潜藏下降的，（水气主时）水结冰了，地冻裂了。这个时候你千万不要扰动自己的阳气，要早睡晚起，避开阴气，等到有阳光时再出去活动。在精神情绪上，要把满足愉悦的感觉深深藏在心底，不要显露张扬。规避寒冷，趋向温暖。不要出汗太多，使你的阳气多次损伤。这就是顺应冬天气的潜藏下降运动趋向的养生方法。如果你违逆冬季的养藏之道，就会损伤肾气，肾气不足，肾水不足，水不生木，春天的肝木之气就不能够很好地展发，于是就可能出现筋脉和四末失养，而导致下肢萎软走路困难和手足发凉的症状。

由于现代科技的进步和社会的发展，我们制造了很多的人造环境和气候，这些人造环境和气候，确实使我们的生活舒适了，冬季有暖气，让我们感觉室内很暖和。夏季有冷气，让我们感到房间很凉爽。如果冬季屋子的温度太高，人们直冒汗，汗孔开张，免疫力稍差的人，一出门就会感冒。夏天外面天气很热，人们常常汗出津津，如果房间的空调温度开得太低，进入房间，也容易导致寒气入侵而成感冒。这都是没有顺应自然规律所造成的健康损害。所以顺应自然规律，顺应四季气的展发、上升、内收、潜降运动趋向，就是重要的养生原则。

郑金生

本草主流文献与《本草纲目》概说

　　郑金生　江西南昌人。江西中医学院医学学士，中国中医研究院医史硕士。研究专业为中医药历史文献，尤好本草历史文献。1981年起供职于中国中医科学院中国医史文献研究所，任研究员，曾任该所所长、学科带头人，2009年退休。在职期间曾先后与德国、日本等国学者合作开展中医药文献研究课题，其中包括抢救整理、复制回归流散海外的中医药古籍课题。2004年获政府特殊津贴。编著、整理书籍70余种，发表论文160余篇，主持国家级、部局级等课题10余项，获部局级科技一、二等奖6项。

今天我演讲的题目是"本草主流文献和《本草纲目》",但其中的重点是《本草纲目》。《本草纲目》是名扬世界的中国古代伟大科技著作之一,是中国本草(传统药物学)史上的巅峰之作。要说清楚《本草纲目》的"伟大"与"巅峰",就必须先谈谈"本草主流文献",将它与中国古代其他重要本草著作进行比较。只有先了解中国本草的主流文献,才能知道《本草纲目》的根基与创见,知道它是如何在前人业绩的基础上攀上本草学的高峰。

本人1965年进入江西中医学院,第一次见到《本草纲目》一书。1978年我选择药学史为研究方向,成为中国中医研究院第一批硕士研究生,从此与《本草纲目》结下了不解之缘。此后的30多年间,我一直沉浸在中国古代本草文献与历史的研究之中。1989年,前辈本草学者尚志钧、林乾良两位老师和我联袂出版了《历代中药文献精华》一书。该书对中国古代上千种本草书目进行了一次普查与梳理,以便今后系统整理现存古代本草。2002年,中国文化研究会编纂《中国本草全书》,聘请我担任学术委员会主任委员。这套影印丛书广泛搜集现存中国古本草相关文献原件,分410卷,每卷600页,是为前所未有的中国古本草巨著。该书在2004年获得国家优秀古籍整理一等奖。现在国家图书馆已将此书开架供读者阅览。影印丛书旨在"存真续绝",并非整理古籍的全部内容。20世纪90年代初,经国务院批准,将《中华大典》作为"十一五"期间重大文化出版工程之一。《中华大典》在《医药卫生典》之下设立了《药学分典》,聘请本人作主编。该书的任务是提供准确翔实、便于检索的中国古代药学古籍分类资料。这是更深入一步的古本草文献整理研究工作。

上述30多年在古本草文献堆里摸爬滚打的经历,使我更深切地体会到《本草纲目》的伟大。很愿意在这里向大家汇报个人研究《本草纲目》的若干心得。

首先想介绍的是《本草纲目》的基础与底盘，也就是该书产生之前中国古代本草文献。

一、《本草纲目》以前的本草文献

（一）"本草"出处与概念

什么是"本草"？"本草"这个词出现在什么时候？对此古今都有人进行考证。目前学界一致认为，"本草"一词最早见于东汉班固的《汉书》。

《汉书》中曾三次出现"本草"。其一，《郊祀志》记载了"本草待诏"。颜师古注："谓以方药、本草而待诏者。"可见精通"本草"的专家可随时接受皇帝的咨询。其二，《平帝纪》记载，元始五年（5），"征天下通知……方术、本草、以及《五经》《论语》《孝经》《尔雅》教授者……至者数千人"。这说明当时"本草"已经成为一门专门的学问，精通"本草"与精通其他学问与经典著作的人一样，被视为专门人才。其三，《游侠传》记载，楼护（西汉末人）能"诵医经、本草、方术数十万言"。可见当时"本草"的内容已经相当丰富。以上三处出现"本草"一词，说明最晚在东汉初，"本草"已经成为一门有相当规模的学科，并受到官方的重视。

"本草"的含义是什么？关于这个问题自古就有争论。后蜀韩保升认为："药有玉石草木虫兽，而直云本草者，为诸药中草类最多也。"[①]意思是药物中虽然有草木虫兽，但因其中草类药最多，所以用"本草"来代称整个药物学。这是本草史上对"本草"含义最早的一种解释。北宋时的掌禹锡则说："盖上世未著文字，师学相传，谓之本草。"[②]也就是说，没有文字的时代，药学凭借口口相传、草创而成，所以叫"本草"。当然这种说法很牵强，许多古代学问最早都依靠口口相传，为什么只把药物学称作"本草"？明代谢肇淛的说法就更离谱了，他说"神农尝百草以治病，故书亦谓之本草"。神农尝百草是一种古老的传说。神农尝百草既可视为探求药物，也可理解为寻找可食用的植物。因此，神农既被作为药物的发明人，也被作为农业的始祖。但为什么古农学不被称之为"本草"呢？

对"本草"的含义，现代的学者又有另外的解释。一种说法是："本"就是根，"草"就是植物的地上部分。古代药物多为植物，用的就是根根、草草，因此就用"本草"作为药物的总称。这种说法有一定的道理。因为古代学科命名法，经常采用该学科最为多见的事物来代称这门学科。例如推拿和按摩，大家都知道，这是一种手法外治法，是医学的分支学科之一。但是"推"和"拿""按"和"摩"，最初的含义不过是手法外治法里面最多用的两种方法而已。类似情况还有"炮"和"炙"（后世多用"制"），它们都是药物的加工方法，后来就成为中药学分支学科"炮制学"的代称。炮制学就是研究中药药材加工方法的一门学问。除此以外，还有中医的方剂学，古代曾称之为"汤液"。实际上"汤"和"液"分别是方剂学里最常见的药物剂型。因此现代把"本草"原始含义解释为药物中多见的根根、草草，并非纯属臆测。

现代解释"本草"含义的另一种说法，特色在于对"本"字的解释。这种说法认为："本"是一个动词，就是推本、查 究的意思。古代中医经典著作《灵枢经》有"本神"篇，"本神"的意思就是探讨一下神。还有"本输""本藏"篇，则分别是探讨经脉之腧、五脏六腑的意思。后蜀韩保升已经解释了"草"字，认为是"诸药中草类最多"，故以"草"代指药物，那么，推本、探究"草"的学问，称之为"本草"，似乎也就顺理成章了。

在座的听众，上述多种"本草"含义的解释法，您会同意哪一种？

然而不管"本草"含义如何解释，用"本草"二字代称中国古代传统药物学，却是毫无争议的。北宋《本草图经》序中提到："由是本草之学兴焉"，可见本草就是一门学问、一个中医药学的分支学科。

不过"本草"二字不限于代指学科，还有别的用法。由于古代药书的名字多嵌入"本草"，因此有时说"读本草"，实际上是将"本草"作为药书的代称。现代研究中药的著作也或用"本草"二字（如《中华本草》），但其研究方法早已超越了传统药学的范围。绝大多数带有"本草"二字的属于古代药书，也有极少数并非药书，如《钱本草》《禅本草》等，都曾借用"本草"一词。今天我们谈的《本草纲目》以及《履巉岩本草》《宝庆本草折衷》《本草品汇精要》等，都是中国古代药书。中国古代大约产生了千余种药书，这些药书中由一类具有传承关系的重要本草书，形成了中国古代本草学的主流。

（二）《本草纲目》以前的主流本草发展情况

以下谈谈《本草纲目》以前的主流本草发展情况。大家也许会认为这是一个很复杂的问题，短时间能讲清楚吗？其实学过本草史的人就知道，掌握主流本草是件比较简单的事。这是因为本草学和中医其他学科不大一样，它的发展脉络十分清晰。古代主流本草书宛如一种传承有序的家谱、户口簿，你可以查到其中每一味药出现的时代以及它在千百年间有哪些进展。本草学的这一特点，得益于中国本草学一个非常可贵的传统，就是讲究学术传承，注重标示文献出处。

这里展示一个中国古代主流本草传承关系示意图，从《神农本草经》到《本草纲目》，正中一串直线下来的，就是主流本草系列（图1）。

从《神农本草经》直下，到《证类本草》，再到《本草纲目》，这就是古代的主流本草。大家不要以为这示意图里的书挺多、很复杂。实际上主流本草中最最关键的只有两部书：一是《证类本草》，二是《本草纲目》。

《证类本草》产生于北宋末年，是《本草纲目》赖以登高的基础！可以这么说，一部《证类本草》，60万字，囊括了此书以前1000多年间积淀的本草知识。说"囊括"可能有点过，但要说"98%"都被采入《证类本草》，绝不为过！

难道北宋以前千余年的本草发展过程中，就剩下这么一部本草书？当然不是。但北宋印刷术大量用于医药书籍刻印之后，在《证类本草》以前成书的本草，刻本全亡，手抄本也散失殆尽，仅剩下少数断简残篇。例如《本草经集注》，还有敦煌卷子残卷存世。唐代《新修本草》，也还有十几卷残抄本存在日本。幸运的是，尽管北宋以前诸多本草书原本丧尽，它们的内容却被完好地保存在《证类本草》之中。

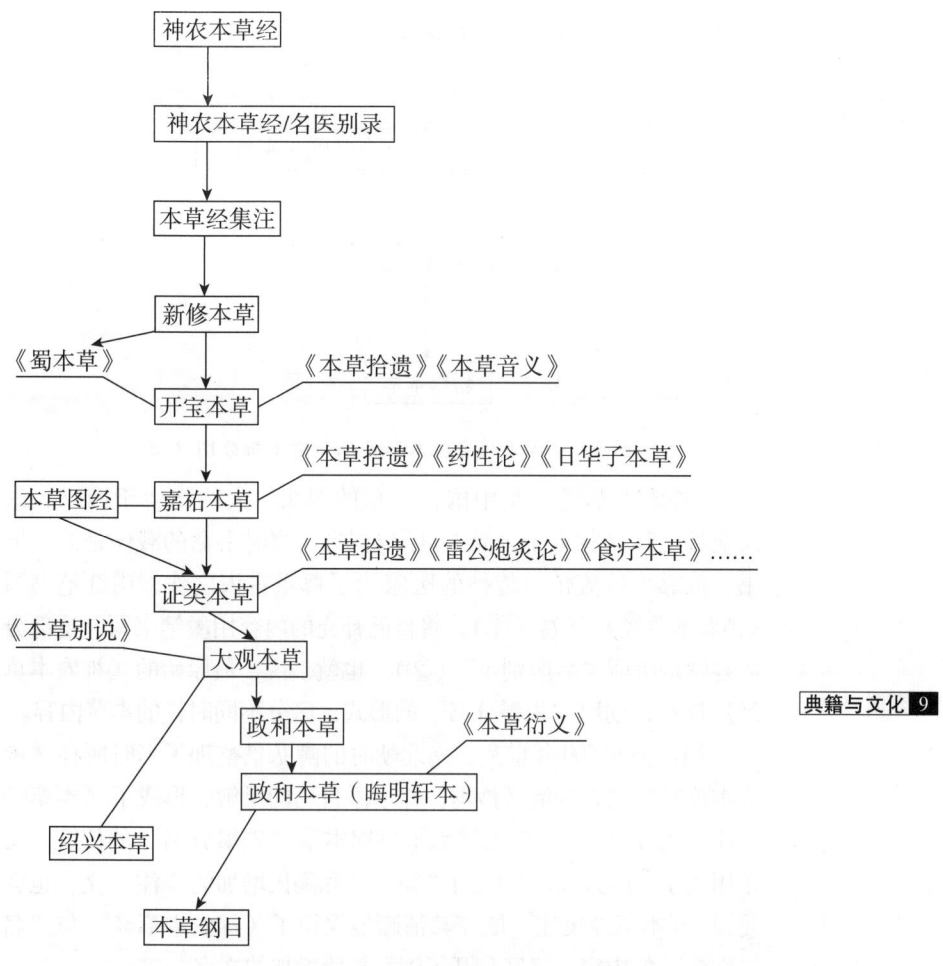

图 1　中国古代主流本草文献传承关系示意图

那么这些本草书的内容是怎样被保存下来的呢？是借助一代又一代睿智的本草学家制定的严谨编书体例，使前代本草著作得以完整地传承下来。

不妨把中国古代主流本草传承示意图拆分一下，一段一段地展开，看看古本草如何代代相传。

先看第一段，即从《神农本草经》到《新修本草》，就是从两汉之间到唐代，跨度大约六七百年，当时还没有雕版印刷术，全靠手抄（图2）。

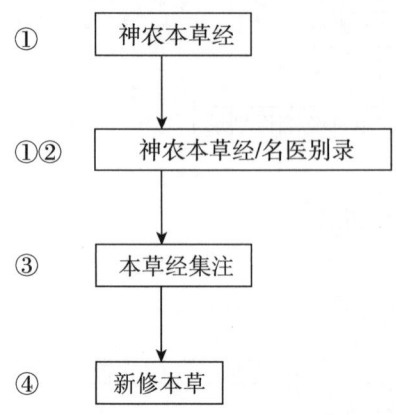

图2 中国古代主流本草传承示意图拆分图（上）

　　《神农本草经》是中国古本草的源头。大约产生于西汉、东汉交替之际（相当于公元1世纪左右）。当时书籍的载体是简牍帛书，依靠手抄流传。传抄的医家为了尊重古人之作，用红笔书写《神农本草经》三卷（①），将自己补充的内容用墨笔书写，这部分内容就是所谓"名医别录"（②）。也就是说，最原始的《神农本草经》抄本，创用"朱墨分书"的形式，区分不同时代的本草内容。

　　约在公元500年前后，南北朝时的陶弘景整理了当时所存《神农本草经》的多种混乱抄本，并增添自己的见解，形成了《本草经集注》七卷（③）。该书继承了早期本草"朱墨分书"的传统，又采用大小字的方式，来区别"经"文和陶氏增加的"注"文。也就是说，《本草经集注》既完整清晰地保留了《神农本草经》与"名医别录"的内容，又区分开了陶弘景所增加的文字。

　　陶弘景《本草经集注》朱墨分书、区分大小字的体例，被唐代官修《新修本草》二十卷（④）（又名《唐本草》）继承下来。《新修本草》编纂者将自己增补的药物用大字墨书、注文用小字书写。为了与此前《本草经集注》中的大小字区分开来，就在所增文字的前或后，用文字标示法予以说明。例如在《唐本草》注文前加"谨按"二字，在所增药物后缀上"唐附"二字。因此，一部国家组织编修的《新修本草》，通过朱墨分书、大小字、文字标示等严谨体例，把此前主要本草既完整又清晰地继承下来。《新修本草》还有一个非常伟大的创举，就是在全国开展药物普查，并把普查结果撰成《图经》七卷，又编绘成彩色《药图》二十五卷。由于彩绘药图流传甚难，这部分成果最终未能流传下来，丧失殆尽。

进入北宋，印刷术开始用于印刷本草。但那时还没有彩色套印技术，怎么来处理古本草的"朱墨分书"的内容呢？这就要看看第二段主流本草的处理法了（图3）。

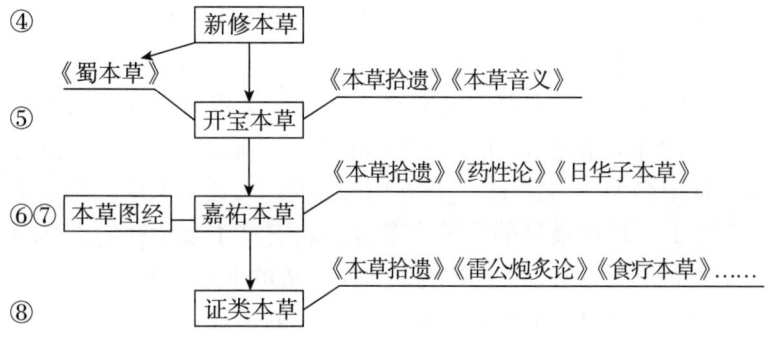

图3　中国古代主流本草传承示意图拆分图（下）

北宋时期的几部官修本草，都属于主流本草系列，它们很好地处理了手抄转为印刷的许多问题。

北宋开宝六年（973）与七年，连续两次官修的本草，统称为《开宝本草》（均为二十卷）（⑤）。该书在唐《新修本草》的基础上，利用国家的收藏，补充收集了许多新的药学资料。该书继承了《新修本草》的编纂体例，不同的是，它用"阴阳文"的方式取代了"朱墨分书"。也就是说，用阴文（黑底白字）来取代朱书，墨书即是阳文。所有后世新增各家注文都采用小字。为了细分来源，又在小字前冠以出处标记。例如陶弘景注就用"陶隐居云"，《唐本草》注就用"唐本注"。《开宝本草》新增注文则冠以"今按""今注"。《开宝本草》新增的内容不算很多，但它开创的主流本草版刻体例发挥了存真续绝作用，影响到它以后的本草书。

北宋嘉祐五年（1060）及六年，先后由政府组织编纂出版了两部本草：《嘉祐本草》（⑥）与《本草图经》（⑦）。这两部书是姐妹编，前者重在药物资料汇集整理，后者重在调查所得的药图解说。掌禹锡主编《嘉祐本草》二十卷，沿袭了《开宝本草》的版刻体例，只是将该书所增内容前冠以"臣禹锡谨按"。也就是说，在《嘉祐本草》中，保存着从《神农本草经》以来的主流本草全部内容。由苏颂撰写的《本草图经》二十卷旨在整理总结嘉祐年间开展的全国药物普查成果，因此其体例不同于《嘉祐本草》，只有"药图"与"图经"（药图解说）两个部分。嘉祐间这两部本草所取得的成就，达到了古代官修本草的顶峰。

但是，《嘉祐本草》与《本草图经》毕竟是两部书，阅览起来并不方便。北宋之时，民间还留存大量手抄时代遗存的本草文献，亟待汇集整理。这一历史重任由四川一位民间医生唐慎微独立完成，书名《证类本草》三十一卷（⑧）。该书将《嘉祐本草》与《本草图经》糅合起来，又将唐氏收集的资料附在这两部本草之后。唐氏新增补内容之前冠以"⌒"为标记。这一标记名为"墨盖子"，现在叫黑鱼尾。《证类本草》是北宋留下来的、现存最早的完整本草著作。它将千余年间绝大部分药学资料汇为一书，使之成为北宋集大成的本草巨著。

以上讲述的北宋及其以前主流本草的形成，属于"层层包裹"式，即后一书包裹前一书。这种形式很像珍珠的形成过程。《神农本草经》就是一个珍珠核，经一代一代包裹并增添珍珠质，最终形成了《证类本草》这颗硕大的本草珍珠。我们不妨抽取其中一味药，解剖一下它的组成，就能了解它从前到后的整个发展过程（该药条下的序号即前面所标各本草序号）（图4）：

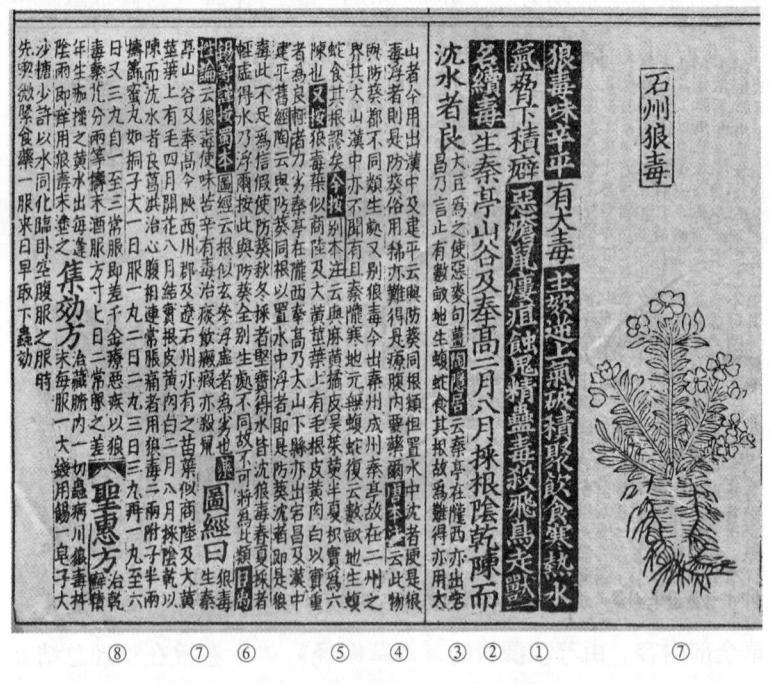

⑧　⑦⑥　⑤④　③②①　⑦

图4　石州狼毒发展过程图

102

所以，了解北宋以前主流本草的发展史，就能掌握《证类本草》的编纂体例。也只有先了解《证类本草》，才能更好地了解《本草纲目》。《证类本草》就是《本草纲目》的资料基础。

从《证类本草》首次问世（1102）到《本草纲目》问世（1593），相隔将近500年。这500年间没出版过任何一部有新意的本草大书。元、明以后的皇家，再也没有像北宋政府那样对医药寄予关切。再次完成古本草集大成的任务，落到明万历间湖北蕲州一位民间医家的肩上。这位医家就是众所周知的伟大医药学家李时珍。以下我们谈谈李时珍与他的《本草纲目》。

二、李时珍与《本草纲目》

在介绍《本草纲目》以前，我想简单地介绍一下李时珍的生平。

（一）李时珍简要生平

李时珍（1518—1593）字东璧，号濒湖山人。"濒湖"就是濒临湖泊，这个湖名为"雨湖"。我去年在李时珍老家拍下了雨湖照片（图5）。

图5　雨湖

李时珍是湖广蕲州（今湖北蕲春县）瓦硝坝人。他存世的主要著作有《本草纲目》《濒湖脉学》《奇经八脉考》等等。李时珍出生在一个世代为医的家庭，其父名叫李言闻，字子郁，号月池，是明代南京太医院的一个"莲幕"，很小级别的医官。如何知道李月池当过太医院"莲幕"？有他的墓碑为证。李时珍父母的合墓有李时珍与他哥哥李果珍立的墓碑（图6）。上面写着"先考太医院莲幕李公月池先妣李门张氏德恭老夫人之墓"。

图6　李月池夫妇合墓

李时珍在现代世界闻名。但在古代，医学家的地位并不高，因此有关他的生平记载也非常少。现在留下来的比较可靠的记载，是清初顾景星《白茅堂文集》卷三十八所载的《李时珍传》。顾景星先人与李时珍有过交往，李时珍晚年曾从其曾大父顾问（日岩）游。顾问曾为李时珍的《奇经八脉考》写过序（1578）。因此顾景星打小就听说过李时珍的一些轶事。《李时珍传》中虽然也有传闻俗套之词，但仍属当今最可信的史料。不过该传对李时珍生平的记载十分简单，只记载李时珍"十四补诸生，三试于乡，不售。读书十年，不出户庭，博学无所弗窥。善医，即以医自居"。近代著名人物画家蒋兆和给《李时珍》一书画了一幅插图，表现的就是李时珍在乡间行医的繁忙景象（图7）。

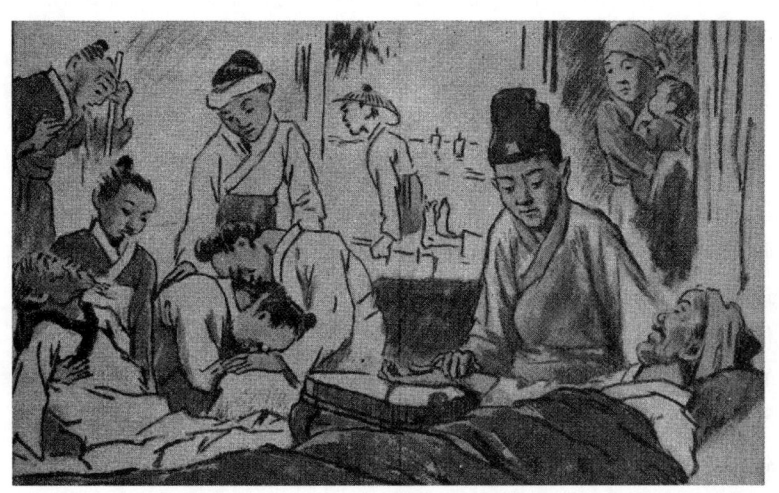

图7 蒋兆和绘《李时珍》一书的插图

对李时珍的业绩，顾景星只说了"荐于朝，授太医院判，一岁归。著《本草纲目》"寥寥十几个字。也就是说李时珍曾被举荐到朝廷，当过太医院院判，一年后他就回家了，著有《本草纲目》。至于李时珍何时被荐举？何时返乡？都语焉不详。李时珍被举荐到朝廷，这一史实没有什么疑问。《本草纲目》中就记载了李时珍在北京的见闻可以为证。但李时珍是否当过太医院院判，至今争议不休。支持者的证据除顾景星的记载以外，还有当地光绪年间立的一块"坊表故址"碑，上面写着李时珍是明太医院判。但反对此说者却不相信清代的记载，认为李时珍本人的墓碑原件至今还在，上面并无太医院院判这一官名。李时珍父亲当个太医院小小的莲幕都要刻在墓碑上，如果李时珍真当过太医院院判，为何他本人及子孙对此毫不提及？好在李时珍的伟名并不依仗这个官名，咱们也不去深究了。

关于李时珍的生卒年，现代研究已经比较清楚了。顾景星《李时珍传》只记载了他"年七十六，预定死期"，也就是说李时珍活了76岁。但李时珍生于何年？卒于何年？古代文献没有发现相关记载。一直到1953年，研究李时珍的专家张慧剑亲自考察了李时珍的家乡，找到了李时珍的原墓，才彻底解决这个问题。原墓碑上刻有"万历癸巳中秋吉立"，根据这一记载，李时珍的卒年可确定为 1593 年。然后按 76 岁虚龄往前推，可确定李时珍的生年是 1518 年。

这里有一幅张慧剑当年拍摄的李时珍墓的照片。图中坟墓虽然残破，但还没有坍塌湮没。大家可能在想：哇！李时珍的墓怎么过了几百年还没有被破坏呀？其实这不足为奇。挖坟掘墓自古以来是令人厌恶的缺德绝后的事。李时珍不是政治家，也不是富翁，他只是一位偏僻乡间的一般百姓、普通医家。何况他还有《本草纲目》传世，素为医药界所景仰。光绪年间当地还在"坊表故址"碑记载了他的名字，可知他家乡确实以出了个李时珍为荣。所以李时珍的坟墓能在当地保留到现代，也是李时珍苦心纂修本草的善果。1954年，湖北省政府将李时珍墓地定为全省重点文物保护单位，并重修了李时珍墓。1978 年当地又将原墓地扩建为李时珍陵园。1980 年湖北省文化厅批准在李时珍墓地设立国家文物保护机构"李时珍文物保管所"。李时珍夫妇合墓得以整修一新（图 8 - 10）。

图 8　李时珍夫妇合墓

图9 李时珍夫妇合墓及其父母合墓全景

图10 修整后的李时珍夫妇合墓近照

下面再谈谈李时珍的长相。有关的最早记载,见于明末王世贞给《本草纲目》写的序言。王世贞是当时很有名的文人,他在《本草纲目》序里描述了李时珍的容貌举止："予窥其人，睟然貌也，癯然身也，津津然谭议也，真北斗以南一人。"根据这一描写，可见李时珍面容清瘦，但很精神，言谈非常吸引人。除此之外，再也没人描述过李时珍的长相，更没人给他画过相。日本江户晚期，有两本药书各绘了一张李时珍头像，是为最早的李时珍画像——当然是凭想象绘成。现在通行的、标志性的李时珍画像，是近代著名人物画家蒋兆和的手笔。那么蒋兆和又是根据什么来创作这幅画像的呢？

这就要从20世纪50年代初的一件事谈起。1953年，莫斯科大学准备在廊厅装饰一批世界科学家的头像，有两位中国古代科学家入选，即李时珍、祖冲之。提供李时珍画像的任务交给了画家蒋兆和。据报道，蒋兆和创作李时珍像时，除了寻找文字资料以外，还请了一位颇为合适的模特儿。此模特儿就是他的岳父、北京著名老中医萧龙友。萧老是德高望重的中医学家，面貌清癯，容貌气质与李时珍还真有几分接近。据此蒋兆和创做出了李时珍的标准像，为此后相关的邮票、图册、雕塑等艺术品所参考。（图11–12）

图11　蒋兆和所绘李时珍像

图 12　莫斯科大学李时珍像

（补记：莫斯科大学主楼 2 楼廊梁的两侧雕带（或曰饰带）位置，分别镶嵌着世界 60 位伟大科学家的头像。这些头像类似马赛克拼图，都采用面朝右的侧面头像。其中一侧 5 位科学家的正中是李时珍侧面头像。此像确实参考了蒋兆和的创作）

李时珍家乡现在有什么相关的纪念性建筑或机构呢？近 30 年来我去过两次蕲春，最近的一次是在 2007 年，参观了蕲州镇的有关遗址。瞻仰之余，拍摄了一些当地的照片，其中包括李时珍纪念馆的大门以及该馆内的塑像、建筑、陵墓等。大约 30 年前就已树立的一座塑像现在已经显得有些陈旧。塑像基座正面是郭沫若的题词。李时珍父母合墓与李时珍夫妇合墓并列而立，供参观者瞻仰膜拜。此外陵园内还有郭沫若书写的"医中之圣"牌坊及其他一些纪念碑。离李时珍纪念馆不远有座玄妙观，现在改为"李时珍医院"，据说该观是李时珍当年诊治病人的场所。由于蕲春市地方政府已迁离蕲州镇，因此本来就交通不便的蕲州镇更显得游人稀少。（图 13 – 15）

现代研究李时珍与《本草纲目》的书非常多。我曾在《〈本草纲目〉研究》[3]书后发表了一篇长达 7 万余字的文章"李时珍与《本草纲目》研究源流评述"，梳理了 400 年间对李时珍与《本草纲目》的研究情况。截止到 2008 年，我收集到的现代国内发表的李时珍与《本草纲目》的研究论文就已超过 1000 余篇，围绕李时珍与《本草纲目》这一主题的书籍就有 167 种。最近这几年有关的文学著作数量更多，其他相关的文艺作品也很多，包括绘画、雕塑、邮票、电影。其中赵丹主演的电影《李时珍》影响很大，许多人就是通过这部电影知道李时珍的情况。

图 13　李时珍纪念馆大门

图 14　李时珍塑像之一

图15　李时珍塑像及题词。塑像背后是李时珍陵墓

文艺作品毕竟不是学术研究。在介绍完中国古代主流本草，以及李时珍简要生平之后，我想进一步从学术研究的角度介绍李时珍的伟大著作《本草纲目》。

（二）《本草纲目》的学术成就

在展开这个题目之前，先介绍有关《本草纲目》的几个基本数字。

1.《本草纲目》的基本情况

首先，它撰成于什么时候？对此，《本草纲目》有明确的记载。该书"始于嘉靖壬子，终于万历戊寅"。也就是始撰于嘉靖三十一年（1552），完成于万历六年（1578）。但该书最终出版问世，是在万历二十一年（1593）。

《本草纲目》有多大篇幅？多少字？该书最早的刻本有正文五十二卷，附图二卷。正文字数如果按现代校点本版面计算，达190万字。附图按最早的金陵本计算，有药图1109幅。

对于本草书来说，还有一个基本数字，就是收录了多少药物，有多少新增药物。《本草纲目》收载了1892种药物，其中374种属于李时珍新增，其余1518种药物则取材于《证类本草》等书。

111

需要说明的是，为什么要突出《本草纲目》的新增药数？前面我们已经说过，中国古代的主流本草发展脉络非常清晰。以《神农本草经》为核心，后世本草在保留前代本草全部内容的同时，继续不断扩展。每一部新本草书增加了多少新药，有案可稽。新增药物的多少，是衡量一部主流本草学术成就的重要方面。《神农本草经》有药 365 种，以后逐代增加。《本草纲目》能收集《证类本草》所未载的新药达 374 种，这是非常了不起的成就。

《本草纲目》收载的方剂大多简单、有效，很受后人重视。据统计，该书收方剂达 11096 首。

上述几组基本数字，在中国本草古籍中皆属前所未有。所以我们说《本草纲目》是中国古代本草史上的巅峰。直至清末，无任何古本草著作能超过《本草纲目》。

凭民间个人之力来完成这样一部本草巨著，是件非常不容易的事。王世贞序里介绍该书时说："渔猎群书，搜罗百氏……岁历三十稔，书考八百余家，稿凡三易。"费时 30 年，引用 800 多种书籍，本草史上无前例。至于"稿凡三易"，《李时珍》电影里设计了书稿被毁、被烧等情节，那是在阶级斗争思想影响下虚构出来的冲突。没有任何史料能证明有人反对或阻挠过李时珍编本草。《本草纲目》卷帙浩繁，要组织好千百年间积累的数以千计的药物资料，哪能一稿成功！"稿凡三易"只是说明李时珍编书的艰难与严谨，并不是说写好的书稿被毁了几次，又重起炉灶再来编纂。

下面我们进一步分析《本草纲目》究竟在哪些方面超越了前人！

2.《本草纲目》的结构与体例

《本草纲目》的结构与体例的创新之点，就在"纲目"二字！"纲"是网绳，"目"是网眼。"纲举"才能"目张"！

为什么说李时珍创立的"纲目"体例是一个创新呢？我们不妨回顾一下此前《证类本草》的体例。《证类本草》每一药的资料排列是按出现先后层层包裹而成的。也就是说，哪家的言论先出来，就把哪家放在前面。考察资料出现年代的先后，这样家谱式的编排自然极好。但本草是医家实用之书，如果想寻找药物的某一方面的内容（如名称、形态、产地、药用部位、性味、功效、炮制法、附方等)，就必须将此药的内容从头看到尾才能摘出来，那可太麻烦了。

更麻烦的是，到李时珍之时，药物种类已经接近 2000 种。这么多药物，怎样排列才方便查找？虽然《证类本草》已经有药物分类，但其分类太粗放，上千种药物分布在玉石、草、木、人、兽、禽、虫鱼、果、米谷不到十个部里，单草部药就有数百种，茫然无绪，如何查找？《本草纲目》药物文字总量是《证类本草》的三倍，没有一种更科学严密的分类体系，确实无法"统率"好数以千计的药物。

此外，中药计数从来存在着"种"和"味"的区别。人参和人参芦都属于一"物种"，只是药用部位不同而已。但这两者的功效并不相同，以临床功效分类的书经常将它们作为两"味"药对待。取"药味"还是取"物种"作为药物的基本单位，也是编纂本草所面临的复杂问题。

李时珍解决上述问题的办法，就是"振纲分目"。

请看这张"纲目"示意图（图16），它展示了《本草纲目》从分类到解说的三大纲领与诸多细目。

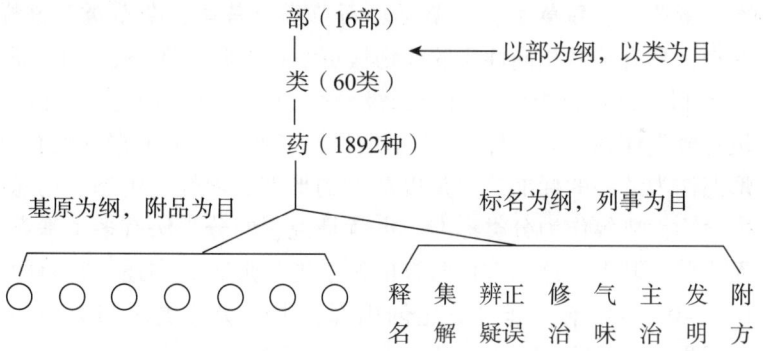

图16 《本草纲目》的"纲目"体系示意图

三大纲领指该书"纲目"体系可分成三个层次：

"以部为纲，以类为目"——解决众多药物分类问题；

"基原为纲，附品为目"——解决一种基原多部位入药的问题；

"标名为纲，列事为目"——解决药物内容分类解说的问题。

以下分别解说这三个类型的"纲目"内容。

第一：以部为纲，以类为目

其内容是把 1892 种药物先分成 16 个部，每个部之下又分若干个细目，总计有 60 个类目。

16 部依次是：火、水、土、金石（以上无机物）、草、谷、菜、果、木（以上是植物）、虫、鳞、介、禽、兽、人（以上是动物）。

李时珍解释说，这样的分部排列顺序，是"从微至巨""从贱至贵"，即从简单微小到复杂高大，从低等到高等。特别有意思的是动物类各部，"虫部"最微细、低等，然后逐渐高级起来，"人部"药被排在最后。猴子、猩猩等虽然归于"兽部"，但却是兽部最高等的"寓类"与"人部"紧紧挨接。可见这种分类法已经体现了生物进化的萌芽。相比之下，《证类本草》等将"人部"排在草木、果菜之间，完全体现不了各部药物之间的等级发展关系，也显示不了物质分类的思维高度及科学内涵。

当然，若仅有 16 部，还是太粗略，于是李时珍在各部之下，又再设立 60 个细类为目。例如草部，药物最多，于是按草类植物生长的环境、形态、性质又分成山草类、芳草类、隰草类、毒草类、蔓草类、水草类、石草类、苔类、杂草类。这样一来，具有某种相同性质的药物被更细致地归纳在一起。16 部、60 类目的纲目分类法，属于二级分类。这种分类法与西方的动植物分类体系不大一样。《本草纲目》二级分类的依据并没有以形态作为统一的标准，而是以药物的形态、习性、生态、用途、内含物性质等作为分类标准。也就是说它的分类法有多个基点，而非单一基点。这和古代西方植物学纯从形态分类还存在差距。但在 400 多年前，李时珍能创用部、类二级分类法归类药物，已属先进。

第二：基原为纲，附品为目

"基原"是指物种的来源。"附品"是指附着在同一物种下可作药用的品类。举例来说吧："牛"属于一个物种，但附属于"牛"的许多部位或产物可以做药。例如牛肉、牛角、牛肝、牛胆、牛皮等都可以作为一味药。单"牛"身上能入药的部位就有三四十处，如果将这些药味平行对待，势必会令药物数量增加数十倍。这样的话就更不方便读者寻找了。为了避免"或一物再出三出，或二物三物混注"的现象，李时珍决定"但标其纲，而附列其目。如标龙为纲，而齿、骨、脑、胎、涎皆列为目；标粱为纲，而赤、黄粱米皆列为目矣"！用现代术语归纳这一类的"纲目"，就是"基原为纲，附品为目"。这一"纲目"体例解决了一物多部位入药的问题。

第三：标名为纲，列事为目

这组"纲目"旨在有条理地解说每一药物。其"纲"是药物的正名，"目"是药物常见的八项内容，简言之即分项说药。

这八项是：释名、集解、辨疑（正误）、修治、气味、主治、发明、附方。用这八项归纳每一药的内容，从而打破了《证类本草》每一药层层包裹式的资料汇聚旧体例。但为了不破坏主流本草知识源流清晰的传统，李时珍又在切割后的每一条资料之后，注明资料出处。

第一项"释名"，是直接针对药物"正名"而来的，主要是解释药物命名的含义，并列举其他的别名。第二项"集解"，专门收录并解释药物的出产、形态、采收等知识，有利于保证用药种类的正确。第三项"辨疑"（"正误"），用来辨析历代该药论述的疑难之处，纠正用药谬误。第四项"修治"，讲述药物炮制。第五项"气味"，明确药物的四气（寒热温凉）、五味（酸苦甘辛咸）。第六项"主治"，罗列适合该药所治的疾病。第七项"发明"，专门讲述用药理论问题。最后一项"附方"，列举该药常用的配伍用药，将药物治疗落到实处。

以上八项内容各不混淆，有利于临床医家查找使用药物。

有上述三个层次的"纲目"体例，整个《本草纲目》就显得秩序井然。所以王世贞序称赞该书"如对冰壶玉鉴，毛发可指数也。博而不繁，详而有要"。该书的"纲目"体例对此后的中国本草产生了深远的影响。

当然，《本草纲目》若仅仅是解决了一个资料分类编纂的难题，还不能称之为伟大。关键是李时珍睿智的编纂思想，使该书在资料性、实用性两方面达到中国本草的顶峰。

3.《本草纲目》的编纂思想

中国古代主流本草中，好几部大书（如唐代《新修本草》、宋代《开宝本草》《嘉祐本草》《本草图经》等）都是国家组织力量编修。普通医家所撰的本草书，部头一般都很小。即便是宋代《证类本草》，作者唐慎微也只有力量汇聚资料，无力对药学资料及存在问题进行评述和考辨。那么，李时珍为什么要把《本草纲目》编得这么大？又为什么要设立"辨疑""正误""发明"等项解决用药疑难问题？

这就不得不谈谈李时珍的编纂思想。李时珍虽然是一名普通医家，但他从小花了十几年应付科举考试，14岁为秀才，文化素养很高。他熟谙本草发展史，站得高、望得远，深知要编写一部空前的本草书，必须汲取历史经验，确定好编纂主导思想。

在《本草纲目》中，记载了李时珍两大编纂思想。其一是取材"不厌详悉"，其二是敢于"立言破惑"。

先谈谈取材"不厌详悉"。一般医家撰写药书，都是选自己认为有用的东西写进去，没用的东西就扔了。李时珍反对这样做！他举香附子一药为例，南北朝时著名药学家陶弘景竟然不认识它，但唐、宋以后，该药大行于世，以至于成为"气病之总司，女科之主帅"。从香附子的兴衰史，李时珍得出一个结论："乃知古今药物兴废不同。如此则《本草》诸药，亦不可以

今之不识，便废弃不收，安知异时不为要药如香附者乎？"李时珍从药物兴废的历史高度，认为"天地品物无穷，古今隐显亦异，用舍有时，名称或变"，因此"本草之书，所以不厌详悉也！"

在"不厌详悉"这一编纂思想指导下，《本草纲目》收载的药物多达1892种药。当然，其中确有一些在今天看来是迷信、污秽、没什么疗效的东西。但它们都是我国本草史上出现过的药物，反映了不同时代的用药习俗、风尚，其有关资料可能对研究药学史、民俗、宗教、博物学等方面有一定的用处。李时珍要编的《本草纲目》，不是临床用药手册，而是集明以前本草之大成的巨著。因此取材广博是成功的首要条件，不能以个人知识水平去随意取舍。

这一思想指导获得的成功例证是"三七"（图17），也叫"田三七"。此药是明代万历间南方军中流传的一种金疮药。从《本草纲目》金陵本附图来看，李时珍似乎没见过三七原植物。因此这个图画得并不是真的五加科的三七，而是一种土三七。但李时珍并没有因自己知之不详就舍弃该药，他根据传闻，不失时机地将三七记载于《本草纲目》。此后，"三七"

的运用越来越广泛，它良好的活血化瘀功能使之成为中医广泛运用于内外各科的良药。这味药的推广使用，实得益于李时珍首次记载。

现代有人以《本草纲目》里载有迷信污秽药物来贬低此书。这些人根本意识不到《本草纲目》集古代本草之大成的学术高度，他们以临床用药手册的选材标准、以个人狭隘的知识水平去攻击《本草纲目》，真是找错了对象。李时珍编的是一部集大成的本草书，他声明取材时"不可以今之不识，便废弃不收"，这说明他认为自己的知识有限，故不敢随意废弃前人资料，先收进来再说。至于甄别运用，可留待后人。《本草纲目》取材"不厌详悉"，因此得以保留了许许多多极为珍贵的古代人文、自然科学的史料，使之成为我国古代的百科全书。对此我后面还会展开讨论。

图17　三七图

如果《本草纲目》将取材"不厌详悉"作为唯一的编纂思想，那么其书只可能有资料汇编的价值，还称不上伟大。关键是该书还有第二个编纂思想"立言破惑"，从而使它的学术价值大大提升。

什么叫"立言破惑"？就是遇到疑惑谬误，必须挺身而出，解惑辨误。

谈到"惑"，古本草书确实不少。例如中国古代有"割股疗亲"的习俗。孝子为表孝心，当双亲有病时，有割股的，也有割肝的，总之是割肉疗亲。人肉能治病吗？唐朝陈藏器《本草拾遗》确实记载了"人肉治瘵疾"。所以有人把"割股疗亲"这一古代恶俗的产生归罪于陈藏器。李时珍的看法比较公允，他认为在陈藏器之前，就有割股割肝恶俗，因此不能全怪陈藏器。但陈氏也有责任："罪其笔之于书，而不立言以破惑也。"就是说陈氏记载了人肉疗瘵，就该"立言破惑"，指出它的谬误，否则就会贻误后人。

李时珍在《本草纲目》中经常"立言破惑"。他生活的明嘉靖、万历年间，兴起了一股"以人补人"的歪风。所谓"以人补人"，就是用人的某些排出物来补养人体。这些排出物包括胎盘、人尿、乳汁等。邪术家们特别热衷的是"红铅"，也就是女孩子首次的月经。或者"以童女矫揉取乳"，谓之仙人酒、白朱砂。李时珍极力抨击这些邪术家杜撰出来的补药，说童女取乳是"妖人所为，王法所诛，君子当斥之可也"。又斥责服食红铅是"方士邪术，鼓弄愚人""殊可叹恶"！并宣称在《本草纲目》里"凡红铅方，今并不录"。

李时珍的《本草纲目》，资料广博，又有许多新的见解，这就是该书能超越前人的两大支柱。宋代的唐慎微在收集资料方面也做得非常好，一部《证类本草》几乎囊括了宋以前的本草精华。但唐慎微没有在书中添加任何自己的见解，只是堆砌资料，所以他还是比不过李时珍。

下面我准备谈谈李时珍《本草纲目》在医药等方面所取得的成就，先从李时珍考辨药物谈起。

4.《本草纲目》药物考辨成就

李时珍注重文献和实地考察，在药物考辨方面提出了许多精辟的见解，解决了很多疑难问题。在这方面，中国本草史上没有任何药学家能和他相比。

我个人在研究中曾得益于李时珍的启示，因此深切体会到李时珍考证功夫的厉害。我出生于南方，南方乌龟很多，不稀奇。但我1965年开始学中医时，百思不解的中药是龟板。去了肉的乌龟壳是筒状的，上甲呈弧形拱起，下甲平坦如板。中药用的是下甲，所以叫"龟板"（或作"龟版"）。令我纳闷的是，为什么要抛弃面积更大的上甲，专用那块底板啊？当时的药典、教科书，都不讲其中的道理，只规定必须使用龟下板。直到我攻读药学史、研究《本草纲目》之后，才从李时珍一句话得到启示，决定研究龟板的历史。

李时珍说："陶言（龟）厣可供卜，壳可入药，则古者上下甲皆用之。"也就是说，李时珍经研究历代医家对龟甲使用的历史后，注意到"古者上下甲皆用之"这一史实。受此启示，我想弄清楚：什么时候中药开始用龟甲（上下甲）？什么时候才转而用龟板（下甲）？后世专用龟板有没有道理？

研究的结果证明，李时珍说"古者上下甲皆用之"完全正确。我翻遍了宋代及其以前各种本草书，都没有发现"龟板"一词，全用"龟甲"为名。进而我又翻遍了宋代及其以前各种方书，结果还是一样。明代《本草品汇精要》（1505）专门画了龟甲药材的图，上甲、下甲都有。明末李中立《本草原始》（1612）则仅绘出龟板药材图，并注明"古人上下甲皆用之，今人惟用底版"。可见龟板的运用，就在宋、明之间。（图18－19）

图18　龟甲药材图

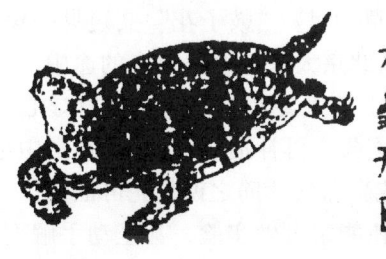

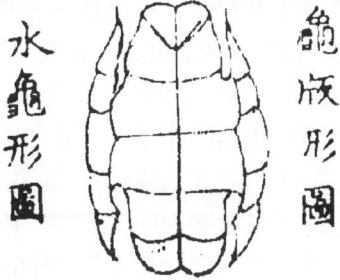

图19　龟板药材图

后来我从元代的方书本草中找到"龟板"一词，并弄清楚了从"龟甲"到"败龟"再到"龟板"的历史过程及其原因，并将考证结果撰写成文④。考证的详细内容不细说了。我爱人是研究中药药理的，她在我考证的基础上，组织同行开展"龟上甲、下甲化学成分与药理作用的比较研究"，结果证明龟上下甲的化学成分与药理作用完全一致。这项研究获得1987年度全国（部）中医药重大科技成果乙等奖，即二等奖。卫生部据此为

"龟甲"颁发了新药证书,认定龟上下甲可同等入药。1990年及以后的《中华人民共和国药典》均把"龟版"改成了"龟甲"。这一改动,可大大减少龟上甲的浪费,把颠倒的历史再颠倒过来。记得在组织各方面专家审查该项研究的时候,有老药工提问:"我的师傅告诉我乌龟就是用下板,你听谁说龟上下甲可以同等使用?"我不敢贪功,老老实实告诉他,是我们共同的祖师爷李时珍告诉我的,我得谢谢李老前辈给我的启迪。

《本草纲目》对药物的考辨与理论探讨有很多出色之处。王世贞评价《本草纲目》时,称之为"性理之精微,格物之通典",确实不算过誉。中国古代的药物品种混乱现象下,经李时珍考证清楚的药物很多,今略举数例。

古代"钩吻"是毒药,知道的人很多。但钩吻是什么样儿,却没多少人知道。有人说"钩吻"和"黄精"长得很像。黄精是补药,钩吻是毒药,若出现错误,那可是大事。李时珍调查之后说:"访之南人,云钩吻即胡蔓草,今人谓之断肠草是也。"胡蔓草与黄精形态相差很大,根本不可能混淆。现代确定"钩吻"的来源,与李时珍采访所得完全一致。李时珍痴迷于考访

药物种类和疗效,可以从《本草纲目》"鼓子花"文窥见一斑。"鼓子花"又叫旋花。李时珍从北京太医院返回故乡的途中,发现拉他回去的北方车夫每到晚上就煮旋花根汤喝。他就虚心向车夫请教该药的作用,了解到该药"可补损伤",于是在书中记下了一笔,并评论说:"(旋花)益气续筋之说,尤可征矣!"

除了打听和询问,李时珍还能亲自做实验,甚至动手解剖。有一味中药叫"穿山甲",现在属于二级保护动物了,但过去这是很常用的一个药。李时珍对穿山甲的生活习性曾仔细观察过,注意到穿山甲"常吐舌诱蚁",并且"曾剖其胃",得到了大约一升多的蚂蚁,证实穿山甲确实是以蚂蚁为食。还有一味药叫"曼陀罗花",是很著名的麻醉药。宋代官府曾利用曼陀罗酒来麻醉造反的少数民族人,然后诛杀之。据说采这种麻醉药的花酿酒,可以让人笑舞。这是真的吗?《本草纲目》记载时珍曰:"予尝试之,饮须半酣,更令一人或笑或舞引之,乃验也。"也就是说,曼陀罗花酒并非饮下去就能令人笑舞,必须在酒到半酣时有人逗引诱导,才会跟着笑舞。拿有毒之物做试验,李时珍够大胆的了!为了验证药物的性味,李时珍敢于亲自尝试,

这种事例《本草纲目》已有记载。根据实际经验所得，李时珍订正了许多药物的性味。例如"鹅"，古书记载其性"凉"。李时珍认为鹅怎么会性凉呢？他说吃鹅有很多副作用，"发风发疮，莫此为甚，火熏者尤毒，曾目击其害"。也就是说吃鹅会引发一些疮疡或"风"病。中医认为具有"善行数变"特点的病症即由风邪引起，例如中风、风疹（荨麻疹之类）都属于风病。据此李时珍认为前人说鹅性凉是不对的。

谈到药物的性味，一般人以为这是药物固有的性质，不能改变。但李时珍认为可以改变。通过什么手段？——炮制。他说过一句很有名的话："升降在物，亦在人也。"意思是药物往上走、往下走的性质，固然取决于物质的本性，但也可以通过人力去改变它。某些药物用加工炮制的办法就能改变它性质和作用趋势，这是李时珍在医药实践中总结出来的经验，对后世影响很大。

李时珍编写了药书，大家尊他为药学家。但他本人以医为业，也精于诊治疾病，因此在《本草纲目》中也留下了许多医学方面的论说。

5.《本草纲目》的医学成就

《本草纲目》并非一部纯粹的药书，里面也包含着很多医疗经验和医理发挥。李时珍是一位杰出的临床医家，医学造诣很深。他除了编写本草书，还编写过一部影响非常大的脉学书——《濒湖脉学》。《四库全书提要》评价说，自从《濒湖脉学》问世以后，"《脉诀》遂废"，说的就是《濒湖脉学》取代了风行几百年《王叔和脉诀》。可见《濒湖脉学》对普及脉学基本知识的影响巨大。李时珍虽然不是针灸学家，但他的《奇经八脉考》却对经脉有多有创新之见。即便在《本草纲目》中，我们也可以列举出很多李时珍的治疗经验。

李时珍在《本草纲目》中记载了许多他亲自治疗的有趣病案。李时珍早年在湖北楚王府做保健医生时，遇到了一个奇怪的病例。富顺王的孙子特别好吃灯花。灯花就是蜡烛、油灯的灯芯燃烧完后结成的炭化物。这孩子"嗜灯花，但闻其气，即哭索不已"。也就是说闻着灯花气就哭着要吃。李时珍诊断这是"虫癖"，即寄生虫引起的病。最后用杀虫的药，"一料而愈"。《李时珍》电影里采用了这个病例。嗜好吃异物是钩虫病的一个症状。李时珍很早就知道用杀虫的方法治疗这类疾病，很了不起。

李时珍对疾病病源的观察研究十分细致。他提醒人们："鱼鲙肉生，损人尤甚，为癥瘕，为痼疾，为奇病，不可不知。昔有食鱼生而生病者，用药下出，已变虫形，鲙缕尚存。"所谓"鱼生"，就是"生鱼片"，日本人叫作"刺身"。不清洁水域中的鱼制成鱼片，其中可能会有肝吸虫，误食会引起肝吸虫病。李时珍在 400 多年前就提示大家生鱼不能乱吃。

关于黄疸，中医古代一般认为是湿热蕴积形成的。对此，李时珍有自己的看法。他认为牛黄是牛生病的产物。所以有"黄"之牛，多病而易死。牛黄实际上是牛胆囊或胆管中的结石。李时珍进而观察到："诸兽皆有黄，人之病黄者亦然。"意思是各种兽类都可能产生类似"牛黄"的结石。"其病在心及肝胆之间，凝结成黄"。一般人把牛黄、马宝视为珍奇之物，其实它们都是病理产物。人也可能"病黄"，也就是说人的"心"（这里实际上是指"胃"）、肝胆也会产生结石，一旦结石堵塞肝胆，就会引起黄疸。所以李时珍对人的胃、肝胆结石病早有认识。

在医疗技术方面，李时珍也有一些新颖的记载。其中有的技术在我们现在看起来似乎并不稀奇，但在古代，这类记载确实很少见。例如外敷凉物退热，现在是司空见惯的退热法之一。但古代伤寒发热，并不主张立即凉敷。因为伤寒发热，是外寒郁遏了阳气引起的，必须发汗散寒，发热自退。如果不是外寒郁遏阶段，而是"伤寒阳毒，热盛昏迷"，那就另当别论。李时珍提出可用一块冰，放在膻中，也就是心窝部，用于退热。这种方法"亦解烧酒毒"。

另外，蒸汽消毒法也可见于《本草纲目》。李时珍说，"天行瘟疫"，也就是传染病流行的时候，可以"取初病人衣服，于甑上蒸过，则一家不染"。就是说将第一个得病的人的衣服用蒸汽消毒，可以预防疾病继续传染。这在当时也是一个很新的方法。还有就是空气消毒，《本草纲目》记载："又中恶、鬼气卒死者，以樟木烧烟熏之，待苏乃用药。此物辛烈香窜，能去湿气、辟邪恶故也。"所谓"中恶、鬼气"即瘟疫类的疾病，用樟木烧烟熏之，也能发挥预防作用。

《本草纲目》里还记载了许多治疗经验和医理发挥，因为过于专业，难以几句话说清楚，这里就不赘举了。还是转过来谈谈《本草纲目》里的一些博物学方面的成就。

6.《本草纲目》的博物学成就

李时珍《本草纲目》为什么能受到世界许多学科的学者关注？因为该书里的知识太丰富了。有人老是以为自己比李时珍还高明，攻击《本草纲目》这不好、那不好，要把他们认为可有可无的东西删掉。其实，有些东西看似与医药无关，但却对其他学科非常有参考价值。

我们不妨看看物种变异方面的例子吧。《本草纲目》记载，宋代就有人养金鱼，到明朝已经到处都有人养玩金鱼。书中还记载金鱼刚生出来是黑色，时间长了就变红，也有变白的，叫银鱼，还有色彩斑斓的，各种各样。这样的条文，在现代人看来并不起眼，但达尔文对这样的资料非常热衷，因为这说明物种在人工养殖条件下是可以发生变异的。李时珍注意到这种变异可比达尔文早得多。

关于生物与环境的关系，现代大家都有所了解。动物会随着环境变化而改变自己身体的颜色。军队也仿效动物，在不同的环境下变换迷彩服的颜色。《本草纲目》记载了很多观察所得的此类情况，例如："浊水、流水之鱼与清水、止水之鱼，性色迥异。""山禽味短而尾修，水禽味长而尾促。""鳞者，邻也。鱼产于水，故鳞似邻；鸟产于林，故羽似叶；兽产于山，故毛似草。鱼行上水，鸟飞上风，恐乱鳞、羽也。""毛协四时，色合五方。"也就是说，动物不仅会随着环境改变颜色，还会根据环境改变身体形状和活动方式。那些不适应环境的动物就可能被淘汰。"毛协四时，色合五方"，是动物皮毛、颜色随四时、方位变化而变化的高度总结。这些自然规律，在古代博物学、动物学中，都是很出色的论断。这些记载与用药完全没有关系，但对其他学科研究却很有价值。《本草纲目》取材不厌详悉、包罗万象的作用，在这些方面就显现出来了。

在物候学方面，《本草纲目》也有许多有趣的资料。例如布谷鸟，名字很多，"各因其声似而呼之。如俗呼阿公阿婆、割麦插禾、脱却破裤之类，皆因其鸣时可为农候故耳"。就是说民间给布谷鸟这么多不同的名字，是注意到此鸟的叫声可以作为"农候"提示。布谷鸟叫了，就该"割麦插禾"了。这说明我国古代很早就注意利用自然界的一些规律性的东西，指导最恰

123

当的生产时间。李时珍在杜鹃条下也提到，杜鹃的特殊叫声，"田家候之，以兴农事"，即农家根据杜鹃的叫声，来指导干农活的恰当时机。对这些资料，著名物候学家竺可桢认为："(《本草纲目》) 对于候鸟布谷、杜鹃的地域分布、鸣声、音节和出现时间，解释得很清楚明白。即今日鸟类学家阅之，也可受到益处的。"

不光鸟类学家，其他动植物学家都很重视《本草纲目》中的有关知识。例如"蚂蚁"条，李时珍说："蚁有君臣之义……其居有等，其行有队。能知雨候，春出冬蛰。"这说明他发现蚂蚁也有一些自己的社会和结构，且能预知气候变化。

又如"乌骨鸡"，李时珍说："乌骨鸡……但观鸡舌黑者，则肉骨俱乌，入药更良。"据舌色判断是否是真乌骨鸡，是观察所得、非常巧妙的方法。

在"猫"条下，李时珍说："猫……其睛可定时：子、午、卯、酉如一线，寅、申、巳、亥如满月，辰、戌、丑、未如枣核也。其鼻端常冷，惟夏至一日则暖。"说明李时珍观察到猫的瞳孔是会随着光线的强弱而收放的，不同时辰的光线下可观察到不同的猫瞳孔形状。

还有一种"虫白蜡"，李时珍记载："虫白蜡，则自元以来，人始知之……其虫大如虮虱，芒种后则延缘树枝，食汁吐涎，粘于嫩茎，化为白脂，乃结成蜡，状如凝霜。……（蜡子）子内皆白卵，如细虮，一包数百。次年立夏日摘下，以箬叶包之，分系各树。芒种后苞拆卵化，虫乃延出叶底，复上树作蜡也。"古代的蜡有好几种，虫白蜡与蜂蜡不同。李时珍所载虫白蜡的形成过程最为详尽。

李时珍还介绍了鱼类发声现象。他说："勒鱼出东南海中，以四月至。渔人设网候之，听水中有声，则鱼至矣。"这一条文不仅介绍了勒鱼的习性，也提到那个时候的渔民能听"水中有声"知道鱼群来临。现代声呐是利用水下声能来探测水中目标及其状态的仪器。明代声呐还没发明，但渔民早已能通过倾听水中之声来判断鱼群的动向。

此外，李时珍还记载了许多天地及其他自然现象。例如月亮上有阴影，民间常见的说法是吴刚伐月桂，但李时珍另有新见："窃谓月乃阴魄，其中婆娑者，山河之影尔。"也就是说，李时珍知道月之阴影就是月球表面山河的影子。那时的人类还没有去过月球，如何知道上面有山河？现代探月完全证实李时珍的说法是正确的。李时珍介绍了一种预测雨量的方法："每旦以瓦瓶秤水，视其轻重，重则雨多，轻则雨小。"其原理就是测定空气的湿度来判断雨量。

现代有些人把中医中药看得太简单，以为中药就是草根树皮。其实本草里有很多化学制剂的制取法，在化学史上很有意义。李时珍记载的制没食子酸的方法是这样的："用五倍子为粗末。每一斤，以真茶一两煎浓汁，入醇糟四两，擂烂拌和，器盛置糠缸中之，待发起如发面状即成矣。捏作饼丸，晒干用。"制作醋酸铅（古称"铅霜"）的方法是："以铅打成钱，穿成串，瓦盆盛生醋，以串横盆中，离醋三寸，仍以瓦盆覆之，置阴处，候生霜刷下，仍合住。"中药里有很多用化学方法制备的药物，如射罔、樟脑、冰片、秋石、铅霜、粉锡、黄丹、砒霜、银朱，以及其他多种水银制剂，其中含有高深的化学知识。现代有些人专给中医挑刺，我想他们是没有好好看看《本草纲目》。中外许多大科学家都推崇《本草纲目》，就是因为这是一座宝库，里面有许多值得发掘的知识。我个人知识有限，时间也不允许我充分展开讨论，所以对《本草纲目》中记载的古代科学知识，只能是挂一漏万地略作介绍。还得留点时间谈谈《本草纲目》的版本源流，以及该书外传及其影响。

（三）《本草纲目》的版本源流

为什么要讲《本草纲目》的版本源流？这关系到现代如何选择该书正确的版本问题，方便大家学习和研究该书。

《本草纲目》从1593年出版初版，在古代就已经翻印将近百次。如果包括现代出的铅印本，那版本就更多了。我们不说现代的，只说古代。《本草纲目》古代版本概括起来是"一祖三系"。"祖"就祖本，最原始的刊本，也就是金陵本。金陵本之后的近百种版本，可根据主要序跋、药图、附刊医书等来探其源流。所谓"三系"，指这些版本大致可以分成三个系统：江西本、钱衙本、张绍棠本。它们分别在明末至近代不同的时段流行。

最能反映祖本面貌的江西本在明末、清初影响很大，但很快被更美观的钱衙本取代。钱衙本流传于明末至清后期。清末张绍棠本版面、药图更漂亮，很快后来居上。此后一百多年，社会通行的《本草纲目》大多属于张本系统。"文革"以后，《本草纲目》版本的研究已经基本清楚，发现钱衙本、张绍棠本都存在严重错误。于是近三十多年使用的《本草纲目》铅印本又都回归到祖本金陵本。

我在这里讲《本草纲目》的版本，重在学术上的存真去伪。中医文献的特点在于它既是历史文献，又是应用文献。因此中医古籍虽然历经千百年，但其中只要有实用价值，就是好书，就值得发掘利用。从这个角度出发，我们来看看如何评价一个版本的好坏。下面我分别谈谈"一祖三系"最重要的四个版本。

首先讲祖本金陵版。《本草纲目》最早由胡承龙刻印于金陵（今南京），故称金陵本。据最新研究，该书现存全卷还有8套⑤，残卷有4套。分别藏在日本（4套）、中国（2套）和美国（2套）。中国的两套分别存中国中医科学院与上海图书馆。那么金陵本的主要特征是什么？它仅有王世贞序，序后有"辑书姓氏"，这是此后面任何一个版本都没有的。"辑书姓氏"除李时珍之外，还有他的四子四孙以及两名儒学生员的名字，最后署有"金陵后学胡承龙梓行"。此外两卷药图前有绘图的人姓名（均为李时珍子孙）。金陵版卷一"引据古今医家书目"还将所有引书列成表，多数是每行上下三个书名。这样的书名排列，无论纵看横看，都有其一定意义。后世所有版本都未能注意到金陵本引用书名排列的特殊意义。大家都知道整理古籍要用好版本，但不能只盯着文字正确，还应该知道好版本版面排列所体现的"字外"意义。金陵版因为是祖本，现在很受重视，但在20世纪50年代以前，了解此版本意义的人还真不太多。尤其是书商，根本不注意祖本，只考虑形式版面的美观诱人。

金陵本所附两卷药图，均为李时珍儿孙编绘。卷上署为李建中辑，李建元图，李树宗校；卷下署为李建木图，李树声校。共1109幅图，其中有转绘图，也有写生图。《本草纲目》凡例中，根本没有提到该书有附图。因此有人认为药图是应书商要求临时增绘而成的。这些药图十分简陋，线条粗放，算不得精品，是否经过李时珍审查也无法考证。但这些药图毕竟是李时珍子孙们所绘，药图所表现的药物种类也应该最接近李时珍的学术见解。因此金陵本药图尽管简陋，仍是《本草纲目》不可分割与改变的组成部分。

三个系统版本的第一个版本是江西本。该本由夏良心、张鼎思两位江西南昌地方官所刻（1603）。明代官员好刻书，利用地方政府的力量刻成的书，比一般坊刻要更好些。此版距离金陵本出版才10年，南昌距蕲春也很近，重刻者有条件完善金陵本。该版的图文基本上保留了金陵本的特点，还附刊了李时珍的《濒湖脉学》《奇经八脉考》二书。此外该书增加了很重要的李时珍之子李建元的"进本草纲目疏"，补充了金陵本极个别缺叶。该本附刊的二书、后补的缺叶以及李建元疏，是否来自李时珍子孙？重刊者未加说明，现代也没人去考求。由于是地方官刊，该本字大行疏，刻工精细，版式也比金陵本美观。因此该本出版以后，流传甚广。明代的翻刻本，绝大多数是从江西本而来。但该本也有缺憾，它删除了金陵本的"辑书姓氏"、药图署名，在学术层面上，这是一个大损失。在"引据古今医家书目"的排版方式上，改三栏为二栏，大失原意。下此以往的各种版本也沿袭此误。不过整体说来，江西版还是非常优秀的。现代刘衡如先生第一个《本草纲目》校点本（1976），前三册依据的就是江西本。古代依据江西本再翻刻的版本不是太多，主要有石渠阁本、湖北本、立达堂本、张朝璘本等。后出的钱衙本很快取代了江西本，因此清代很少有人再翻刻此本。

所谓"钱衙本"又叫钱蔚起本。其扉页署为"武林钱衙藏板"，故简称钱衙版。也有人叫六有堂本（钱氏堂号"六有堂"）。此本翻刻自江西本，刻工很好，尤其是药图非常漂亮。其药图分成三卷，有图1110幅。图上署名为："陆喆绘图""项南洲刊行"。前已述及，金陵本药图十分简陋。钱衙本为弥补此憾，居然请陆喆重新绘图。经我的老师谢宗万先生考证，该版改绘的药图800余幅，超过原图三分之二，已严重失真。改图固然好看，但这药图还能算李时珍的吗？古代医药学家甄别不了版本的学术意义，所以钱衙本在明末清代流传了230多年。受此版影响的刻本有30多种，包括太和堂、本立堂、三乐斋、连云阁、《四库全书》本、书业堂、衣德堂、务本堂、英德堂等本。

清末张绍棠味古斋根据江西本、钱衙本，再次校勘《本草纲目》(1885)，故称张绍棠本，或"味古斋本"。该本与清代赵学敏《本草纲目拾遗》合刻，刻工精良，刻成又晚，其本易得，故流传甚广。但此本最致命的错误是再次改绘药图，绘图者为许功甫。该本药图增加到 1121 幅，其中改绘的图多达 412 幅，部分药图仿绘自清末吴其浚《植物名实图考》，故更为精细美观。从学术上来说，其图距离李时珍已经近 300 年。若误把此本药图当成李时珍时代的作品，那真要闹出大笑话。所以张绍棠本徒有其表，无法体现《本草纲目》的时代特征，给后人研究《本草纲目》及中药整理造成了很大的困难。此外，该本校勘错误也不少，据研究，该版文字方面的旧错、新错加起来竟达 1600 余处。由于其流行于近现代，负面影响很大。一直到近 50 多年，《本草纲目》张本才被舍弃。

以上是《本草纲目》版本源流简介。该书版本上百，我只能择要予以介绍。请大家放心的是，现代无论哪个校点本，再也不会用错底本了。至于流传到国外的版本以及译本，我下面会介绍其梗概。

（四）《本草纲目》的外传和影响

首先声明，我对《本草纲目》的外传和影响没下过功夫专门研究。下面讲的内容大部分是依据中国科学院科技史研究所前辈学者潘吉星先生的研究成果。潘老师发表过多篇此类文章，其中最重要的是"《本草纲目》之东被与西渐"[6]一文。"东被"指《本草纲目》传到日本、朝鲜、越南等国，"西渐"指流传西方。

1. 东被

众所周知，日本在江户时期及其以前，受中国医药的影响很大。由于日本学者比较重视记录汉籍的传入，所以许多汉籍在日本的流传脉络比较清楚。《本草纲目》于 1604 年传到日本，距金陵本刊刻问世不过 11 年。

相当于我国明末之时，日本就有了《本草纲目》和刻本，也就是日本刻本。此后《本草纲目》在日本反复刻印，主要和刻本有 8 种，其中江户版本 6 种，14 次印刷。一部中国的大部头著作，能在日本翻刻这么多次，足见该书在日本深受欢迎。

为了更好地让《本草纲目》广泛传播，日本学者很早就尝试用日文介绍该书。尽管江户初期日文里使用的汉字还比较多，但要把整个《本草纲目》翻译过去，也很不容易。所以日本学者最初大多采用编译的方式，根据需要选择有关内容进行翻译，并加上自己的解说。1698 年，著名日本学者冈本为竹发表了《图画和语本草纲目》(又名《广益本草大全》)，共二十七卷，收药 1839 种。1737 年，服部忠范又用日文撰写《本草和谈》四十五卷，谈的就是《本草纲目》。

日文的《本草纲目》全译本先后有两版，均为春阳堂出版。第一版翻译于 1929 到 1934 年，名为《头注国译本草纲目》。头注就是眉批。该书由日本 15 位药学界、翻译界的顶级人物参与，干了 5 年才成功。1974 至 1979 年，春阳堂又再次出版了《新注校定国译本草纲目》，翻译者有十几位日本本草学家，可见日本学界对《本草纲目》翻译的重视。

虽然许多宣传材料笼统地说《本草纲目》被翻译成日文、英文、法文、意大利文等等，但在 20 世纪以前，只有日文有全译本，其他都是节译或编译。直到 2002 年，国人罗希文才出版了《本草纲目》英文全译本。

《本草纲目》真正对日本的药学产生了巨大影响。早在 1608 年，日本著名学者曲直濑玄朔就根据刚传入日本的明版《本草纲目》，对其养父曲直濑道三的《能毒》(1580) 加以修订，并以《药性能毒》为名出版了木活字本。这是日本人参照《本草纲目》著书立说的开端。

日本大儒林罗山 (1583—1657) 早在 1607 年就购得《本草纲目》。1612 年，林罗山将《本草纲目》摘要训点，写成《多识篇》五卷。1613 年又撰成通俗的《新刊多识篇》五卷 (一名《古今和名本草》)，这是日本最早的《本草纲目》专门研究著作。

此后日本形成了以稻宣义、贝原笃信、小野兰山等人为代表的新本草派。该派学者在促进日本近世药物学、博物学和化学的发展中起了巨大作用。这一派学者围绕着《本草纲目》进行整理研究、阐发增补，形成了许多新的日本本草著作。

稻宣义 (号若水)，是新本草派三大家第一人，日本本草京都派的创始人。他在校订训解《本草纲目》和刻本的同时，于 1714 年刊行了《本草图翼》四卷、《结毦居别集》四卷，均用汉文写成。稻宣义以《本草纲目》为教本，讲授本草学。其弟子松岗恕庵继承了他的衣钵，在京都继续讲授《本草纲目》，培养学生。松岗恕庵又带出了一位日本本草大家小野兰山。

在讲小野兰山研究传播《本草纲目》的业绩之前，插几句关于中、日两国学者在继承《本草纲目》方面不同的道路。李时珍在实地考订药物品种方面达到了我国古本草的巅峰，此后，这种注重实地考察药物的学风就开始衰败。我国继承《本草纲目》的主要是医学家，注重药效主治、药理阐述，很少有人再去探究药物的来源。清代除了赵学敏和吴其浚两人还能对《本草纲目》作些补正之外，其他人则热衷从《本草纲目》摘取一些适合医疗保健的内容。这方面的演化我在最后一个小题目中会谈到。但在日本，临床家主要热衷伤寒方，本草学家则注重步李时珍后尘，走实地考察药物来源的路。

日本新本草大家小野兰山继承了他老师的衣钵，在京都设坛讲授《本草纲目》，并结合其中有关栽培、形态的记载，或实地考察，或药园栽培，使《本草纲目》日本化。1783 年，他写成《纲目译说》一书作为教材。他的学生整理他的讲课笔记，撰成《本草纲目记闻》。他的孙子小野职孝编写了《本草纲目启蒙》四十八卷，堪称日本本草巨著。该书曾经由小野兰山口授并审阅，对日本的本草学、植物学发展影响很大。江户时期西洋的植物分类学已经传入日本，因此，日本学者依托《本草纲目》再考察时，又结合了西洋植物分类知识，这对提高药物辨识水平非常有帮助。

新本草派的第三个人物是贝原笃信。他除了校刻《本草纲目》以外，还把自己考察的经验放进去，撰成著名的《大和（倭）本草》。达尔文把它称作古代日本的百科全书，可见其内容之丰富，影响之大。小野兰山也用此书来教学生。新本草派对日本本草发展贡献巨大，对《本草纲目》的研究也最深。

此外，还有必要提一下日本多纪氏医学家族对《本草纲目》的研究。多纪氏也叫丹波氏，是日本的医学世家。日本最早的医书《医心方》(982)，其作者就是丹波康赖。这一家族世代为医，其后裔近现代才不搞医了。多纪元孝（1695）在 1765 开办跻寿馆（私人医校）。多纪元惪曾主持这个学校，其药物学教材就是《本草纲目》。我去东京参观过这个医学馆，环境优美，里面有个小小的神农庙，每年都有祭祀日。馆内还有孔子塑像。后来该馆两遭火灾，被收归国有，成为幕府医学馆，培养出了很多医学大家。

日本从传统的古典本草学演进到近代药物学，《本草纲目》是一座桥梁。相当于我国明末之时，荷兰海船已进入日本。兰学，包括植物分类学很早就传进了日本。日本学者将兰学、植物学与传统草学结合起来研究，促进了日本植物学、本草学的发展。受《本草纲目》影响而形成的日本著作很多，我只能简单介绍其中最主要的几家。详细资料请大家参考潘老师的文著。

2. 西渐

在潘老师没有考察《本草纲目》西渐历史以前，这部分内容最为模糊。医史前辈虽然发表过几篇文章，但错误很多。潘吉星先生在 20 世纪七八十年代之间，多方实地考察，发表了几篇重要文章，才使这部分内容逐渐明朗起来。

西方在 18、19 世纪开始收藏《本草纲目》。英国、法国、德国、俄国、意大利、丹麦、美国等国家都藏有《本草纲目》。汉文与西文相差太大，传入后的汉籍要被人知晓，第一步就要经过翻译。过去有一种说法，说是波兰人卜弥格（Michel Boym）第一次将《本草纲目》译成拉丁文。但潘先生考证结果认为，此说法错误。卜弥格的《中国植物志》(1696) 只是一本植物书，里面确有《本草纲目》的介绍，但不是《本草纲目》译本。所以卜弥格只是把《本草纲目》介绍到西方的早期人物。

明末清初以及清代后期，大量的传教士进到中国。有些传教士能接触到《本草纲目》。例如法国的范德蒙德（Jacques Frangois Vandermonde）1720 年在澳门行医，1732 年得见《本草纲目》。于是他根据此书去采集标本，做了一些读书笔记，但这些材料并非严格意义的翻译。范德蒙德的这些不全摘译材料送给了巴黎的科学院院士、植物学家贝纳尔·德·儒瑟。儒瑟的学生汤执中于 1740 年来华，收集药物标本。差不多过了 100 年，毕瓯（Biot）才关注到这批标本，并发表化验论文。1896 年德·梅里（F. de Mely）和库日尔（M. H. Courel）才将范德蒙德摘译稿全文发表。所以《本草纲目》西传与东传的情况大不一样。《本草纲目》传入日本就能立即产生影响，但在西方，这一过程非常缓慢。

131

潘吉星先生经考证后认为，1735 年巴黎法文本《中华帝国全志》第三卷中第一次部分摘译了《本草纲目》。为该书提供稿件的有 27 个在华传教士，包括卫匡国、南怀仁、洪若望、白晋等著名传教士。此书译成英文时名为《中国通史》(1736)，译成德文叫《中华帝国及华属大鞑旦全志》(1747—1749)，此后又有俄译本等，都是转译法文《中华帝国全志》，并非《本草纲目》全译本。

以上谈的是《本草纲目》在西方的译本情况。下面简单介绍一下该书对西方学界的实际影响。

瑞典植物学家拉格斯特朗（Lagerstroem）在中国得到《本草纲目》，采了些标本，送给著名的植物分类学家林奈（Cark von Linae）。林奈对这些材料非常感兴趣，为了表示感谢，他把紫薇属用拉格斯特朗的姓来命名（Lagerstroemla）。植物的拉丁种名是双名制，前为属名，后为种名。林奈命名的某些植物种名为 sinensis（中国的），这可能与他所得到的这些标本材料有关。

19 世纪以后，西方的汉学家开始研究《本草纲目》。潘吉星先生举了几个例子：法国汉学家杜萨（Jean Pierre Abei Rémusat）为了看懂《本草纲目》，发愤学习汉语，后于 1813 年发表《本草纲目》研究论文，得了博士学位。这是西方靠研究《本草纲目》得博士的第一人。英国汉学家丹尼尔·韩伯里（Daniel Hanbury）发表了《中国本草备注》(1860—1862)，其中半数内容与介绍《本草纲目》有关。19 世纪以后，西方关注《本草纲目》的人逐渐增多。例如英国著名的中国科技史学家李约瑟就非常喜欢《本草纲目》，经常从此书中摘取中国古代科技史料。

现在国内宣传《本草纲目》的材料都会提到英国著名生物学家达尔文关注《本草纲目》的事，这也是潘吉星先生考证出来的。潘先生研究达尔文的《物种起源》《动物与植物在家养下的变异》《人的由来和性选择》这几本书的时候，发现其中十几次引用并且称赞"Ancient Chinese Encyclopaedia"（古代中国百科全书）。潘先生寻找其中的引文原始出处，最后证实源于《本草纲目》。前面提到的中国蓄养金鱼的历史，鸡的变种乌骨鸡等，达尔文书里都曾引用，可见都是受《本草纲目》的启发。

西方比较严肃的《本草纲目》翻译，是 20 世纪初美国的米尔斯（Ralph Mills），他和一个韩国人合作，译成稿本 40 余册，但没有译完。1920 年，米尔斯把稿本和采集的标本交给英国伊博恩（Bernard Emms Read）。其时伊博恩在协和医学院当药理系主任。他在米尔斯译稿的基础上，又和刘汝强、李玉田、朴柱禀合作，翻译了《本草纲目》卷 8—37，卷 39—52，总共 44卷。这还不是 52 卷全本，但却是比较认真的译本，也是比较全面研究《本草纲目》的著作。

我与德国文树德教授（Paul U. Unschuld）合作研究中医已持续 20 多年，在欧洲接触过一些西方医药史学者。除了文树德教授之外，还没有遇到过一位对《本草纲目》有较深了解的当代西方学者。《本草纲目》里有很多问题（如引书、地名、病名、药物来源等）至今没有研究清楚，所以至今国内没有一个严格意义的全注本。《本草纲目》的中文意义尚未全研究清楚，指望出现高水平的外文译本，确实有些勉为其难。但我相信只要大家齐心协力，咱们中国人有能力走在研究《本草纲目》的最前列。

那么，《本草纲目》问世以后，咱们国内对该书有哪些研究和发展呢？这是我想讲的最后一个问题。

（五）《本草纲目》的后续性著作

《本草纲目》1593 年出版以后，对中国本草学影响深远。可以说此后出现的本草书，很少有不参考《本草纲目》的。有文章统计，1593 到 1911 年成书的 231 部本草中，主要取材或依据《本草纲目》改编的就有 90 多部，约占 39%，一般引用都没算在内。从 1593 到明朝灭亡的 1644 年，才几十年，就有 18 种著作主要依托《本草纲目》撰成。因此，可以说《本草纲目》成了后世编写本草的资料渊薮。

《本草纲目》的后续性本草数量很多，无法尽数罗列，择其主要的谈谈吧。

《本草纲目》属于集大成的综合性本草，概括了本草学各方面的内容。但该书部头太大，对于一般医家来说，并不方便利用。因此后世很多医药学家就采用分专题阐发的方式，来消化和推广《本草纲目》。下面举些有一定成就的专题阐发类的本草书。

李中立的《本草原始》（1612）这部书是中药药材鉴别专著。本草发展到明代，已经没有多少医家能亲自上山采药了，但到药房看看药材还是有条件的。《本草纲目》中本来就有许多药材鉴别的内容。所以李中立选择中药材鉴别为主题，撰成了此书。他亲自写生绘制药材图，讲述鉴别特点，形成了该书最大的看点。除此以外的药物释名、产地、主治功效等，基本上均摘引自《本草纲目》。

食物类本草就是以食物药为主的本草著作。明清之时这类书非常多，比较有名的就有如下几种：

明代李时珍参订、姚可成补辑《食物本草》二十二卷本（约明末）、赵南星《上医本草》（1620）、孟笨《养生要括》（1634）、施永图《山公医旨食物类》五卷（约明末）、清代沈李龙《食物本草会纂》（1691）、龙柏《脉药联珠食物考》（1795）、章穆《调疾饮食辩》（1813）等。

其中有的食物本草主要取材于《本草纲目》。例如姚可成补辑《食物本草》、赵南星《上医本草》、孟笨《养生要括》、施永图《山公医旨食物类》等，这些书大部分资料摘抄自《本草纲目》。沈李龙《食物本草汇纂》又把《山公医旨食物类》改头换面再次出版。虽然参引了《本草纲目》，但又能补充新材料、发表作者个人新见解的食物本草中，以章穆《调疾饮食辩》比较出色，其中有作者自己的许多发挥。龙柏《脉药联珠食物考》也增添了许多清代的药物。

在药性理论方面，《本草纲目》诸药下有"发明"一项，对药理阐发最多。后世本草学家当然注意到这一块内容。例如明末清初著名药学家卢之颐（卢复之子）的《本草乘雅半偈》中，保留了其父卢复的《纲目博议》少数条文。《纲目博议》书名中的"纲目"，指的就是《本草纲目》。卢氏父子的本草书，"皆就《本草纲目》以为阐扬"，其阐扬的重点就是药性理论。此外，清初刘若金《本草述》（1664）也属于阐发药物疗效理论的专书。作者依据《本草纲目》，旁征博引，加以阐发。此书篇幅比较大，故清代后期又出现两种节要本，即张琦《本草述录》（1829）、杨时泰《本草述钩元》（1833）。

《本草纲目》诸药之下，还有"修治"一项，讲的是药物炮制。清代有一位张叡，他把《本草纲目》诸药"修治"内容摘录汇总，编成了《修事指南》(1704)。中药炮制专书不多，所以此书还有一定的影响。

最大量的《本草纲目》后续本草，就是撮要增补，或摘要改编而成的本草书。所谓"撮要增补"，就是撮取《本草纲目》的精粹，然后通俗表达，或略加增补，使之形成各种各样、适于临床医家使用的新本草。这类本草主要有：

明代李中梓《本草征要》(1637)、清代顾元交《本草汇笺》(1660)、郭佩兰《本草汇》(1666)、王翃《握灵本草》(1682)、汪昂《本草备要》(1683)、吴仪洛《本草从新》(1757)、徐大椿《药性切用》、浦士贞《夕庵读本草快编》(1697) 等等。

那么，这类书有学术价值吗？当然有。它们虽然借重《本草纲目》的素材，但加以取舍，突出重点，萃取精华，使之适于实用。例如清代汪昂的《本草备要》，从1683年出版第1版，在清代就翻印了200多次，流行甚广。至今台北的"中国医药学院"还以该书作为中药教材。该书既能精选良药，突出良效，又能医药结合，阐发药理，此书篇幅不大，但很受临床医家欢迎，以致风靡海内。

另有一类摘要改编的《本草纲目》后续本草，下的功夫就不如前面撮要增补类本草了。这类书只是将《本草纲目》的某些内容重新归类，减少篇幅，突出临床实用的内容，偶尔也增补一些资料，但新意不多。这些书籍主要出现在清代，如：

沈穆《本草洞诠》二十卷 (1661)、林起龙《本草纲目必读》(1667)、莫熺《本草纲目摘要》(1669)、何镇《本草纲目类纂必读》(1672)、蒋居祉《本草择要纲目》(1679)、王道纯《本草品汇精要续集》(1701)、鲁永斌《法古录》(1780)、林玉友《本草辑要》(1796)、吴钢《类经证治本草》(1827)、何本立《务中药性》(1844)、徐用笙《读本草纲目摘录》(1883)、戴葆元《本草纲目易知录》(1885)。

明末至清代有没有能和《本草纲目》比肩的本草书呢？现在还没有发现这种本草书。据说清代雍正、乾隆间杭州人汪君怀编写了一部《草药纲目》，"裒然大部，与濒湖《纲目》等"。所惜该书已经失传，无法进行比较。

清代研究《本草纲目》最为深入的是医药学家赵学敏。从编纂本草著作的思想来说，他和李时珍是一脉相承，皆立足于对前人本草进行"绳谬补遗"。赵学敏的《本草纲目拾遗》（1765）不仅"专为拾李氏之遗而作"，而且仿照《本草纲目》的"正误"一项，在书前列举了34条"正误"，来纠正《本草纲目》中的错误。赵学敏没有因袭《本草纲目》的现成的资料，但他却继承了李时珍最好的治学方法，因而其著作能成为《本草纲目》之后的一部优秀本草书。

清末植物学家吴其濬则仿效《本草纲目》另一个编纂方法——"析族区类"——并予以发扬。吴氏把精力集中在植物方面，他也像李时珍一样，"渔猎群书，搜罗百氏"，并"访采四方"，收集了许多植物资料，编成了著名的《植物名实图考》（1848）。其书引用了大量的《本草纲目》资料和李时珍考察所得，同时也纠正了若干《本草纲目》的错误，补充了大量的植物考察新成果。

赵学敏、吴其濬的两部书，由于与中医临床联系不多，因此古代医家知之甚少。但从中国药学发展史的角度来看，这两部书才深得《本草纲目》之三昧，所以它们能取得许多新的研究进展。

作为中国古代科技经典的《本草纲目》，充满了强烈的学术魅力，具有强大的生命力。可以预见，今后很长的一段历史时期内，《本草纲目》还将发挥其历史文献与实用文献的双重作用，为中医药的发展继续放射它巨大的能量。本人学识有限，今天只能简要地介绍一下该书的作者情况、内容成就、版本源流、对国内外的影响等内容。挂一漏万，也可能有说得不对的地方，请大家批评指正。

注释：

①②（宋）唐慎微：《重修政和经史证类备用本草》卷一，北京：人民卫生出版社，1957年，第1页。

③刘衡如、刘山永、钱超尘、郑金生：《本草纲目研究》，北京：华夏出版社，2008年，第2028—2078页。

④郑金生：《"龟甲、败龟、龟板"考辨——论龟甲当用上、下甲》，《中医杂志》1982年第3期，第56—58页。

⑤2008年新发现一部《本草纲目》金陵本明末制锦堂重修

本。见《中国中医药报》2014年1月3日5版"《本草纲目》现金陵本重修本"报道。

⑥潘吉星：《〈本草纲目〉之东被与西渐》，见《李时珍研究论文集》，武汉：湖北科学技术出版社，1985年，第225—227页。

参考文献：

1. 中国文化研究会：《中国本草全书》，北京：华夏出版社，2002年。

2. 郑金生：《中华大典·医药卫生典·药学分典》，成都：巴蜀书社，2013年。（该书2170万字，古代药图21059幅，内含彩图4424幅）

施仲源

面相与面部诊断

　　施仲源　副主任医师，1982 年毕业于首都医科大学中医系，本科学历。从事中医疑难杂症治疗和脊柱矫正工作。1991 年至 1993 年受邀到苏联科学院远东研究所东方医疗中心作为医学专家进行医疗培训和治疗研究工作，主要从事中医、针灸和按摩的研究、教学和医疗工作。2000 年开始学习美国脊柱矫正技术并应用于临床治疗，受到患者的好评。应用手法治疗颈椎病、肩周炎，针药治疗过敏性鼻炎、寻常痤疮疗效满意。2004 年以来受邀多次为诺贝尔经济学奖获得者蒙代尔先生进行检查和治疗，受到蒙戴尔先生的高度评价。为多名领导、专家、精英人士等进行长期健康咨询和健康保健。曾任北京市朝阳区医学会第八届康复学科委员会主任委员，朝阳区医学会中医适宜技术培训师。担任北京中医药大学、针灸骨伤学院学生实习辅导教师工作。2000 年先后为德国、瑞士、美国、法国等 10 余个国家的中医学习访问医生进行课程设计、大纲编制、教材编写和针灸、按摩等课程的授课和辅导工作。

大家好！我今天讲的题目是"面相与面部诊断"。中医有四诊："神圣工巧"。什么叫"神圣工巧"呢？"望而知之谓之神"，病人一到医院看病来，通过望诊就能诊断出来，那是非常好的，是最高等，叫"神"；"闻而知之谓之圣"，"闻"就是听声音、闻气味，通过听声音就可以诊断患者的疾病，这叫"圣"，比"神"要差一级；"问而知之谓之巧"，问诊如果问得非常巧妙的话，也可以找出病源并诊断疾病；最后一个就是"切而知之谓之工"，"工"是什么呢？工是工匠。现在很多人去找中医看病的时候，总是让大夫号脉，不说自己什么病，让中医大夫给看有什么病。其实切脉是最低级的。当然这也跟我们传统教育有关系。过去因为是师傅带徒弟，慢慢教，熬十几年才熬出师。现在的教育是一个统编教材，对这方面的重视也不够。所以我们现在特意把望诊提出来，就是希望引起大家注意，不是说通过号脉我才能决断病人有什么病。中医最基本的著作就是《黄帝内经·素问》，里面说到望诊可以定这个人的生死。真正号脉的时候，只不过是看病症在哪脏哪腑就可以了。

我们先系统地看一下望诊的主要内容。下面这张图来自《内经知要》一书，叫作《人面部位内应藏府图》，是根据《黄帝内经》的内容整理出来的。图的最上面是面首；面首下边是咽喉；再下边是肺、心、肝、脾、膀胱、子处，膀胱下面二字念"子处"，就是子宫；还有大肠、小肠、肾、脐，包括再往下的四肢等等。最常见的是肝胆这一区域，这个反射区鼓的人，脾气都特别大（图1）。

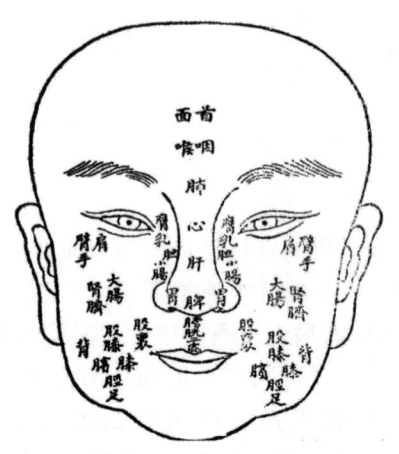

图1　人面部位内应藏府图

　　另外我们再看这幅关于四肢的图。肩反映在颧骨区域；从颧骨往外是臂、手；再看嘴唇横面是膝胫、大腿。所以说通过传统的《人面部位内应藏府图》的分布，我们就可以看到，如果一个人在某个部位有问题的话，在脸上就会反映出来。中医说"有诸内必形于外"，就是说内部有什么疾病，它必然会反映到外边来。所以中医看病主要是观人的外在表现，然后看你的神色。下面我们还要讲到"色"的问题。

　　大家再看，图2源于《黄帝内经》。与图1不太一样的是"膀胱"和"子处"给分开了。图1中膀胱和子处是在一块的。这张图是分开的，子处放在下面了。这是明代张景岳《类经图翼》一书里的一张图。临床上看这两种分法都有道理，主要依据大夫跟病人所处环境来做区分。唯一不同的是图2没有标明胆的位置，胆是在小肠内侧，从内向外依次是肝、胆、小肠等。另外还有一种分布更简单，上边额头处是心，往下是肾，鼻头处是脾，左脸颊肝，右脸颊肺，左脸颊和右脸颊是不一样的。这是一个最简单的分布，现在临床上还有很多人在用。我们看这些图是什么意思呢？这些都是源于我们中医基础，和我们在社会上看的面相是有区别的，它们不是一个问题。望诊是通过看面相达到诊断的目的。

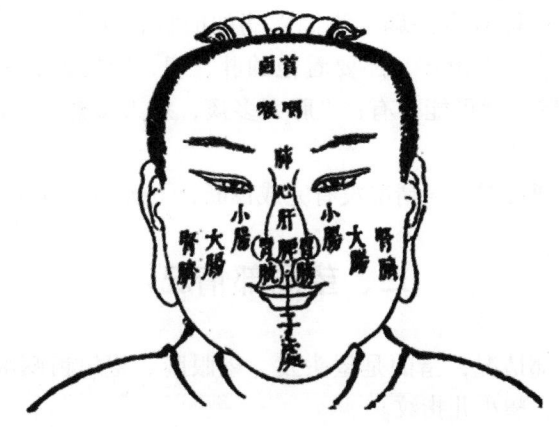

图2　张景岳《类经图翼》面相图

介绍完图，我们再来说说中医望诊的内容。我主要介绍望全身、望局部等基本的情况。

一、望全身情况，包括望神、色、形

1. 望神，主要看患者自己的神志是不是很清楚，眼睛要明亮有神，望神其实主要是望眼。一个人目光呆滞，那神就肯定是要差一些。在病房里，我们看临死垂危的病人，眼睛不光呆滞，而且无神。神比较旺的，或者神比较足的人，会语言清晰、反应灵敏。一般是这种情况。

2. 望色，主要看皮肤、巩膜的颜色和光泽。望色，除了看色，还要看泽，而且最重要的是看泽，看有没有光泽。一个人长得黑，像包公似的，虽然黑，只要是有光泽就可以，如果没有光泽像黑土似的，那是不行的。这就像重漆，刷了好几遍的黑漆，反的光是很好的。其他的颜色也是这样的，也要看它是不是很润泽。比如我这个人很白，其实再怎么白也比不过白人，还要有光泽，不能像一张没有光泽的白纸。因此，望色主要看色和泽。另外巩膜的颜色也和疾病有关系，比如说巩膜红了或者黄了，大家一看就知道有病了。

3. 望形，主要看形体和姿态。从就诊者一跨入诊室，医生就应该看到他走路的姿势和形态。比如一个人走起路来，两个臀部不一样高，走路的姿势不正确，我们可以初步诊定，他的运动系统可能有点问题。我们看病的时候，便有一个初步的、大概的概念。看形体，还要看他的胖、瘦，胖的人容易得富贵病，"三高"就可能会有；"胖人多痰，瘦人多热"，望诊的时候要注意这些。

如果通过看全身情况没有完成诊断，下边还要看局部情况。

二、望局部情况

望局部情况，指的是望头发、望眼睛、望口齿咽喉、望斑疹、望舌、望小儿指纹。

1. 望头发，主要看头形大小。头形大小很有意思，临床上有很多病人，比如说脑积水的病人，特别是小孩，一看就能看出来。望头形大小，望小孩的囟门等，主要就是对小孩说的。还有头发多少及色泽。头发的色泽很重要，如果是三十岁就满头白发，那这个人肯定肾气不是很足，他就会出现一定的问题。不管什么情况下，望诊都特别强调"泽"。"泽"是什么意思？就是润泽的感觉。干燥枯萎是不行的，要润泽。

2. 望眼睛。我们有个说法，叫"五轮八廓"，是说眼睛可以按五行来分，还可以按八个方位来分。另外看一下眼泡有没有肿陷，就是上眼泡和下眼泡，也可以说是上眼袋和下眼袋，看它有没有水肿，有没有凹陷。有水肿、有凹陷，都是有问题的。望眼睛，其实是我们望神的一个最重要的指标。眼睛灵活、有神，而且很清澈，是健康的标志。大家想想，文学著作里描写一个人很单纯的时候，就说这个人眼睛很清澈；特别是描写美人的时候，就说眼睛清得像一潭水，这说明她的"神"很足；说一个人眼神混浊，那么就有点问题了。

3. 望口唇、齿龈和咽喉，这些也是望色泽和形状。唇是脾所主，口唇如果肿胀，就说明脾里有湿、热的情况。如果很薄——说薄嘴唇的人很厉害，原因是什么？嘴唇薄的脾气不是很足。脾气不足，就容易引起肝火上升，所以人的脾气很容易暴躁。大家又觉得挺奇怪的，应该说肝火大，为什么说脾气？其实肝火上升大部分跟脾气不足有关系。齿龈的观察也是非常重要的。比如说有牙周病的人，他的齿龈会有很多问题。咽喉，必须要像医院里头用的压舌板看一下，特别是外感性疾病，咽喉上会有很多问题。

4. 望斑疹。斑疹很常见，大家见过身上起的红斑、红疹。斑和疹是不一样的，斑是一般都凸出到表面上来的。要看它的色泽和形态来确定病到底是什么。

5. 望舌，是中医一个非常著名的诊断手段。舌诊要看舌体的大小、厚薄，甚至于还有老嫩的说法。有的人舌质胖胖的，像充满水一样，这就是偏嫩；有的人舌头很干瘦、很小，舌质上面横一道、竖一道，这就是老。除了望舌质，还要望舌苔，这是有专门技巧的。河北正定有个医生，叫郭大夫，他开了家医院，通过看舌头就能诊断疾病。什么手续呢？到那儿以后，用数码相机，在正常光线下，给患者拍上一张照片，然后传到计算机里。他看一看计算机里扫描的图像，再看一下这个病人，人站在大约离他一米左右的地方，然后他就告诉患者，你有什么病，给你开什么药，你还需要做什么治疗等等。我举这个例子，不是说郭大夫技术怎么样，就是想告诉大家，通过望舌就可以诊断很多疾病。当然郭大夫不会光看舌诊，他肯定要看整体，这也属于"望而知之"。望舌，在中医里非常重要。舌诊和脉诊在中医学院里的授课时间都是非常长的，需要反复地来看舌质、舌苔颜色变化。有时大家会说这个人上火了，舌苔特厚。我经常听到好多老人这么说。其实舌苔厚，不一定是上火。舌苔厚可能是上火，也可能不是，还要看它的颜色，根据情况来区分。我们在临床上看舌诊的时候，还要根据全身情况来判断。另外，还会有假象，有的时候我们看垂危的病人，舌苔黑黑的，特别干燥。但是舌苔黑黑的不一定都是危象。有一种霉菌感染也能造成舌苔发黑，这时候就不是危象。还有的人，不知道大家有没有看过，吃完速效救心胶囊或者复方丹参滴丸，舌头就是黑的，那是药染的。还有一些食物也可以染上。所以我们要去伪存真。这是望舌的主要内容。

6. 望小儿指纹，一般是三岁以下孩子的指纹。它分成三个关：风关、气关、命关。一般来说，小孩得病的时候，都是在风关上显露静脉，然后要根据颜色、大小、形状来判定属于什么病，这也是一个专门的课题。

望诊的主要内容是望全身情况、望局部情况。接下来，我们就谈谈今天要讲的主要内容。首先是望面色。面色，主要有

青、赤、黄、白、黑。这是根据五行学说来的，大家可能有所
了解。我们先看图3，这是一个五行生克图。五行的生克情况，
这个图表现得非常清楚。顺序的是生，隔位的是克。木生火，
木头一点燃可以生火。火烧完了以后变成什么了？变成灰尘
——土。土里有什么呢？有矿藏，有金属。金子一加温，它可
以化成水。水反过来又能滋养木。这是中医的相生理论。相克
理论是什么？木能克土，不管岩石有多坚硬，山上照样有树，
土那么硬，木都能生长，可以克掉。土克水，发大水的时候，
我们要筑堤坝。水能灭火，火能把金属熔化。相克是隔位的。
这些就是中医的五行学说。从五行上来说，它有这样的相生相
克关系。看过这幅图以后，我们再来继续讲五色。

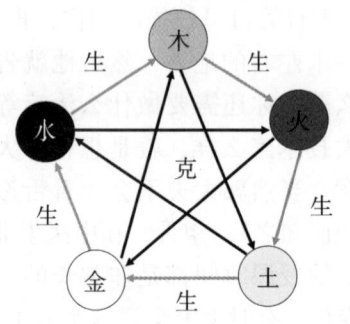

图3　五行相生相克图

第一个是青，对应五行中的木。青色主寒、主痛、主瘀、
主惊风。大家注意，它还跟肝有关系。主青的人，面色发青暗，
这种人肝癌的发生率比其他颜色的要高得多，这就说明它跟肝
有关系。它还主寒、主痛，还主惊风。一般说小孩发热、惊厥，
这是跟惊风不一样的。中医有急惊风、慢惊风，跟疳症有关系。
说小儿有积、有疳，疳比积还要重一些，容易有惊风。

第二个是红，对应五行中的火。红色的当然主要是主热。
红脸大汉肯定很热心，但是他也很容易急躁。红色主要就是主
热，跟其他病症联系的不多。

第三个是黄色，对应五行中的土。黄色主虚、主湿。中国
人的脸色大部分是淡黄色。淡黄色的脸色是可以的，但是脸色
灰暗的时候，或者色泽不显明的时候，它才主虚、主湿。大家
想一想，大病初愈的人，脸色是黄黄的。那种黄跟正常人的不
一样，他的色泽少。另外它还主湿，湿是一种外邪，它也是一

种临床上挺多见的病症。

第四个是白色，对应五行中的金。白色主失血、主虚。最常见的就是失血，人出血以后，脸色老是白白的。还有一个名词，就是"白光"，指的是白而没有什么色泽。另外寒冷也主白。有个最明显的例子，为什么西方人比我们东方人要白？西方那边冷，他们接触的阳光少，所以白。原因是什么？因为寒冷。另外白色也主虚，虚的人很白。临床上最多见的是什么呢？就是年轻的小女孩，特别白，但是经常容易发生痛经，这个比较多见。痛经主要原因是什么？临床分析主要是由肾阳虚造成的，而且好多医院都接到过这样的病人，甚至有因为痛经而休克的。所以说小女孩特别白的，并不见得是好事。一定要注意，可能有虚、寒症状。

第五个是黑色，对应五行中的水。黑主肾虚、水饮和寒症。肾虚是一个非常广的名词，好多人说腰酸、腿疼，虽不完全是肾虚造成的，但都可归为肾虚，它的范围非常广。肾虚的人就容易显得黑而没有光泽。另外，黑色主水饮。水和湿有点区别，水更大一点，湿更小一点。这个"饮"，是水湿代谢障碍以后产生的一种病态的产物。在"医圣"张仲景的著作里边，单有一篇论水饮，是非常经典的一个论述。他把饮邪分为"痰悬溢支"，就是痰饮、悬饮、溢饮、支饮，各有不同的病理表现。我们中医学院的学生必须要学这篇文章。另外黑还主寒，大家都知道，如果一个人受寒受得比较大，皮肤就会变颜色，变青、变紫，最后发黑，那就该截肢了。所以说黑还主寒。

我们首先看面色，当发现一个人是什么面色的时候，就要把面色跟某些病联系起来。另外面色还和位置有关系，比如刚才所说的最简单的分类，心、肾、脾反射区，各个脏器的颜色出现在自己的反射部位是正常的。如果黑色出现在心脏反射区就不对了，心脏肯定要有问题，心脏有毛病的人，最常见的就是鼻子上边有一块黑。有时候黑得不是很明显，有点发褐色。还有一个问题，比如说一个人穿着件黑衣服，衣服这颜色的黑气便会反映在皮肤里，就很难把握，必须要经过很专门的训练才能掌握。所以"望而知之谓之神"，就是说要经过很长时间的训练和体会，才可能会有这种感觉。

下面我们要跟大家讲一个"五行人"的概念。"五行人"，最早见于《灵枢经》，它叫阴阳二十五行人。阴阳二十五行人有很多种，介绍得比较详细和比较通俗的书叫《中医心理学》，一个姓李的先生写的著作。我给它归纳得比较简单，每种都是两个字。

木曰顺直，五行人中木行人是什么样的呢？是顺直的。大家能够体会的出来，陕西汉子们长脸比较多，身条比较顺直。

火曰炎上，炎上是什么意思呢？大家看火燃烧的时候，上边是尖的，同样下边也可以尖，当然两头尖的还是少见。

土曰敦厚。敦，特别像西方心理学上所说的黏液质的人。临床上可看到，生活中看到的更多。比如一个人慢性子，做什么事慢慢吞吞的，而且身材也比较厚实、偏胖，脸也偏圆，这就是土行人。这类人也挺多见的，最典型的一个例子是体坛的徐寅生。徐寅生的脸非常圆，个子不高，但是他身材很厚实。他就是五行人里非常典型的土行人。

金曰方正。方正的人也挺多的，最关键是看两个下颌角，好多人下颌角非常突出。生活中有很多这种人，脸很方正，这就是很典型的金行人。

水曰圆润。水滴是圆的，但是它又不是纯圆。这种体型、面型的表现是有圆的感觉，但是它不是纯圆。它跟土行不一样，土偏厚，水偏圆，这个界限有时候很难分。这种圆润，最重要的不是在面相上，而是在身材上，各处都是圆的，比如肩、脸、胸、背部都偏圆。

五行人的简单概念，就是顺直、炎上、敦厚、方正、圆润，这和望诊很有关系。我们还是离不开阴阳五行，这里先介绍一下比较简单的。

木行主肝胆，腑里主胆，五官里主眼睛，五志里属怒，五体里属筋，五色里属于青。大家看《三国》里的张飞，一生气胡子都要翘起来，那就是怒。器官中肝、胆和中医中肝、胆概念是不一样的。中医的肝和胆都是一种功能单位，不是咱们平常所见的"熘肝尖"的那个肝，也不是咱们身体里胆囊的胆，它有很多的功能。它的功能要反映到外界来，反映到五官上就是眼睛。肝有病的人，最常见的就是巩膜黄染，也就是黄疸性肝炎，还有其他情况也可以反映到眼睛上。五志，是说人的情绪变化表现。木行主要表现在怒。木行人有两种性格，一是发

148

怒；一是蕴怒，就是藏在心里。我们可以看到很多这种情况。比如一个人不发脾气则矣，一发脾气就很大，就属于这种人。他平常的时候，可以是抑郁，也可以是发怒，所以说木行有两种类型。五体表现是筋。表现筋的府在哪儿呢？在膝盖上。有些老人走路不利，诊断出肝肾阴虚。为什么诊断肝肾阴虚？这和筋有关系，膝关节是筋之府，肝主筋，肝在五体上的表现主要在膝关节。腰酸腿软的症状里，跟肾有关系，是这么诊断的。木行颜色上对应的是青色。木主肝，我们再说下肝的特性。肝主疏泄，主藏血，主筋，其华在爪。爪是什么？我们的指甲。我们的指甲薄、反甲等等，和肝肾，特别是肝关系更多一点。它还有一个特点是主疏泄。还有一个特别重要的观点，它主东方。东方主升发之气，东方是青龙，龙肯定就要腾飞。春天的时候，肝气最盛，春天又是万物生长的时候，所以它主升发。肝胆病在春天也容易发作，好多老人都记得春季是肝炎爆发的时候，非常多见。还有，肝主藏血，肝藏血以后，才会有魂。所以说肝除了藏血，还藏魂。魂是什么呢？解释起来很难。神、魂、魄、意、志，它跟五行也是联系起来的。如果肝不藏血，就要魂飞魄散。魄是主肺的。魂飞魄散，人就失神了。所以说肝跟我们的神志有一定的关系。它主藏血是什么意思呢？肝是罴之本。罴之本是什么意思？如果肝脏很好，劳作就不容易累。"罴"字，跟现代"疲劳"的"疲"音接近，但是字不一样。如果说肝气很足，那么疲劳感就会减低。如果肝气不足，会很容易疲劳，而且也不能坚持很久，因为升发之气不足。主筋，就是说人四肢的关联主要靠筋，现在认为是韧带、关节囊等等。老人都说缺钙老抽筋，其实可能跟肝血不足有关系。所以咱们中医补钙的时候，不是光补钙。它要求首先健脾，吸收好了以后，再来滋补肝肾。所以中医治骨质疏松的好多都是补肝肾的药，另外加一些健脾药。这就是主筋。其华在爪，就是说肝脏的表现在指甲上非常明显。我估计在座的大多数人都有这种情况，指甲上有横着的或者竖着的隆起，或者颜色改变，或者条纹状的东西。或者是更重的反甲，咱们城市现在很少见，农村还有人指甲是反的。我们正常人的指甲是有一个弧度的，而有些人是反的，边是翘起来的，这是肝肾阴虚非常严重的表现。肝主疏泄。疏泄是什么？他的情志喜欢条达，恶抑郁。比如树，如果把树盖起来，拿布包起来，肯定不行。树喜欢畅达，这就像我们人居住的环境一样，如果我们居住的环境很嘈杂，很狭小，那么木行人他就会很难受，他喜欢非常空旷，非常一望无际的那种感觉。如果给他包裹着，比如在小树上拿一个铁丝勒上挂衣服，就会发现它很不喜欢。树怎么表达很不喜欢呢？树皮逐渐包裹，从两侧长出一个瘤状的东西包裹掉。它很不喜欢，所以通过长瘤把铁丝给消灭掉。总结一下，木行人的特征是面青体直。

第二类火行人。火行跟心脏有联系；脏腑对应的是小肠；五官的反射区是舌；五志对应的是喜；五体对应的是脉；五色中代表的是赤。火行主心脏，心脏跟血脉是密切相关的。好多人说自己心脏不好、血脉不通，这是北京的老话。血脉不通还可以引起其他疾病，不光是心脏病。那么它相对应的脏腑是小肠。泌别清浊，喝的水液进到身体里头以后，它就要分清楚。把清的东西往上走，浊的东西往下走。清的东西往上走，包括咱们的唾液、汗液等等；浊的东西往下走，包括小便，这是小肠的功能。在中医里这样讲。西医里讲的是膀胱和泌尿系统，不是这个概念。这里依然要强调的是，中医的脏和腑都是功能单位，不是具体的脏器；跟具体脏器有关系，但是它主要还是一个功能单位。那么心脏在五官上体现在舌，"舌为心之苗"，就是说看舌就可以看到心脏的问题。它在情志上跟喜、高兴有关系。大家都知道，高兴是好事，但是总在笑也不对。什么东西都有个相生相克，老笑，喜则缓，用老北京的话叫这个人都笑软了，笑得一点劲都没有了，笑得起不来了，就是笑则气缓。所以任何一个情志都有好处和坏处。怒有什么好处？通过发怒可以看到一个人的真实面貌，人只有在发怒的时候，才会表达自己最真实的感受，最直接表达自己的感觉和自己心里最想说的话。但是过大就不好，容易伤人，也容易伤害自己，适度的才是好事。五体表现在脉上，中医号脉可以号出心脏有毛病。当然，号脉的时候还可以看到身体的其他情况。脉是全身的，不光是我们传统意义上的脉管，还有脉气等情况。火的特性是炎上，它要往上跑。我们都知道关公的脸色发红。大家看脸色发红的，过去认为都是很正常的。如果红而有润泽，那是非常好的。我们看那些美女，脸上白里透红的，那是非常好的一种表现。但是如果成年人脸色非常红的话，现代人就应该有经验了，这跟高血压、心脏病有关系，跟我们血脉都有关系。心主神志，不是脑，而是心主神志。这跟我们一般的观念不一样，我们姑且听之。这是传统的中医，不是现代的医学，现代医学认为，情志主要跟大脑有关系。总结一下，火行人的特点是面赤而尖。火行人容易跟心脑血管的疾病有关系，喜欢比较缓和的，不喜欢非常急速的。大家知道有心脏病的人，如果很快的走，就会诱发心绞痛，所以不要太急，稍微地快一点还可以。另外它可能影响泌尿系统，它跟水液代谢有关系。

下面讲土行人。土是黄色的，与之相联系的主要是脾胃。不管按哪一类分，看面相的分布，脾胃都是在鼻子和鼻的两翼，中间是脾，两边是胃。一说到鼻子，大家就会想到酒糟鼻，酒糟鼻可能和脾胃湿热有关系。我们要注意鼻子周围的变化，可能跟脾胃有关系。脾主思，在情志上的反映是思，跟一般说法不一样，它不主怒，怒是肝的特点。在五体上主肌肉。大家可能会有感觉，早起来手胀胀的，没什么力气，或者握起东西来有点困难，这种情况大部分跟脾有关系。另外脾在五体里主四肢，好多人会说自己脚肿或者是脸肿，早晨起来脸肿，晚上脚肿，怀疑是肾的毛病，其实大部分都和脾虚有关系，不是肾有病。有的人脚肿了，就赶紧查查尿，其实没有什么肾脏的毛病，在中医里都属脾。土的特点是主运化。运是一个功能，化是一个功能。化是什么？就是消化。大家都知道胃主消化，但是在中医里头胃只是一个容器，它是容纳东西的，脾是主消化的。另外它还得管运输。运输什么？运输水液和饮食的精微，就是营养。它还主统血。统血很有意思，就是说它参与我们血液的一些代谢过程。统是什么？统摄。就是控制血液不往外跑，它控制血不外溢。比如血小板减少性紫癜这些病，就和我们说的统血有关。脑出血除了跟心脑血管有关系，还跟脾有关系，如果脾气很足的话，就不容易发生出血性的疾病。"其华在唇，开窍于口"，我们的唇，是它最直接的表现。唇的颜色，我们看小孩的时候最明显，一般的中医都不主张小孩过食寒冷的东西，吃没吃凉东西一看就能看出来。怎么看出来？教大家一个小窍门。上唇的颜色浅，下唇的颜色发红，就比较暗红的那种，那肯定吃完凉的东西没多久。不信咱们回家就试一试，吃完冷饮以后，你的上唇的颜色肯定是浅的，下唇的颜色是深的。这也是"其华在唇"的反映。寒冷的东西直接上脾的时候，就有可能有这种表现。小结一下：土行人表现是色黄、体厚，与消化系统有关系。与之对应的脏腑是脾，脾的特点是喜燥恶湿，因为它老运化水湿，所以就希望自己干燥一点。

我们讲的第四种是金行人。与金相对应的脏是肺；对应的腑是大肠；对应的五官是鼻；对应的五志是悲。老喜欢悲悲切切的人，就容易有问题。像林黛玉，最后得了肺结核，这是一个旁证，不是所有的人都这样。金行在五体上主皮毛；颜色上主白。它的特性是主气，所有气的通道就在它那儿，所以它司呼吸，管理呼吸的问题。肺有双重特性，它主宣发。宣发是什么？宣是往外，发也是往外，宣发还有往上的感觉。就像我们出汗，要有肺气的协助。肺还主肃降。肃降是什么？要把气降下去。中医里有个说法，叫肺主呼气，肾主纳气，纳气就是进来的气能够纳的住，气才有作用。降是什么意思？水液代谢也好，呼气也好，都要能够降下来。如果不降下来的话也不行。我们大多数人讲呼吸的时候，都会讲到肺和气管。空气从鼻子吸进来，其实也是一个降的过程，之后它再给送到全身去。还有通调水道，这和降更有关系。现在好多人咳嗽时间长了以后，觉得脸肿了，眼睛肿了，使用一些泄肺的药也可以治疗。"开窍于鼻"，大家知道鼻也是呼吸器官之一。"其华在皮毛"，有的人皮毛不好，皮肤和表面有碎毛、汗毛，它也会影响。它对应的腑是大肠。说到大肠就要跟大家多说几句，好多人说自己便秘吃点泻火的药就好了，最常见的吃牛黄解毒。要注意的是，牛黄解毒特别容易发生汞中毒或者是过敏现象，所以建议不要多吃。大肠便秘，在中医里病因非常多。如果你吃的寒凉药物过多，也会造成便秘，中医里叫冷秘。为什么会这种情况？大家都知道，大便的主要成分有水，水分多是不会便秘的，水很少就会便秘。那么水有三态变化，气态、液态、固态。当人吃寒凉药过度的时候，体内过度寒凉，伤到了阳气，体内、肠内的水会形成一种现象，叫冰伏。冰伏的意思是水化不了，结为冰了。结为冰，也就不好排出了。所以说便秘全吃清热解毒药是不对的，那是很片面的说法。我曾经治疗过一个病人，他常年吃各种通便药，大便老是干，我给他使用的是热药，最后他腹泻三天以后大便就正常了。原因是什么？我的热药把他的冰伏给取掉了，把固态变成液态排出来了，他就可以正常排便了。金行人的小结：面白而方。现实中有这种人，脸色比较白而且脸型是偏方的。

　　最后一种是水行人。咱们大家最熟悉，水行的代表脏腑是肾和膀胱。它跟五官相连，"开窍于耳"。它在情志里是恐慌。有一个最简单的例子，吓得屁滚尿流，这跟恐慌有关系。因为肾主水，肾主二便，所以吓出尿来。它在五体里头主骨，它的颜色是黑色的。水的特性是什么？大家都知道它主发育和生殖，说这个人肾虚，可能没有孩子，会有不育症。它还主藏精，藏精不是男子的精液，精是人体的一个重要的物质，精气神，每个人都有的。另外它主水液，司二便，它统管二阴，管水液代谢，它是水液代谢的主要的器官。它还主骨生髓，通于脑。比如我们大家都知道的商纣王，比较残暴。有个例子，纣王看见一个年轻的、一个年老的过河，年轻的没事，年老的就不行。他问旁边大臣怎么回事，大臣说年轻人骨髓满，老年人骨髓不满。他就下令把人家腿骨打断来看，确实是这样。这就是说，肾主骨生髓，咱们的骨髓跟它有关系。通于脑，是指对大脑的一些情志变化，肾有一定的影响。"其华在发"，这个最明显了，少白头，好多人就说是肾虚，要通过补肾来让头发变黑。现在有好多洗发水号称能让头发变黑，其实作用好像并不是很大。另外我想有责任在此给大家纠正一个概念，好多人认为首乌可以补肾乌发，其实这是一个以讹传讹的错误。最早记载首乌有通便的功能，大家要注意，不要花很多钱买首乌来补肾。另外肾"开窍于耳"，我们的听力好坏跟肾气足不足有很大关系。有一个最明显的事例就是，老年人听力减弱，原因和他肾气不足有关系。司二便，二便也跟肾气足不足有关系。需要特别强调的是，我们的肾脏有肾阴和肾阳，它是两个方面，跟别的不一样。肾脏特殊在它有阴又有阳。当肾气虚的时候，就是肾阴不足的时候，可能会损伤肾阳。原因是什么？因为人是一个整体，当阴和阳都一样水平的话，就能相互维持得很好。如果现在阴不足了，那么阳就要高出一块。高出的阳怎么办？就要发散掉，它没法维护住，维护不住就要发散掉。所以到最后阴阳俱虚。好多人问，为什么会给我用六味地黄丸、金匮肾气丸、知柏地黄丸这些不一样的药？这是根据不同的情况，当你只是阴虚的时候，使用六味地黄丸好了；如果说是阴阳都虚，但阳气虚为主的时候，一般是用金匮肾气丸，从阴中求阳。为什么要从阴中求阳？如果单补阳，人会受不了。如果阳气不足，那么阴气很足的早期，专补阳就可以了。但是当阴阳都很虚的时候，我们单补阳，肯定要出问题，阳就多出来了。阳多出来后，上火的感觉就出来了。那么如果是在滋阴的情况下再补阳，同时补，它就同时升高，那样就会更好一点。当有阴虚有火旺的时候，我们就用知柏地黄丸。其实变化很少，就是几味药，但是里边的奥秘很多。水行人小结：面黑体圆。水行和发育生殖有关，比较喜欢补，不喜欢消耗，消耗掉一些，对身体就有影响，所以咱们中国人特别强调补肾。肾主水液，跟泌尿系统有关系。水行人比较喜欢温暖，讨厌寒冷。原因是什么？水液代谢到肾脏有一个功能，就是水必须得像平常烧开水一样，意思是把最精华的变成气态，叫津液，可以补养各个器官，滑利关节等等。但如果说火很小，温度不够，水就烧不开。烧不开就会形成什么？我们叫水火失济。水火失济容易出现什么情况？火是心，水是肾，上边的火应该往下来，温肾水，让肾水再上去，不让火太旺，这样交通心肾，我们才会有一个正常的生理循环。如果中间断了，上边的火越烧越旺，底下的水越来越凉，就形成上热下寒的体质。好多人脚凉、腿凉、手凉，特别容易心烦气急，就是上热下寒体质，这种症状的女性特别多。

　　总结一下，望诊是中医诊断的一个重要组成部分，临床应用的时候，我们都要辨证论治。而且光靠望诊也不对，应该四诊合参才能更加准确，才能达到我们诊断疾病和治疗疾病的目的。另外，我给大家介绍的都只是一种类型，但是我们临床见到的可能兼有其他几种类型。随着生活境遇、生活地点、饮食的改变，一种类型也可改变为其他类型。比如开始某一个类型最为明显，当改变了环境以后，或者生活质量提高了很多的时候，可能会在某些方面有改变，面相或者说望诊的内容，也会随之被改变。这就好像一个人爱随地吐痰，可是如果把他放在一个非常干净的地点，而且旁边有很多人看着他的时候，他也不会随地吐痰了。

　　今天我讲望诊，主要是希望大家能了解自己大约是属于哪行的，在哪方面要注意，能够让大家健康长寿是我最衷心的祝愿。

谷晓红

中医健康文化与养生之道

　　谷晓红　1962 年出生，北京中医药大学教授，主任医师，博士生导师。北京中医药大学副校长，兼任中国老年学学会医药保健康复委员会主任委员，中华中医药学会感染分会副主任委员。从事中医学教学、科研、临床 30 余年，师从全国著名老中医孔光一教授，在长期临床实践中积累了较丰富诊疗经验，擅长内科、老年病、妇科、儿科等疾病的治疗与康复保健。曾参加教育部《面向 21 世纪教育振兴行动计划》高等学校骨干教师资助计划。主持多项国家中医药管理局、卫生部的科研课题，曾获教育部科技成果一等奖和北京市教学成果一等奖。发表学术文章 100 余篇，主编、参编著作 20 余部，是全国高等中医药院校新世纪"十二五"规划教材《温病学》主编，总编中医经典教学和临床高级参考丛书《中医经典白话精解丛书》，主编《温病条辨百题精解》《温病精义》、创新教材《中医药大学生职业发展与就业指导教程》等。

大家上午好！很高兴国家图书馆提供这么一个机会和平台，和大家一起来探讨中医的健康养生文化。我来自北京中医药大学，从事中医药的教学、科研和医疗工作已经有 24 个年头。我是 79 级，也就是改革开放后第三届考入大学的学生。很幸运，因为当时正是改革开放的初期，所以我从大学和研究生期间的学习后来留校工作到今天，得到了许多优秀的中医药学家的传承教育。不但得到了医术和医学方面的一些思想的传承，同时还受到做人方面、医德方面的影响。所以今天我非常高兴、非常愿意来到这里，我作过很多次讲座，但是面对这样一个听众结构还是第一次。我想这也是我作为一个中医教育工作者职责的一部分，那就是要面向大众，面向我广大的市民，来给予一些健康方面的咨询或者说一些健康知识的普及。长话短说，现在进入今天的讲座内容。

一、中医养生的概念

今天给大家介绍的是中医健康养生的内容。我想还是先简单谈几个概念，一个是什么叫健康？健康的话题现在已经成为一个非常重要的话题，"健"从文字的角度来说是体壮的意思，而"康"是心怡的意思，换成通俗的话，健康就是一种身心的愉悦和体质的健壮。国际卫生组织（简称 WHO），在 1948 年的时候，对于健康是这样定义的：没有疾病或者没有虚弱，躯体和精神和社会适应完整良好的状态就叫健康。所以我们经常讲的身心健康，不光生理上是正常的，心理上也要是健康的，包括你对于外界的这种适应及人际关系的一种非常和谐顺达，都表明健康状态。

健康从医学的角度来说有 10 项基本标准：一是精力，一个人的精力的好坏；二是态度，具有怎样一种心态；三是睡眠，睡眠是衡量健康与否非常重要的标志之一；四是应变能力，有的人经常把这个作为一种社会能力的衡量，实际上如果一个人不健康，他应变的能力会有所变化，健康的时候他的应变能力就好，不健康的时候他的应变能力就差；五是抵抗力，这个好理解；另外体重、视力、牙齿、头发和肌肉等方面的变化，都可以表明一种健康的状态。

现在从中医学的角度谈谈养生。什么是养生呢？养生这个概念在现代医学，也就是西医的概念上是没有的，中医才有养生。从中医养生的学科源流来看，它是来源于道家，中医是中国传统文化一个非常重要的组成部分。它与哲学、道教、其他学术联系都是非常密切的。养生中的"养"，具有保养、调养、补养及护养的意思；而"生"，是指的生命、生存、生长。从某种意义上来说，当生命被孕育的时候，就应该是养生的开始。今天在座的很多都是老年朋友，一方面说明老年朋友这种养生的需求是非常强烈的，这一点我也非常受鼓舞和感动，同时还应该想到还有相当一部分的中年、青年、少年，没有养生，甚至可能在耗生、损生。所以，在座的各位老年朋友作为一家之长、一家之主，回家以后还可以继续传播今天所探讨的内容，在家里进行一次养生的讲座或者培训，那么它的意义就更大。

中医的养生，从概念来说，不仅与医学有关，还与家庭、伦理、教育等社会学广泛联系。它涉及现代科学当中的预防医学、心理医学（所以后边讲中医的养生方法当中就有专门中医的情志养生，跟心理有关系）、行为科学（人的起居是不是有利于养生，所以有行为科学的内容），还有天文气象学等。因为中医强调的是人体的养生，保养生命必须要遵循天人相应这样的规律。什么叫天人相应，就是我们经常说的人与自然要和谐共处，人体要顺应四时的气候变化，这样才能达到养生，所以这里有天文气象学。住什么样的房间有利于养生，在什么样的地方锻炼身体有利于养生，所以还有地理医学。当然还有社会医学等这样一个范畴。

二、中医养生的目的

为什么要养生？大家今天能来到这里，实际上就不用过多地去谈为什么养生了，但是如果回到家里再去进行一个递次的教育，那么就需要跟他们谈一谈，为什么要养生？现在我们的社会已经进入了一个经济快速发展的时期，但是国民的健康现状堪忧。这是中国的国民健康调查报告当中专家们给出的结论。高危人群的健康问题，成功人士、青少年的健康问题尤其严重。给大家列举几个人物，他们都已经离我们远去了。王选院士60多岁；陈逸飞，著名的艺术家、画家，也是60出头；陈晓旭40岁。这仅仅是给大家举一些例子。我经常在临床上见到一些IT产业的，我们经常说的白领，甚至是银领、金领那些人士，他们的健康状况，比普通劳动者的健康问题更大。所以我经常给我的病人讲，你的情商非常高，都是清华、北大的毕业生或者是哈佛大学、麻省理工回来的海归派，我说你的情商很高，成功了肯定也离不开情商，但是我说你的"健商"不高，恕我直言，"健商"就是健康的商，正由于你的"健商"不高，很可能对你的事业、家庭等等都会造成毁灭性的影响。所以健康是"1"，事业、家庭、财富、友情、亲情等等都是"0"，所有的"0"必须有前面的健康的"1"，那么后面的"0"越多越好，完成你完美的人生，如果前边健康这个"1"没有了，所有的"0"，永远都是"0"。所以健康的重要性地位是非常高的。我经常给一些成功人士，做这样一个测试，我想在这儿也给大家做个介绍。假设患有一种疾病，这种疾病五年内，可能死亡的概率是万分之一，那么现在有一种药可以治愈这个病，请问大家肯花多少钱购买这种药？最多肯出多少钱？假设现在就面临死亡，如果可以挽救生命的话，你最多又肯付出多少钱？一般来说第一问和第二问是有数字限制的，五万或者是十万，根据你财富的多少，但是最后这一问，就是面临死亡，你肯花多少钱，一般来说无论是个人，还是你的家庭都会说，不惜任何代价。但是实际上这种回答，就说明了人们对于财富的这种理解远远超出了对于健康这种需求。当面临死亡的时候，人们对自己的健康进行管理决策，才出现了理性的思维。所以更加说明我们的现状，为什么很多人四十岁之前是用命来换钱，四十岁以后是用钱再买命。这些财富的富翁，实际上是健康的"负翁"，是严重的透支着健康，储蓄着金钱，自身的健康管理，呈现的是一种不理性的漠视，所以才导致了现在国民健康状况的下降或者叫堪忧。

也有关于这样的报道：中国的亚健康人群达到了 7 亿，知识分子、企业管理者和机关干部占 70%，居亚健康状态。这种亚健康状态就像是我们开车时的黄灯，如果身体要亮起了红灯，那一切就完了。不但对自己的健康、生活质量会有严重的影响，同时是对金钱上的浪费，虽然国家的 GDP 增长了，但是实际上这种消费是非常大的。而这些从某种程度上都可以用健康方面的养生方法和理念消除许多，阻止它，不要发生严重的疾病，这就需要养生。

关于健康的现状分析，卫生部 2006 年统计的城乡居民的主要死亡原因，前十位是：肿瘤（尤其是恶性肿瘤）、脑血管病、心脏病、呼吸系统疾病、损伤及中毒、内分泌疾病（比如我们经常说的糖尿病等）、消化系统的疾病、泌尿生殖系统的疾病和神经系统疾病、精神障碍。这前十位的死亡原因，占死亡总数的 90.4%，这是官方的数字。

另外还想跟大家说，我们都是有子女、儿孙的。现在青少年的老化现象是比较严重的，有一句广告词说，六十岁的人，三十岁的心脏，但是现在很多人，尤其是青少年，应该说是处于一种老化状态，三十岁的人，六十岁的心脏，而老年人相对来说，体力和身心各方面的保养更好一些。2007 年上半年，"十五"期间中国青年发展状况与"十一五"期间的中国青年发展趋势的研究报告显示，肿瘤高发的年龄段已经从五六十岁提前到四十岁，实际上很多人比这还要提前，低龄化的趋势日益明显。

国际卫生组织对一万名年轻的"心梗"患者进行调查，发现最低的年龄已经到了 20 岁，我所知道的病人，有 28 岁"心梗"没有抢救过来的。人越年轻发生"心梗"抢救过来的可能性越小，为什么？因为他不像老年人，老年人已经建立了侧支循环，因为经常胸闷，经常缺氧，人体的自我保护能力，自我代偿以及再生能力是非常强的。年轻人他自己没有这种能力，之前也没有一些明显的症状，所以一旦"心梗"就很不好救了，像文艺界明星高秀敏、侯耀文都是这样。上海有一个调查，五年间脂肪肝患者增加了 50 倍，低龄化趋势非常严重。现在单位一般一年体检一次，发现许多年轻人都有脂肪肝，走在大街上看到大肚皮的年轻人很多，甚至是包括孩子。在北京，儿童的肥胖已经超过了全国的平均数，因为北京的麦当劳和肯德基开得最多。看到这些大大小小的快餐店，我心里非常难过，因为在欧洲或美国的本土，像这种快餐店都没有那么好的地界儿，也没有那么大的房子。恰恰在我们的国家却有，这实际上是一种健康的"侵略"。可是我们的孩子非常愿意吃，都吃成小胖子。小胖子将来心脏问题、脑血管问题随时都会提前。还用别人来打你吗，自己就趴下了。

　　另外，心理疾病在社会这样一个重大转型期也是非常严重的。我来自高校，据我了解，仅北京高校今年上半年大学生自杀人数就超过了去年全年的人数。5月14日，这一天就有三名大学生自杀。什么原因？因为5、1、4谐音我要死，所以就要死，可笑之极！也可能就是有一点儿小事，跟同学关系没处理好或者有一些感情方面的问题，或者生活比较困难，或者家庭关系矛盾，或者是就业出现了问题，就承受不了，心理的承受能力非常的低，脆弱的很。卫生部也有这样的调查，在中国人群中心理疾病导致的死亡已经是第四大死因。这里有一个误解，好像中国只有大学生自杀，其他人好像自杀的少，实际上不对。因为大学生这个人群，除了自杀之外，因疾病死亡是很少的，所以就把自杀的比率就提高了很多。实际上在整个社会的人群当中自杀率越来越高，预测到2020年要升到第二位的死亡原因就是自杀，这都是心理疾病所引起的。很多青少年仍然要非常重视心理的问题。抑郁的症状，现在是占了20%，这是第28届的国际心理学会所统计的结果，40%为临床抑郁。在座的各位包括我，也会有心理方面的问题，有的时候压力非常大或者身体状况也有一些问题的时候，就会有一些焦虑，有一些急躁，爱发火或者是心情非常的低落。有没有这种情况？有才是正常的，但关键是怎样去把它调适好，不要让它继续发展，发展成为一个病症。女性随着月经期的前和后的比较，尤其月经前期，这种情况就比较突出。每一个人，包括老年人都有心理的波动，所以每个人都有心理问题。有人说那不是都成了病人了吗？如果说你从来没有心理问题，那只有一种可能性，就是你是一个白痴。你对社会没有反应，你对人与人之间的关系从来没有正常的一种沟通，白痴才没有心理问题。所以说有心理问题是正常的，关键是怎么样去尽快解决。

情志致癌，我想给大家主要解释这个问题。人体当中实际上每天都会产生癌细胞，那么为什么我们没有人人得癌症呢？因为人体有专门的自然杀伤细胞来对抗肿瘤细胞。但是如果是忧郁、苦闷、焦虑这样一些不良的情绪长期影响你，并不是一过性的，这个时候，人体的免疫功能就下降20%以上，这个时候就降低了识别和吞噬的功能，就杀不了癌细胞，那么人体就容易出现癌细胞的一种繁殖和生长的加速，很可能就发生癌症，就是这样一个结果。所以人的情绪、情志的舒畅是非常重要的。后边还要谈情志调适的一些方法。

　　除了情志之外，还想强调的就是饮食问题导致的疾病。现在生活都非常地好，应该说想吃什么到超市里都可以解决，但并不是你认为的越贵的东西越好。为什么现在发生疾病的人越来越多，跟饮食是有着非常重要的联系。英国有一个著名的医学杂志叫《柳叶刀》，在2000年的时候就写到，全球的早逝群体，47%是源于饮食的失衡。所以我经常在一些讲座会后听到大家说：哎呀，我这40多岁白活了！40多岁不知道原来什么是健康的饮食，什么是不健康的饮食。2004年，卫生部全国居民的营养和健康现况专项调查报告显示，居民膳食结构不尽合理，肉类和脂类消耗的过多，而谷类食品消耗偏低。很多在座的老同志，您的孙女、您的孙子，有几个爱吃苞米面粥，有几个爱吃玉米饼子。我的孩子反正都是逼着吃，还说作为医生的女儿太痛苦了，吃什么东西，还要什么健康不健康，烦不烦人呀。她就会有这样的不满。如果你没告诉她，什么叫合理的健康的饮食，那就更是顺着自己的性子来了。

　　烟和酒对人体健康的危害也是非常大，中国现在有3亿的烟民，全世界是12亿。2000年，国际卫生组织曾发出警告21世纪将有10亿人被香烟夺走生命。全球一共有20亿的酒精消费者，中国有2亿多。这个数字越多，我觉得越不光彩。每年相当于中国人喝掉了一个西湖。耗损的粮食是300亿公斤，喝掉了200亿元。所以我们的GDP的增高，原来还有这200亿呢。

　　以上谈到的是为什么要养生，为什么要健康。那么这些现状使我们必须从头梳理一下，我们先说调整。一种养生的方法是不是全面，因为每个人都会珍惜生命，来到这个世上不容易，要好好地生活、要快乐的生活。我想大家对于此都非常清楚，都是热爱生命的，热爱生活的，但是我们的一些方法还需要修正。今天给大家讲解我的观点，跟大家交流的是要用中医的养生理念与方法影响我们的生活，这里强调了中医的养生、中医的健康方法，为什么？因为一方面中医学这种养生的文化本身是居于中国悠久的、优秀的传统文化之中。这种文化的传承性和包容性，就决定了大家对于中医的养生文化有一种亲和力。所以教育部研究高等教育的专家，在了解了中医文化的时候，就有这样一个提法，他说如果教育部有关部门能认识到这些，应该把中医学、中医文化从娃娃抓起，应该在小学的课程当中有所体现，乃至到大学期间都应该上一门选修课叫《黄帝内经》。《黄帝内经》是我们国家2000多年前文字记载中医经典的一本书，但实际上，《黄帝内经》不但告诉大家医学的理论和方法，同时它也如百科全书一样，包括现代的天文气象方面的一些问题都有所提及。所以这种文化是居于老百姓生活当中的，我们经常说夏天天气热要喝绿豆汤，为什么没喝红豆汤？怎么喝绿豆汤？因为从爷爷、奶奶辈就告诉我们绿豆是凉性的，是可以解毒的，所以夏天天气热要清热，要涤暑。实际上从日常的生活当中就渗透着这种养生文化、中医文化。我们要吃螃蟹的时候，为什么要弄点醋，再加点姜？是因为调味更好？有这方面的原因，但是我想从中医的膳食角度来说，因为中医过去"食医"，最先是搞食疗的。螃蟹是大寒的，大寒吃多了，如果没有吃姜，会拉肚子，有的人去北戴河，去青岛，去威海，回来就拉肚子，甚至在那儿就输上液了，为什么？因为海物当中相当一部分是凉性的、寒性的。凉和寒还是两个级别，就像举重有级别的，凉之重是寒。大寒的食品如果吃多了，就伤到脾胃了，脾气不盛所以才拉肚子。姜是温性的，如果沾点姜汁吃螃蟹，营养成分就能更好地吸收，另外还不伤脾胃，这就体现了食品之间的配伍。中医所讲，所有的食物都分四气五味，它都对不同的脏腑和气血有一些调整和补益的作用。要是跟外国人去说这些他听不懂，我上个月在匈牙利，见到奥地利一个非常有名的大夫，和他讲到中医这一套，他就一直跟你"really"真的吗？真的吗？我老是"yes"。他觉得太神奇了，还有这么多讲究，我说针灸怎么样能治疗一些疼痛的疾病，半身不遂的人扎针灸怎么样，神经性头痛的人怎么样，我说我们的校友在英国有多少人，都在做什么。我说当时戴安娜王妃有相当一段时间用中医治疗，所以后来连王子等都对中医，对这种自然疗法产生了很大的兴趣。现在越来越多的外国人对这种自然疗法感兴趣，中医就是自然疗法的一部分。

三、中道之医

中医实际上是中道之医。中医概念当中"上医"是治国的，"中医"是治人的，"下医"是治病的。之前，中医不是一个职业，而是思想家或者是士人、官人，是治理国家的，所以学好中医可以管理一个组织。中医所讲的这种平衡协调，在管理学当中有非常多的表现。中医是治人的，它治的是病的人，我们说去找个中医去看看吧，到综合性医院中医科，它治的是人，西医治的是人的病。一个是治人，一个是治病，区别还挺大的。下医才是治病，中医当中也有下医，看到你的头痛就治你的头，脚痛就治你的脚。眼睛的问题，不是滴眼药水所能解决的，它是要治中医所讲的肝，因为"肝开窍于目"，老年人吃点杞菊地黄丸，眼睛就舒服多了。中医是整体观念、系统观念，不能眼睛不好就天天去看眼科，它可能就是内科的问题。

我曾在《北京青年报》上刊发了一整版的关于中医美容的文章。女同志到秋冬的时候，怎么护养皮肤，怎么让它又白、又光泽、又红润，还没有斑、没有痤疮。美容院只是一点点的作用，美容的那些制品，那些高级的化妆品和护养品也只是辅助作用，最重要的还是要内治。因为中医讲脏腑气血的一种反映，病理反映到你的脸上你才不美。如果你是正常的，脏腑气血非常充盛，没有病理状态，那你就会很美，就不会有斑、不会有痤疮，也不会有一些皱纹等等，会很润泽。中医讲藏象理论，脏腑气血的一种充盈、调和，反映于外，外在的征象才会很好。反过来，如果外在的征象出了问题，都说明内在的脏腑气血发生了病理变化。所以它的诊疗思想是正气为主，预防为主，辨证施治。中医是个体化的治疗，十个人得了感冒，都在一个房间里得的，空调的缘故，但是中医给你开出十张方子。为什么？因为每个人，是男是女，最近饮食怎么样，睡眠怎么样，体质如何，先天如何，经济条件如何，饮食如何等等，中医都会进行一个综合的分析，所以就出来十张方子，这就是辨证施治。这种个体化的治疗，像贵族似的。我们经常说一个服装，国际著名的时装大师定制，每一套服装都卖得很贵。我们从中医角度来说，每个人得到是个体化的服务，但是它从诊疗的价格来说，又相对来说是便宜的。

中医学与中国文化是共体的，是人本文化。吴仪同志在全国的中医药工作会议讲话当中提到中医的优势，提到中医的特色。她谈到中医"不治已病，治未病"，"未"就是未来的"未"，没有病的时候，你去保养它，去调治它，这是最高境界。所以大家都知道，我们的中医医学史上有一个非常有名的医家叫扁鹊。扁鹊可以起死回生，他非常有名，但是扁鹊告诉他的朋友：实际上我并不高明，我有两个哥哥，小哥哥比我高明，他高明在哪儿呢？当人们还是小病的时候，他就给治好了，因为是小病，治好了人们也不觉得有什么大惊小怪的，所以他就没有出名。因为我治的是大病、危病，都快不行了，所以大家都记住我，都认为我是有名，其实我没有我小哥有名。我大哥就更了不得，我大哥是人们还没有得小病的时候，他告诉怎样不得病，怎样永远保持健康，所以他更不出名了。因为大家不知不觉就健康着，没觉得这是我大哥的功劳。实际上想一想如果你得了大病，我要费尽脑汁给你治，你还要花费经济上的损失，同时你的身体受到很多的痛苦，已经是亡羊补牢的一个方法。

现在看看你是否是健康人？根据健康人的生理特征，大家可以对号入座一下。眼睛有神、呼吸从容、二便正常，半小时就要上一次厕所，那肯定不正常，三天才一次大便，那肯定也不正常。这些小的问题都可能酿成大病。脉象缓匀，形体壮实，既不瘦，也不胖。现在有很多女孩子强调骨感美，瘦骨嶙峋的美。美吗？好像不美，所以要壮实一些。面色是红润的，我刚才观察了一下，在座老年同志的面色感觉要比年轻人的面色好，这是一个很不正常的现象。一些中年和青年的朋友，脸上要不就是没有光泽，还有的长小"疙瘩"了，甚至有的长斑，有一些脸色发暗发黑，熊猫眼的也有。牙齿是坚固的，现在已经七十岁了，牙齿掉了好几颗，那是正常的。我们经常说七七、八八，女子七七四十九，男子八八六十四，这个时候肾气要衰了，

165

但是说三十岁就开始去口腔医院经常修牙，那就不正常了。牙坏，说明你的身体状况在下降。双耳是聪敏的，但是不包括有一些年轻人听 MP3、MP4，听的声音特别大，耳神经出现问题了。腰腿是灵便的，爬个三楼四楼就不行，那说明不健康了。声音宏亮，须发是润泽的，食欲正常，不多不少，情绪稳定，记忆良好。

国际卫生组织认为一个人的健康由四个方面的组成，我们知道了这四个方面，就可以调整自己的健康计划。第一是父母的遗传，谁也改变不了，父母身体状况好还是不好，对自己的影响是直接的，占 15%。如果父母身体就不太好，那应该更加重视自己的健康。第二是社会自然环境，占 17%；第三是个人的生活方式，占 60%。所以我们提出一个口号：我健康，我做主。每个人的健康是自己做主。如果不健康，自己的主观因素占了相当大的比率。而医疗条件只占 8%，我们在座的各位都有这良好的医疗条件，这 8% 是拿到了。所以最重要的还是个人的生活方式。

四、生命观——生、长、壮、老、已

生命的整个过程，中医学中讲这样几个时期：生、长、壮、老。现在在临床上看到有很多的年轻朋友，我觉得特别高兴，高兴在哪儿？我说你哪儿不舒服？她说我没什么不舒服。没什么不舒服能来看医生，理念上是很好的。我说那您有什么需求？尤其是去年，她说想生个猪宝宝，听人家介绍，说需要在怀孕之前，把身体调整好了，这样才能有一个很好的状态受孕，多好的健康理念！所以优生是从零岁开始的，现在有很多这样的青年朋友，我觉得非常高兴。那就决定她将来的孩子生出来，也是非常健康的，就会少去儿童医院。现在的儿童医院、儿研所，人满为患。这和青年父母没好好地进行养生有关系，怀孕的时候，这个不吃，那个也不吃，天天熬夜，那孩子能健康吗？要是违背他的生命规律，那么就会有被惩罚的时候。现在的孩子饮食上都出了大毛病，所以肠胃积热的非常多，看那小嘴唇一红，手心一热，大便一干，过两天发烧，头汗出的特别厉害，咬牙，蹬被子，这种小孩子特别多？吃着高能量、高热量的东

166

西，蛋白的东西太多了，营养搭配不好，你觉得吃得那些都是营养的，但是没有一个合理成分的搭配。青年的时候是气血渐渐的充盛，但是还没达到壮，壮的时候才气血充盛。中学生时期是身心健康最重要一个时期，但是现在还绕不开的应试教育，使父母无奈，个人也无奈，没有办法只能损害自己的健康赢得一些身外的东西，例如考名牌大学等等，这都是代价。

大家可以看到山的图形，人体的整个生命活动，实际上也是从低到高再到低，"壮"到顶点就开始走下坡路了。这个下坡路就是从现在西医角度讲的更年期，七七、八八是中医讲的。走这样一个下坡路的时候，就是由中年要走入老年的阶段。在下坡的时候，是很容易出现多种的疾病，而且可能是比较严重的疾病。所以五十来岁，六十岁退休之前的时期是非常重要的，一定要更加注重保养、调养身体。有一种现象非常不好，现在很多的青年朋友，本来有一个很长的壮年期，高水平的气血充盛，提前就下坡。所以在临床上可以经常见到，三十来岁的人，应该是四十五岁以后，五十岁才能出现的身体状况，现在三十岁就出现了。这就叫未老先衰，很多这样的人。应该说现在的年轻人面临的压力，可能比我们在座的各位老同志、老年朋友面临的压力大。那种学业的压力和工作的压力，不比我们在五六十年代的时候的情况，真的是很辛苦，心也累，脑子也累，身体也累。那么到老年了，走入一个低水平的平衡。所以走下坡路这个时候是不平衡，是最不稳定时期，走下坡就容易摔倒，有的人一跤摔下去就没能起来，所以这个阶段是非常重要的。然后再就是我们的壮年有先走下坡路的，这个相当的多，三四十岁就住院了。

五、中医对疾病的认识

在中医的养生学当中还有这么几个概念，一是天人相应，四时气候对人体的影响是非常密切的。所以在2000多年前的一些古代文献当中就谈到"肝旺于春"，所以在春天的时候，肝病仍然是多发或新发，无论是人还是动物，所以一般来说在春天我从来不买猪肝，不管什么老字号的，都不能买，因为这个时期是各种肝病比较多的时候。"心旺于夏"，夏天尤其应该注意心脏。"脾旺于夏"，这指长夏，是湿度大，气温又高的那个时期。"肺旺于秋"，秋天呼吸系统容易出问题。"肾旺于冬"，冬天要保肾了，要吃一些养肾的食品或药物。

（一）疾病的原因

昼夜的变化对人体的影响也是密切相关的，因为中医学认为白天都是阳气处于外，阴气固守于内。到了晚上的时候，阳气要入于阴了。有的人总是喜欢"开夜车"，开到过了午夜两点钟。如果长时期的阳气入于阴，总是入不进去，这种情况下，就会出现阴阳平衡的失调，疾病就随时发生，这是一个日积月累的过程。

日月气象的变化对人体以及情绪都有影响，所以女子的月经跟日月气象，跟月亮的盈亏是非常相应的。盈则溢，满则溢，亏那就要补，就是这么一个过程。所以叫月经。

地理环境对人体也有影响，后面要讲对于居住环境的一些要求。

如果再进一步深入的话，五行属性的归类是中医五行学说非常重要的思想之一。自然界当中五行和人体的五脏六腑、五官、五志、五声等等都是密切相关的，都是相互对应的。比如说经常吃酸味，酸味入肝经。苦味入心，所以夏天天气热，要吃点苦瓜、凉瓜，苦味可以泄热，清心热。甘味是入脾的，要是脾虚的话，有时候你感觉嘴里头老是有甜味，这就是脾的问题。辛和肺之间的关系，我们吃点辣椒，大家有什么表现？可以出点汗，为什么出汗？因为中医讲肺是外合皮毛的，它是辛味入肺以后，然后通过肺气的宣发，外合于皮毛，皮毛的腠理进行一个调和，这时候可以达到出汗。咸味是入肾的，所以很多的药，通过炮制，如果想调理肾的话，它都是用盐来炒，盐炒入肾。这是简单的五味，中药当中，很多东西它是酸苦合化，辛甘合化，还有甘咸、苦咸、酸咸的合化，这是基本的一个组合元素。还有一些复杂的组合，它的作用就更加的全面。

刚才也给大家提到了中医有三个治疗状态，治未病、治欲病、治已病。未病就是没得病；欲病就是病情尚未显露，或病情轻微，仅有先兆表现；已病，那就是有病了。这三个状态都需要关注。希望各位都能成为自己的上医，自我去维护健康养生，未雨绸缪，防病于先。我们也可做自己的中医，早学习一些预防医学的东西，防微杜渐。知道一些方法，自己哪方面不舒服就要用食物调整，食物要是调整不了，再吃一点小药，吃点成药。然后再有下医，针对疾病的治疗，那可能就要看医生了。我们理想的要求，应该是自己可以做上医和中医，通过自己的学习，自己的研究，可以达到自我健康的一个最高境界。

为了便于大家对于自我的养生保健有一个理解，我把中医对体质的辨证分类，作个介绍，这是国家的"973"课题的研究内容。因为各个不同的人种可能有一些变化，那么这些变化在这儿就不多说了。主要是针对我们国民，分为九种体质：第一种是平和质，这种平和质，形体是匀称的，性格是开朗随和的，肤色是润泽的，目光是有神的，一般来说对环境的适应能力比较强；第二是气虚质，这种体质的人，肌肉松软，性格内向，情绪不够稳定，气短、懒言、精神不振、疲乏、容易出汗、容易感冒，不耐受寒热；第三阳虚，形体白胖，沉静内向，怕冷喜热，大便经常拉稀；第四阴虚质，形体瘦长，吃什么都不胖，很让同事们羡慕，性格比较急躁，外向好动，手足心热，口燥咽干，喜冷饮，不耐热，怕热，阳虚质和阴虚质不同的体质，养生不是一个方法，要因人而异，辨证养生；第五痰湿质，形体肥胖，腹部肥满松软，性格温和、稳重、恭谦，这种人一般来说很善于跟人打交道，组织协调能力比较强，善忍耐，油脂较多，脸上总是油光，胸闷痰多；第六湿热质，形体偏胖，面垢油光，一脸痤疮、粉刺，脸上总是有疙瘩，喝了酒或者吃点辣椒、水煮鱼更厉害，性格多急躁，容易患疮、黄疸和一些火热之症，天气又热又湿，他就很难受，比一般人要难受；第七瘀血质，瘦人比较多，性格比较内郁，感觉很不开心，面色灰暗，容易这儿疼痛，那儿疼痛，口唇暗紫，女性多有痛经或者是月经紫黑有块，有一些人可以看到舌上有瘀斑，瘀点；第八是气郁质，这种人形体可以是偏瘦，但是性格不稳定，忧郁、敏感、多疑、唉声叹气，有的时候老觉得自己的嗓子不好，自己说慢性咽炎，实际上就是一种神经官能症，神经敏感、脆弱，植物神经失调，可能出现一些以情志为主的症状，越到阴雨天越严重，天气晴朗她好像也开朗一些；另外还有特禀质，有些先天的一些畸形等等。

我再把亚健康慢性疲劳症的临床症状给大家讲一讲，看看有多少人能对号入座。如果感觉累，这就是欲病了，我刚才说未病、欲病、已病。看看自己是哪个状态，如果有以下相当一部分的情况，那就是欲病了，已经走到第二个状态，离第三个状态不远了，如果积极的调整也可以回到第一个状态，就是未病的状态。早上不想起床，起床后感觉乏力，打不起精神，坐在椅子和沙发上需要把脚放到高处才能感觉舒服。当然不文明那是另外一个问题了。喝了咖啡和浓茶才感觉到轻松一些。行为上，说话声音小，没劲，说几句就累，打哈欠，伸懒腰，眼睛疲乏，昏昏欲睡，怕爬楼，上楼的时候双脚容易打绊，公交车来了或者过街的时候，不愿意抢跑或者快走几步，常以过量的饮酒麻痹自己。精神方面，精神不集中，写东西或者是看书的时候容易走神，记不住事儿，工作的时候不愿意与客户见面，不愿意跟别人说话，一开始工作就感到心烦意乱。临床的表现，四肢肌肉的酸痛疲软或者是腹胀，晚上更觉得不舒服，失眠多梦或者是有腹泻，或者便秘、头晕、头痛、耳鸣或者有长期的低烧，不明原因的，到医院怎么查也没有什么一些器质性的变化，病理指标都是正常的，但就是低烧或功能性发热，气急胸闷或者有慢性的咽炎和咽喉的肿痛。没有饥饿感，不想吃饭，下肢有的时候下午或晚上有轻度的浮肿，或者小便异常，也可以有性欲减退和月经不调。这都属于疲劳综合症的一些表现。易患感冒或者不明原因的消瘦，或者增重，最近体重一下子增得很厉害，这也属于疲劳综合症。

（二）疾病的病理机制

　　上面提到的一些情况怎么发生的？中医学是这样认为，我们了解它的这些原因，就可以更好的指导我们的健康养生。第一是六淫所伤，六淫所伤是什么意思？就是感染了外界的一些病原微生物，比如说大家都知道2003年的非典，这就属于六淫所伤。

　　第二是先天因素。

　　第三是七情太过，现在的人面临这样一个浮躁的社会，情绪的刺激，的确是多种多样的，如果没有一个非常稳定的心态，没有文化，那就很可能随波逐流。人家干什么你干什么，人家去追股票你也去追股票，结果人家追上了人家发了，你掉下来了，那就得病了。所以七情太过各种压力也会随之而来。

第四是饮食失节。吸烟嗜酒，尤其是现在的青年和壮年，吸烟和嗜酒主要来自于他们。外国人半杯葡萄酒能拿一晚上，边聊天边喝，我们也是这一杯葡萄酒，干杯就全喝进去了，再来一杯，又全喝了，这一桌子下来一个人就包了两瓶，葡萄酒本身没有这么喝的。还有的人喝葡萄酒觉得不解闷，还要喝白酒，喝乙醇。酒本身是好东西，是中药，少量喝对身体健康是有利的，比如我们的老年人，可以每天喝一两白酒。人在江湖身不由己，有些应酬不得不喝一点，为了您的发展，为了您的生意喝一点，选什么酒呢？最好选红酒，到秋冬的时候可以选黄酒，比如"女儿红"，它带有一种保健作用。如果非要喝白酒，点高度酒，不点低度酒，高度酒虽然花钱多一点，但高度酒一般是酿的，而低度酒是兑的，对身体来说危害性小一点。

第五是环境的适宜。在疾病的原因当中，我给大家总结了现在疾病，尤其是青年和中年熬夜是引起疾病的一个非常重要的原因。所以我告诉我的病人，我说您一定要注意，就像灰姑娘一样，到一定的时候必须回家睡觉。按理说中医讲的阴阳交替，子时是非常重要的，11 点就是子时的开始到过了夜 1 点钟这个时间。如果说 11 点解决不了，可以到 12 点，但是不要超过 1 点，这就是一个原则。

第六是高热量、高脂肪的饮食。煎炸食品、肉类食品，我们到饭馆吃饭，经常看见满桌子没有几个素菜全都是肉，这非常不科学的，花了钱，还对身体不健康。在家里孩子们吃饭也是，要吃肉，跟姥姥要肉，跟奶奶要肉，素菜、水果那可就难了。煎炸食品对身体、脾胃损害很大，它蕴热，有了热它就可能出现很多很多的问题。中医讲脾是后天之本，肾是先天之本，所以保脾胃，保肾，这都是非常重要的养生理论。

第七是缺乏运动，这个问题在座的老年朋友我觉得都应该是受表扬的，早晨五六点钟起来就开始运动了。我的父母每天早晨一个小时的快散步，晚上是半个小时的快散步，还不包括期间的比如说去唱唱歌，还去社区里给人指挥两把，很高兴，每天读读报，看看电视，饮食也很有规律，中午睡一小觉，这就非常好。当然我们的青年朋友还做不到，时间都在路上耗费了，但是我们也要挤出时间，争取每天有个集中的时间运动锻炼。缺乏锻炼、缺乏运动，气血就不足，有的孩子贫血，不是饮食的问题，是孩子本身活动量太小。所以她整个的造血系统和循环系统处于相对呆滞的一个状态，怎么能有更多的红细胞生成？所以我们经常讲，"久视伤血，久卧伤气，久坐伤肉，久立伤骨，久行伤筋"这些都是需要避免的。所以老年朋友也不是说一天一万米、两万米跑，这我也不主张，因为那样就伤筋了，要适当地活动才能促进健康。青年朋友只有周末才有时间，所以周末两天都在健身房。那对自己身体的损害更大，为什么？平常一点锻炼都没有，肌肉都处于很呆滞状态，然后等着到周末去锻炼，肌肉就会拉伤，损害了它的一个常态。所以运动是循序渐进的，保持一个动态的常态才对。

六、中医养生的方法

在养生方面到底采取什么样的一些方法呢？我给总结了八个字：童心，要有一颗童心；蚁食，像蚂蚁一样吃东西，要吃得少，要少量多次的吃，饱食对身体是有损害的；龟欲，像乌龟一样的欲望，就是少欲望，尤其对名和利，恬淡虚无；猴行，动静结合，像猴子一样。所以它表明的这样一个原则：精神内守，饮食要调理好，要强身健体，动静结合。在这样一个综合养生的原则下，持之以恒才能保证生命质量的提高，才能达到脏腑是和调的，气血是通调的，阴阳是平衡的，经络也是疏通的，正气是强盛的。

这种养生的方法，一是要有下面这几个思想做指导，审因施生（养），要因时，因地，因人。不同的人有不同的辨证养生，尤其到了中年一定要有一次大幅度的调整。明代有一位医家叫张景岳，他的著作叫《景岳全书》，谈到"人于中年左右，当大为修理一番，则再振根基，尚余强半"。就像一辆汽车一样，到一定时候要进大修理厂修理的，否则总是在高速公路上行驶，机器零件也不去检查和修理，也不给加油，那有一天可能会在高速公路上出事。我们每一个人，实际上对于生命的驾驭，就像每一个人都驾驶着自己这辆车，在高速公路行驶。有的车很好，是奔驰，是宝马，但是有的人可能只是个夏利，甚至是个小奥拓，底子薄，先天不足，后天还失养。我们在座的六十年代出生的人，尤其三年吃不饱的那个时期出生的人，生下来，然后吃点窝头，那就是好东西了，再喝点粥。所以这种情况，先天不足，底子薄，然后后天又没有保养，那就不是奔驰，就别开160、200迈，如果您只是个夏利，您就开得慢一点。对自己的身体要不断地加油，这样才能长久，才能开到人生的终点。

那么怎么养生，怎么去给自己的车加油？

（一）精神养生

第一调神养生法，有八个字：淡泊明志，宁静致远。我刚才说了，中医学、中医文化实际上它是在优秀的传统文化之间，它讲到的是德，立志养德，养神畅志，开朗乐观，心理平衡，才能达到精神的养生。所以健康来源于精神，中医讲精、气、神三要素。神是最高的境界，而精和气是它的物质基础，表现形式就是一个神，而精神又可以指导对于物质的滋养和协调。一个人有一个非常端正的生活态度，有一种非常明确的生活目的。那可能对他身体的精气的贮藏和调整都有很好的一个管理，所以说精神健康需要管理。

那么遇到这样和那样的一些情绪的问题怎么做？有这么几个基本方法：第一个是节制法，遇事要戒怒，荣辱不惊。一般来说每个人人生大概就是三万多天，在这三万多天要有一个怎样的对人生的理解，尤其是四十岁之前，我们经常说"三十而立，四十不惑，五十知天命"，现在有一些人，五六十岁了，仍然还没"惑"，那就有点晚了。到底什么是人生当中最重要的？三十岁之前，我觉得是在做加法，在这样一个现代的社会，每个人都离不开这个社会，要解决很多问题，要丰富人生，所以在做加法，一味地在做加法。但是我觉得四十岁以后，当"不惑"而年的时候，的确要选择了，要做减法。做减法是要有一些东西不断地放下，放下才自在，有一个很好的平衡的心态。这一点我们老年朋友都做得非常好。把最重要的东西留着，而且让它发展壮大，像金钱、名、利不是必要的。

第二是疏泄法，直接地去发泄、疏导。要去找人，尤其是我们的青年朋友有什么不开心的，要有三五知己朋友，唠叨唠

173

叨，交流交流，就好多了。有时候不一定跟父母说，第一增加他们的很多负担，他们会觉得这个孩子怎么如何如何，而且父母身体又不好，又不一定能经得起这么说。所以这些不开心的事应该经常找的是自己的朋友，知心朋友，交流是很好的疏泄方法。当然也有其他非常简单的疏泄方法，比如说我有的时候连续工作两个月，星期六、星期天都没有休息，我会感觉到就要暴发了，情绪上非常非常的难过，怎么办？我就要抽出半天的时间，冲向商店去花费，去买上几件衣服，有的时候在这种不理智的情况下，买回来的衣服只能挂在那儿，因为我买的是红色的连衣裙，根本没有机会穿，但是我觉得也值，为什么？我把我的情绪宣泄出去了，挺高兴。我把健康保住了，我们花钱买的健康，情绪的健康。这种情绪的发泄还有很多，但是不要对你的亲人发泄出去，我觉得这个不好。不良的情绪 12 分钟就会影响他人，所以你不要把这种不良的情绪带到家里或者带给你的孩子，将来你孩子的情绪也一直很不稳定，那就太不合适。

第三可以转移，叫移情法。比如说琴棋书画或者去读书，这种方法有很多很多。例如运动移情，运动是一个非常好的移情方法，很健康、很阳光。

另外还有情志的制约法，悲生怒，怒生思，思生恐，恐生喜，喜生忧，另外一种情绪来制约你目前的这种情绪，这样一种方法，要靠自我的调适能力。

（二）四时养生

四时的养生，我们以秋夏为重点，那么秋天怎么养生？秋天是阴长阳消，所以秋冬开始去养阴了。秋天要防燥，要养肺津。所以早秋的时候要防温燥，晚秋的时候要防凉燥。晚秋在北京没有雨，也没有雪，这个时候很干燥，所以要防秋凉感冒。要用一些清润甘酸的东西，比如说喝一点百合粥，喝点梨汤、荸荠水、水果。荸荠是润泽的东西，但是也还可以吃西瓜这类的，这是饮食上。运动适合太极、八段锦这样一些运动方式。情志当中要养肺，要减少伤悲。夏天是要防暑，养心阳，到长夏的时候要防湿养脾土。在这个基础上再进入秋天养肺津。所以夏天要防暑热，防空调病，那么长夏的时候防湿邪，这个时候要吃一点辣的。四川人为什么爱吃辣的？是因为那个环境气候必须吃点辣的才能祛他体内的湿。但是如果四川人来到北京，还坚持着这样的一个饮食习惯，就不合适了，为什么？因为北京并没有那么湿，吃多了辣子就出问题了，体内就要有一些变化。所以到长夏的时候才防湿邪。夏天睡眠要充足，要通风凉爽，要用清淡的，清暑健脾益气的这样一些食物或药物，比如说绿豆汤、西瓜汁这些饮品，也可以用一点西洋参片来泡茶或者菊花茶。运动方式主要是散步，以清晨和傍晚散步为主，不要等着中午的时候或上午10点以后，那就不适合了，天热了，跟冬天不一样。所以要养心要节狂喜，到长夏要养脾忌忧思。冬天的时候，要避寒防病，起居上更重要的尤其在北方要开窗换气，不蒙头睡觉。冬天可以进补了，要养肾避惊恐，因为惊恐是伤肾的。所以不同的时节有不同的养生。

（三）环境养生

环境养生，人现在选择环境：地形、空气、饮水，都要注意。北京的饮水环境最好的是朝阳区。房子的选择通风非常重

要，坐向也很重要，坐北朝南的房子，采光好，大家都知道买新房，采光好的和采光不好的差好多钱，这是对健康有帮助的。居室的环境，最重要的我想提下环境的污染，居室装修的污染，对人体健康的危害现在是很大的，当然还有通风的问题、阳光的问题、湿度的问题、温度问题，包括色彩对人体的影响等问题。居室的环境，最重要还是房子装修问题。我给大家举一个例子，儿童医院血液病当中常见的一种病是小儿白血病，胡亚美教授曾经在5年前讲，那些白血病的孩子们70%是半年之内家里装修过，现在已经达到了90%了。所以无疑可以得出这么个结论，现在装修的污染已经严重地影响了人们的健康，小孩非常稚嫩，所以对他们的伤害最大，大人可以是过敏，可以是睡不着觉，可以是其他的胃肠反应或者是呼吸系统的反应，如胸闷，但是对小孩最刺激的危害就是他的血液系统。我不知道大家在报纸上见没见过这个例子，一个年青的女孩子，为了解决上班远坐车不方便，买了个小车，结果每天早晚要有3个小时在车上，半年以后这个女孩子就得了血液病。打官司，但是我们国家汽车的内饰标准尚未出台，打不了这个官司，没有标

准。汽车内饰的这种污染和居室的污染具有同样的危害性，大家有新车的就感觉到，中午晒完车以后再进去，可能会流泪，会感觉到呼吸不畅快，这就是粘合剂的那种化学毒素的影响，一个是苯，另一个是甲醛，所以在这儿给大家强调一下，居室的装修和汽车一定要环保，多花点钱，买点绿色的环保材料，不要为了那点钱而影响了自己的健康。

（四）起居作息与养生

起居的养生、作息的养生，我觉得重点是这"九常"。常梳头，不是说要出门的时候才梳头，梳头是为了对头脑的一种健康；常搓面，因为面部的经络是非常丰富的，你搓了面部的经络实际上对它内在的脏腑也有一个激发作用；常揉鼻，对于呼吸系统很好，肺是开窍于鼻的；常伸肢，要活动筋脉；常运目，怎么运目？可以闭着眼睛，眼球在转动，上下左右要常运目，尤其是常常盯着电脑的年轻朋友；常叩齿，这都很简单吧，中医讲肾是主骨的，骨骼是肾所主，所以肾不好骨骼就不好，腰腿就不便了，而齿呢，是骨之余，所以常叩齿可以强肾，健骨，固齿；常旋腹，摸肚子，是顺时针的摸，可以对脾胃消化系统有很好的运转作用；常弹耳，大家知道，各种脏腑的表现都可以在耳朵上产生反映，所以也叫全息反射，那么耳朵当中，我们经常说耳疹，耳朵的一些变化，可以表明脏腑的一个病理变化，所以你弹耳朵、摸耳朵、揉耳朵，都有好处，比如说这耳垂对于心脏就有很好的调节作用，耳尖对于你的血压调节都很好，你搞不清楚这些穴位，没有关系，可以整个泛泛地进行，如果你身体不好，你可以发现你的耳朵里头可以有疙疙瘩瘩的东西，包括肿瘤，我在肿瘤病房当中可以发现，相当多的肿瘤病人耳朵是有很多的结节，长期气血积聚的结果，就出现了肿瘤，这个时候你要问他，他就会告诉你许多别人不知道的事情，情绪长期的气血的瘀滞；还有常提肛，常提肛不但是对于消化系统有好处，改善你的排便，我们说要排毒，排便就是排毒，同时对你的生殖系统、泌尿系统也有很好的作用。大家想一想，在做提肛运动的时候，实际上整个盆腔都是在运动，对不对，那么这种运动反过来对它相应的器官的这种调节会起到一个很好的作用，这比你吃药要方便得多。所以大家看这日常生活当中实际上有很多很简易的养生方法，大家都没有去做，所以就求助于吃药。药，不管是什么药，都会有一些不良反应。

（五）睡眠养生

睡眠养生，我刚才已经给大家谈到的睡眠时间的保证，晚上11点最好睡觉，中午要睡一小觉，哪怕是15分钟，年轻同志也得这样。然后睡的姿势，右卧最好，叫"卧如弓，右卧以舒，脾气归于肝"，中医讲肝是主藏血的。睡觉之前切忌七情过及，忌多言，忌饱食、饥饿。

（六）饮食养生

饮食，我刚才也提到很多，吃得好，但并不意味着吃得对。健康膳食是金字塔，金字塔的最底层应该是蔬菜、水果、粗粮、五谷杂粮，然后再往上才是肉类、奶类、蛋类。所以有四少四多，少烟多醋、少糖多果、少肉多菜、少药多食。孙思邈活了一百多岁，在古代活一百多岁跟现在不一样，那时候的寿命平均都比较短，他说"食能排邪而安脏腑，悦神爽志以资血气"。

常用的汤和粥方，秋冬季节尤其冬天，可以吃点羊肉，当归生姜羊肉汤很好。百合莲藕汤，补阴的；冬瓜汤，利湿；荸荠水、梨水这是养肺阴的。红枣是养血的，山楂不仅消肉食，而且活血通脉。老年同志多吃点山楂，喝果楂比其他诸如橙汁之类都好，它有活血通络的作用。粥当中小米比大米好，所以我给大家推荐的是小米、紫米、薏米，可加点百合、山药、红薯放到粥里，山药是健脾的，红薯对于降血脂和软化血管非常好，百合是养肺、美容的。莲子，健脾养心，如果能喝点苦的，可以尝试莲子芯，带芯儿的莲子还有清心泄热的作用，如果稍微有点心火，那就要用这种带芯儿的莲子。皮蛋瘦肉粥非常好，补气血。绿豆是清热解毒的，而红豆是活血清利小便的。

喝什么样的饮料才能保证健康又对健康有帮助呢？从茶上来说，绿茶是以清热为主的，如果你平常脾胃寒，经常拉肚子，那就不要喝绿茶了，更不能空腹喝。不能说因为绿茶是健康的，就对每个人都健康。茶也要分性的，要根据每个人的体质来喝。铁观音相对来说缓和一些，因为它是半发酵的，红茶就是温性的了。所以大家有时候去喝茶，经常什么茶最贵就要什么茶，其实是不理智的，你本身经常拉肚子，而且是体瘦的，你就要去喝普洱茶。红茶是温性的，经常上火的人就不能喝红茶。菊花茶是清热明目的，比如说血压偏高，经常出头汗、耳鸣，那可以喝点菊花茶，嗓子还不太舒服，或者再加点金银花、金莲花，叫三花露，清热、利炎、解毒，对治疗眼睛有点发红很好。如果眼睛干涩，那喝点什么？枸杞子茶，有的时候我经常建议我们的患者朋友，枸杞和菊花合起来。老同志在秋冬季，每天吃药是吃药的杯，然后喝茶是喝茶的杯，枸杞子八到十粒，到超市买最好的枸杞子，宁夏的，然后再加上两朵菊花，既可以清点热，还可以补肝肾、明目，效果非常好。有很多的青年朋友看电脑久了也可以服用，别觉得年轻人不用补肝肾，有的时候用眼用多了就会伤肝肾了。久视则伤目，肝开窍于目，所以也可以用一点，但不要多。如果觉得有点上火了，就把它减量，可以四粒五粒，如果八粒十粒还觉得效果不太明显，还可以再加。另外常用补气养阴甘寒之品是西洋参，可以把西洋参片泡在水杯里，每天既补气，又不上火。西洋参和人参不一样，它是甘寒之品，而人参是温的，容易上火。

　　蔬菜当中西红柿、萝卜、菠菜都是很好的食品。芹菜、苦瓜、洋葱也是好东西。我们国家新疆地区是长寿地区，那么跟新疆的洋葱非常有关系。大家可能听说过前两年开始盛行红葡萄泡洋葱来降血脂、软化血管，这实际上非常有道理。欧洲人当中法国人动脉硬化和高血脂是最少，为什么？第一他们喝葡萄酒，第二西餐当中配洋葱是非常讲究的，必配的。所以多吃点洋葱是非常好的。芦笋、芹菜、黑木耳以及各种菇类，这些东西都是抗肿瘤，调节免疫力，排出毒素，对骨髓都有很好的作用。

　　肉类也要区分不同的性。根据体质的不同，吃的东西是有偏重的，不是所有人都吃一种东西。因为鲍鱼是最贵的，所以孝敬老爹老妈吃鲍鱼，吃得老爹老妈嗓子生痰，然后口舌生疮，这种事见过的。鲍鱼、鱼翅是最不能吃的，铅和重金属含量比较高，而且很多是假的。肉类当中性凉的是鸭肉和鹅肉，所以大家想一想，产后有没有吃鸭子，吃鹅的？没有。产后是吃温性的，温补的，所以要吃乌鸡，因为鸡肉是温性的，这是有道理的，体质热才吃凉性的东西。肉也分这样一些不同，性平的是鸽子肉、鹌鹑，羊肉是温热的，所以如果你现在脸上长好多的疙瘩，你就不要去涮羊肉了，越涮越厉害。有的人脸上痤疮就是涮羊肉加重的。最热的是狗肉，所以冬天东北那边才吃狗肉，没有说广东吃狗肉的。所以地域和气候，和人的体质都是密切相关的。那么海物当中温性的是海参、虾、鲍鱼、带鱼、胖头鱼、草鱼和鳝鱼，所以鳝鱼吃多了并不好，尤其是夏天这些东西都要少吃。比如海参，一般夏天不吃，到了冬天的时候才吃。平性的海蜇，夏天凉拌海蜇。大家记住，对虾不是温性的，我刚才说温性的是青虾，所以虾和虾不一样。平性的是对虾、乌贼、黄花鱼、鲳鱼、鲫鱼、鲤鱼、白鳝、鳖、泥鳅、鲢鱼和干贝，这些都属于平性的。那么寒性的是蟹、螺、蛏子、蛤蜊、田螺、海带，如果脾胃虚寒的话这些东西都要少吃。

不同的体质针对不同的饮食。自己如果总上火，大便总是干燥的，那温性的和热性的东西就要少吃，就要吃寒性的或者凉性的，或者是平性的。这和西医的营养成分没有相关性，这是两种不同的理论。

（七）运动养生

运动养生我觉得最实际的是快散步，不管是老年人，还是青年人，快散步一天一万步，大概是五十分钟到一个小时，微微汗出。北京中医药大学有一批教授向来不吃西药，血压、血糖稍微高点，就去走圈，一天走上一万步，血压、血脂就走下来了，就不需要吃药了。如果实在不行，再用中药或用西药结合起来，尽量要少吃这些药物。

还有就是勤动脑，不但身体要运动，脑子还要运动，要读书、看报、思考问题，否则也会对健康产生危害，因为大脑是支配人体整个系统的，所以还要有事情干，要动动脑筋，不能一坐下看电视就看两个小时，那不行的。要思考一些问题，能写点东西那更好。

（八）房事养生

房事养生，要有但是不可过。不可过，没有也不行，没有房事对身体也是有害的，过之也不行，不及和过之都不是一个健康的房事养生。我们在临床上见到了很多乳腺癌的患者，什么样的人高发呢？老姑娘。包括其他妇科疾病，比如宫颈癌等等，老姑娘或者是晚婚，晚婚了或者晚育，或者是晚育了自己不哺乳，都比正常的人群高出几倍甚至十倍，但是男性同样也有这些问题。

（九）娱乐养生

娱乐养生包括琴棋书画，畅情抒志；旅游漫步，开阔胸怀；读书看报，消遣娱乐；花木鸟鱼，怡养性情。经常吹拉弹唱、下棋对弈，不仅可以锻炼手和脑的功能，同时也可提高生活情趣，使自己在心理上有所寄托，丰富自己的精神世界，使人振奋，胸怀开阔，这对身心健康是十分有益的。种花是一种脑力劳动、体力劳动兼而有之的运动。可以舒心健身，通过种花，可以锻炼体力、脑力，达到身心愉快、健康长寿之目的。在侍弄花草的同时自然而然地调匀气息、舒展腰身、锻炼筋骨、舒缓情绪，与花草一起呼吸清新的空气，从而达到全面锻炼身体的目的。

（十）保健针灸、按摩养生

还有一些人需要保健针灸、按摩养生。针灸、按摩，比如我们经常说的足浴，或自己摸一摸足三里穴、三阴交穴、涌泉穴、劳宫穴。搓搓脚心，搓搓手心，这些都是一种按摩的养生保健。实际上这些活动在看电视的时候自己就做了，我们经常搁着手不愿意去动，没有保健意识。脚心、手心经常搓一搓，这都是有心经肾经的穴位。所以大家学一学这方面穴位的知识。

（十一）药物养生

药物养生，要根据气虚、血虚、阴虚、阳虚和热盛、消化不良、血脉不通等不同情况，用不同的药物。比如说补气的人参、常参、西洋参、黄芪、山药，这都属于补气，可以作汤，也可以代茶饮；当归、龙眼肉、阿胶，都属于补血的；滋阴的，比如说枸杞、百合、桑葚子，尤其是黑色的，桑葚有两种颜色，越深的越补肾；补阳的，鹿茸、杜仲、肉桂、核桃，我们老年同志每天晚上在睡觉之前，吃一个核桃仁，这是很好的东西；萝卜、陈皮、山楂、红果茶，这都属于消食的；玫瑰花，还有我刚才说的葡萄酒，这些都是活血通脉的，白酒喝上一两以内也可以得到活血通脉的作用，所以酒不是坏东西，但是要量少才好；美容的就更多了，芦荟、珍珠、当归、人参、茯苓，这都属于美容的药物，我觉得美容是应该内治为主，所以你内在脏腑气血有什么问题，调整好了，你的面部也就美了，气血就调和了，这是一个核心的思想。

最后给大家说一下，常见疾病的中医防治。实际上这些病的治疗方面，中医非常有优势和特色的。当您的家人有了疾病，首先要知道，这个病应该是采取中医的治疗为主，还是西医的治疗为主。然后再行动是到中医医院去治疗，还是去西医医院去治疗。这个指导思想非常重要，你要设计一个方案，或者到中医那儿去看一看，再到西医医院，然后综合考虑这个病主要在哪儿来治疗。我们现在有很多人得了病不是这样的，东一榔头，西一榔头，耽误了治疗的很好时机，这种病例太多了。思想理念上没有梳理清楚，有病就慌了，任何行动必须要有一个正确的指导思想。所以您必须认识中医的优势在哪里，西医的优势在哪里。西医就是要除恶务净，而中医强调的是要自身的调整，发挥主观能动性，应该说理念上还是有很大的区别。那什么样的病，我刚才说这些病可以采取中医为主或者是中西医结合，可以寻找中医的这样一些途径。您看我在这儿没有写阑尾炎，也没有说小肠疝气非要去找中医去治疗，做手术就完了。但是相当一部分常见的疾病，包括肿瘤都可以采取中西医优势互补，一个肝癌的病，西医的治疗有一个生存期，但是中医的治疗照样可以带瘤生存，差不多也可以达到这个生存期，甚至更长。病人如果不采取西医的治疗，很可能他的生活质量还高一些。这就要具体问题具体分析。根据不同的时期，是早期、中期、晚期，什么型的肿瘤都不一样。我说的意思是大家要做到全面的综合分析，中医那儿去听一听，中医肿瘤怎么讲，然后到西医那儿，看了怎么样，再定夺一下到底想采取怎样的一个治疗方案，方案下了才有方法。所以我们应该在这样一个现代医疗条件非常好的情况下，要学会归纳后再选择方案，大夫有时候不一定能给你什么，因为他不知道您的家庭的经济情况，您的其他的一些情况允许不允许，所以您必须自己要有这方面的一个设计。

最后给大家一个养生语录，有点文绉绉，但是实际上重点的意思就是人要有一个平和的心态，有一个慈良之心，有一个宽宏之心，生活要简单，要平淡，这样才能做到长寿，所以叫仁者寿，这是在古代的文献当中谈到的。智者的养生是"顺四时而适寒暑，和喜怒而安居处，节阴阳而调刚柔"，这样才能长生，这是《黄帝内经》所讲到的，2000多年前的文献。

最后，送给朋友的几句话，关于健康，关于养生，"恬淡虚无，真气从之；精神内守，病安从来""阴平阳秘，精神乃治"。

祝大家，祝所有的朋友们和您的家人，健康长寿！谢谢！

讲座 丛书

陈　明

从出土文献看汉唐西域中外医学交流

陈明　北京大学南亚学系教授。主要研究领域为印度古代语言文学、佛教语言与文献、医学文化交流史。已出版专著:《印度梵文医典〈医理精华〉研究》《殊方异药:出土文书与西域医学》《敦煌出土胡语医典〈耆婆书〉研究》《中古医疗与外来文化》《文本与语言:出土文献与早期佛经比较研究》《印度佛教神话:书写与流传》。

"作为社会史的医疗史研究"是近年兴起的一个史学研究领域。20世纪90年代初，台北"中央研究院"的历史语言研究所成立了"疾病、医疗与文化的研究小组"，他们提出了五大研究课题，其中第四个课题就是从医学角度看文化交流的问题。要搞清楚中外医学的交流，单靠传世的汉文文书或者医学的典籍来探讨，是远远不够的。出土文献给我们提供了很多材料和其他方面的新视角。在"新史学"的口号下，"作为社会史的医疗史研究"也为出土文献的研究提供了新的推动力。

就现有的汉唐西域中外医学交流研究而言，王孝先的《丝绸之路医药学交流研究》属于这方面的成果。但该书的取材范围主要是传世的文书，如二十四史中若干《西域传》的记载，还有隋唐时期的几大医书——《千金要方》《千金翼方》《外台秘要》中的史料。此书对出土文书的利用比较少。季羡林先生的《蔗糖史》一书，分为上、下篇。上篇曾作为单行本出版，名为《中华蔗糖史：文化交流的轨迹》，下篇是《糖史·外国编》。在这部书里，季先生利用了不少出土文书，特别是西域出土的几部胡语医书，来探讨蔗糖医疗作用的转换和变化。虽然《蔗糖史》不是一部专门研究医学交流史的书，但其中给我们提供了很多好的研究范例。作为文化交流史的专著来说，季先生的这一部书值得向大家郑重推荐。

典籍与文化 9

一、丝绸之路出土医学文书的简要介绍

丝绸之路出土的医学文书主要来自敦煌，也有吐鲁番地区、楼兰、龟兹、吐峪沟等地的。如果按语种来划分，基本上分为汉语文书和非汉语文书（即胡语文书）两大类。胡语文书在国内收藏很少，主要收藏在英、法、德、日、俄等国家。

1. 汉语医学文书。敦煌出土的汉语医学文书的主体部分是中医药文献。它的内容较广，不仅有阴阳五行的学说、中医的一些基础理论，还涉及临床的各科，包括内、外、妇科和儿科的一些古药方，针灸和本草学的著作，以及佛医和道医的文书。此外，敦煌文书中还有一些涉及医事的部分。敦煌的文书基本上是独具一格，自成特色，对于敦煌地方的医学情况有比较明显的反映。至于敦煌医学文书的分类，马继兴将之分为医经诊法类、医术医方类、针灸药物类、其他的医术类和医事资料类。丛春雨在《敦煌中医药全书》中，也有类似的分类，但他添加了藏医类，而实际上，藏医药并不包括在敦煌中医药的范围之内。总体而言，两人的分类没有根本上的差异，其中与医学交流相关的类别，主要是医方类、佛医类、医事杂论，甚至还包括藏医。

如果要了解敦煌医学文书的整体情况，可以看一下马继兴的长文《当前世界各地收藏的中国出土卷子本古医药文献备考》。该文写于1998年，由于文章太长，四年后才发表。他的这篇文章按着收藏地的不同和文书的编号顺序，逐一介绍了1998年以前他所知道的绝大部分汉语医学文书的情况。我稍微做了一下统计，大约有320种左右。即使我们再把之后所知道的俄藏敦煌文书当中的医学残卷，以及其他地方他所不知道的文书补充在内，汉语的医学文书也不会超过500种。这篇文章虽然可以再补充一些其他资料，但是内容已经相当丰富。如果要了解整体的情况，最好是以此文为指南，去对照上海古籍出版社等新推出的英、法、俄藏敦煌文献的图版排印本。新的图录都非常精致，看起来比较简便，比如，其中收录的《食疗本草》残卷（图1），编号S.76，是唐代的医书，早已轶散。此敦煌残卷是《食疗本草》的唯一抄本。迄今为止，有关敦煌汉语医学文书的整理著作，已有多部。从文书整理的角度看，我认为早期比较重要的一部书是马继兴于1998年主编的《敦煌医药文献辑校》。马先生是中医研究院（现中国中医科学院）医史文献研究所的资深专家，中医文献的功力非常深厚，与他合作的一批研究人员在这方面也有比较精到的研究，因此，这本书的质量比较高。不过，研究敦煌卷子，最好要看原卷。不必每个卷子都要自己重新做录文，已经有了录文的，可以利用前人的成果，和原卷或照片对照后，进行校改，这是很方便的法门。丛春雨有两部著作：《敦煌中医药全书》和《敦煌中医药精萃发微》。《敦煌中医药全书》对相关文书进行了整理，还做了一些注解，值得参考。对于已有的录文，还是需要和原卷（至少是原卷的照片）对照，不宜直接抄录别人的录文，以避免录文中的一些错误。

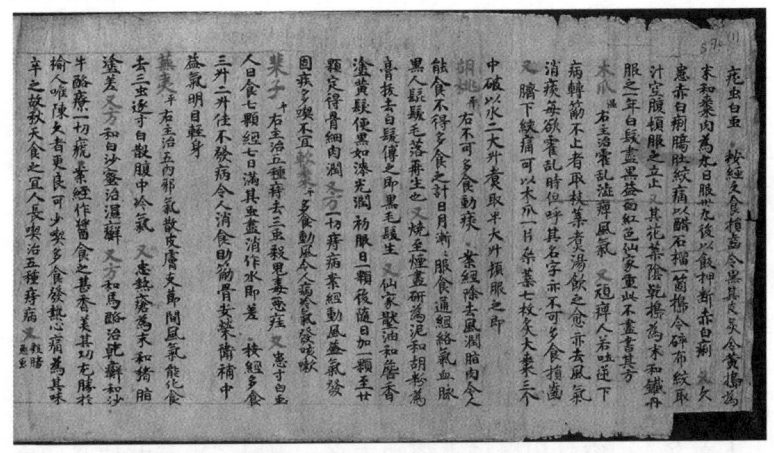

图1　S.76《食疗本草》残卷

2. 丝绸之路的胡语医学文书。胡语的医学文书，据现阶段所知，大约有9个语种，主要是梵语，其他的还有于阗文、粟特文、龟兹文、藏文（或用藏文写的象雄语）、回鹘文、犍陀罗语佉卢文、叙利亚文、中古波斯语等。有的是我国少数民族的文字，有的则属于外来语。其中最重要的是梵文，因为生命吠陀医典是印度医学的主体部分，其医典主要是用梵文写的。生命吠陀，梵语 Ayurveda，音译就是"阿输吠陀"，在西域的传播与交流是非常广泛的，对其他语言的医学与文化的影响很大。现存的粟特语、于阗语的医书有些可能是直接从梵语翻译过来的，或者是梵语医书的对照本。其双语对照的文书有两种抄写方式，一是 A 面抄梵文，B 面抄于阗文；一是同一页内，上面抄粟特文，下面抄梵文。从这些对照的格式就可以看出，印度医学在西域或中亚地区的影响是很大的。

（1）梵语医学文书。丝绸之路最重要的梵语医书是《鲍威尔写本》（图2）（The Bower Manuscript）。《鲍威尔写本》是1889年从新疆库车附近的古代佛教遗址中挖出来的。最初的目的也不是考古发掘，而是一些当地人在那里挖宝，就把它给挖出来了。当时，有个英军中尉，名叫鲍威尔，他从印度追一名逃犯到库车地区。有一天晚上，当地人带他去看那些挖出来的文书，并把其中的一部分卖给他。这部分文书并没有总的题目，学术界为了方便，就把它命名为《鲍威尔写本》。鲍威尔回到印度之后，把这批文书交给了当时孟加拉亚洲学会会长沃特豪斯（Waterhouse）。这位会长也是一位军人，学术水平并不高，他又把这批写卷交给了时任孟加拉亚洲学会语言学干事霍恩雷。霍恩雷是一位非常优秀的语言学家，对古代印度的医典也很熟悉。看到这批写卷后，他非常激动，全身心投入研究。他花了将近20年时间，对全部写卷进行了很细致的研究，出版了转写、翻译本和研究，后来编成了三卷本的《鲍威尔写本》，刊行于世。这批写卷是抄写在桦树皮上写的，每页树皮中间穿个孔，再用线或细绳将所有的桦树皮连在一起，有点类似我国古代的竹简。霍恩雷经过研究发现，《鲍威尔写本》由七个不同的卷子组成。前三个卷子的内容和医学相关，第四、五个卷子实际上是一件占卜文书，内容是用骰子来预知未来。用骰子进行赌博是印度从古到今非常流行的方式，在印度古代的两大史诗当中就有了很多记载。第六、七个卷子是一部陀罗尼经，名叫《大孔雀明王〔妃〕经》，属于密教经典，时代相对较晚。霍恩雷认为，《鲍威尔写本》的抄写年代大约是在公元4世纪，即公元375年前后，或者是公元350年到400年之间抄写的。这一观点流传了很长时间。西域出土的文书情况非常复杂，字体的演变也很复杂。20世纪80年代中期，研究西域写本的德国字体学家洛·桑德尔（Lore Sander）发表了一篇论文，她认为《鲍威尔写本》抄写于6世纪前后。她的这一新观点已得到了学术界的认可。

图2　《鲍威尔写本》

《鲍威尔写本》的前三大部分是医学写卷，相对来说，第二个卷子比较完整。它应该是一部医书的模式，总共有16章，现存第一至十四章，最后两章缺失了。第一个卷子也是残卷，主要讲述大蒜，包括大蒜的神话来源、在民俗节日中的用法、使用大蒜的药方，以及其他药物的配方和功效。第一个卷子的第43个药方之后，则看起来像另一部小型的药理书（tantra），由很多不同的药方组成。《鲍威尔写本》的第三个卷子也是一个残本，只有72个药方。值得注意的是，早期印度的医书和其他科学文献一样，大多数是用偈颂体（就是所谓的诗歌体）创作的，与一般用散文体创作的中医著作不同。印度梵语文献中，不同的偈颂有不同的韵律，最常见的韵律是输洛迦（Sloka）。《鲍威尔写本》的三个医学卷子也多数是用输洛迦体写成的。《鲍威尔写本》中的三部医书的发现有重大的学术价值，至少可以证明两点：第一点，印度古代医学成就是非常高的。这三部医书中记录了十几位古代印度医学家的名字，以及他们所发明或合成的大量药方。通过与传世的印度医学典籍相比较，我们发现《鲍威尔写本》中的不少医方来自印度生命吠陀经典著作《阇罗迦本集》和《妙闻本集》。第二点，它证明印度医学的传承体系是多元的。《阇罗迦本集》中记载，印度医学大师阿提耶（Atreya）有六个门徒，各自有医著传世。六人中比较有名的是如火（Agnivesa）、毗庐（Bhela）二人。《鲍威尔写本》很可能是大医家阿提耶的另一位学生的成果。

　　毗庐名下的医著《毗庐本集》（*Bhela-samhita*）在丝绸之路也有流传。其残片发现于新疆的吐峪沟，其内容对应于传世的《毗庐本集》的《病理部》最后一章（第八章）的末尾和《胚胎部》第一章的开头部分。从残片的数量和内容的分量来说，《毗庐本集》远不及《鲍威尔写本》中的医著，但是，它证明了印度古典生命吠陀著作在西域的传播不是单一的。《毗庐本集》最初是由德国吐鲁番探险队的勒柯克发现的，他将这件文书带回了德国，后由吕德斯教授进行了研究。吕德斯教授是季羡林先生的祖师，当时在德国东方学界的地位非常高，他不但研究医学文书，而且对佛教文献、世俗文书、梵语语法著作等也有精深的研究。他的著作《印度语文学》迄今仍然是印度学家的必备参考书之一。

典籍与文化 9

189

除《鲍威尔写本》中的医著、《毗庐本集》外，新疆出土的梵语文献中，还有《医理精华》的三叶残片，以及其他的零散梵文医学文书残片，主要刊布在德国哥廷根大学主编的《吐鲁番出土梵文写卷》丛书中，该丛书已陆续出版了十卷本。此外，在法藏敦煌文献里有二三件梵语医方残片，尚未刊布，也没有人做过研究。当然，在新出土的文献中，也不时会有医学残卷的身影。1994年，阿富汗出土了一件梵文医学残卷，夹杂在一批犍陀罗语文书之中。该批文书被一位匿名的商人购买，随后赠送给了大英图书馆收藏。大英图书馆邀请美国华盛顿大学（西雅图）的 Richard Salomon（邵瑞祺）教授，组织一批国际学者对这些犍陀罗语文书进行研究。他发现其中的一件梵文抄写的医书非常特别，使用的不是佉卢文的字体，而是中亚写本中常见的婆罗谜字。这件梵文医书的年代是否早于《鲍威尔写本》，现在还不能确定。如果它的抄写年代和相关的犍陀罗语写本的年代基本一致的话，那么，它就比《鲍威尔写本》的抄写年代要早，因此，值得特别的关注。在丝绸之路，还有一些比较晚出的印度梵语医学文献。日本大谷探险队收集到了三部印度梵文医书，其中有一部《八支心要方本集》是18世纪时尼泊尔所出的。总的来说，《鲍威尔写本》能够证明外来的（尤其是印度的）医学文化曾经对新疆的地方医学有所影响。通过对《鲍威尔写本》和其他医学写本的对比研究，我们还可以发现它对于多民族地区语言的医学也有影响。《鲍威尔写本》当中还保存了一些印度古代民俗的史料，可以进一步探讨印度民间的社会生活，以及包括医学的治疗方术在内的民俗学意义。

（2）于阗语医学文书。敦煌藏经洞所出的成型的于阗文医书主要有两部：《医理精华》（*Siddhasara*）和《耆婆书》（*Jivaka-pustaka*）。《医理精华》是用梵语写成的，大约成书于7世纪的中期，作者是医学家拉维笈多（Ravigupta）。作为印度医学向外传播的例证，《医理精华》有重要的学术价值。该书有藏语译本，由9世纪的三位翻译家翻译，至今还保存在藏文《大藏经》中。敦煌所出《医理精华》的于阗语本有两种，Ch. ii002 和 P. 2892。Ch. 是 Chinese 的缩写，这是斯坦因第一次拿到敦煌藏经洞的文书后首次编的号，后来没有改变过，因此，由 Ch. 的编号可确知该英藏写卷出自藏经洞。《医理精华》的于阗语本不是直接译自梵语本，而是转译自藏语本。10 世纪之后，梵语本《医理精华》被译成阿拉伯语，有残片保留下来。13 世纪，梵语本《医理精华》又被译成了回鹘语，其回鹘文文本也有一些残片出土。《医理精华》的梵语精校本出自德国恩默瑞克（R. E. Emmerick）教授之手，他在 20 世纪 80 年代，把印度流传下来的 7 个梵文写本整理出一个精校本。1982 年，他又把《医理精华》的藏文本译成了英文本出版。他的第三步工作是研究《医理精华》的于阗文本，重新转写并翻译。可惜天不假年，这位在中古伊朗学和印度古典医学研究方面做出了巨大学术成就的学者，于 2001 年不幸去世，没能完成这一计划。

　　《医理精华》（Siddhasara）是印度一部主要讲述临床医学知识的经典著作，也是一部医方的选集。从名字上看，sara 是"精华"的意思，即从其他医书中挑选出最为精粹的内容，合成一部新书。该书总共有 31 章，内容涉及内科、外科、儿科、妇科、五官眼科等多方面疾病的治疗。该书由医学理论和疾病论述及相关药方构成。它的前四章是医学理论，包括药物的分类理论。《医理精华》的第四章很有意思，介绍了印度生命吠陀中比较独特的医疗观念。该章中宣称临死的病人身体上会出现多种恶相，医生通过观察，可以预判病人的结局。该章中还特别强调为病人去请医生的那位信使，其角色非常重要，所选派的信使不同，预示患者的结果也不相同。印度是一个推行种姓制度的等级社会，如果派一个低等种姓的人，或者五官长相很难看的人，那就会给患者带来一些不祥的预兆。此外，医生在去病人家的路上，所看到的各种不同的景象也会对治疗有所影响。比如，医生在路上碰到两个小孩打架，打得头破血流；或者看到有的人在点火，有的人大闹大骂，或者看到一些蛇或者老虎等动物的话，就预示着该病人很难治愈，因此，有些医生为了保住自己的名声，就借故不去给病人治疗。当然，也有一些良医看到这些不好的景象，会再推算天时，仍然去病人家试一试，这样病人也许还有救。类似的这些观念在我国中医的典籍几乎没有，中医主张望闻问切，也提到通过病人的面相察看病情，但从未有关于请医生的使者、医生在路上所见到的景色会对治疗疾病产生影响这种观念。

　　《医理精华》中收集了许多珍贵的临床医方，学术价值很

典籍与文化 9

191

高。该书按着不同的主题进行编排，特别是从第五章到第三十章比较明显，按着不同的疾病来分章论述。在论述每种疾病的时候，作者又采取先叙述病因、疾病的分类，再排列不同的药方这样的格式。这样的编排与印度三大生命吠陀经典按照八支（即医学的八个分科，又叫"八分医方"）的构架是不同的，《医理精华》的编撰方式得到了后世大多数印度医学家的模仿与继承。正因为《医理精华》在印度医学史以及中印医学交流史中具有一定的地位，它得到了不少学者的关注。2002 年，陈明《印度梵文医典〈医理精华〉研究》一书，由中华书局出版。此书不仅将《医理精华》梵文本首次译成汉文，还对《医理精华》与印度医学知识在中国的流传和影响进行了深入的探讨（该书的新版本 2014 年由商务印书馆出版）。

　　另一件比较重要的医书是梵文和于阗文双语文本《耆婆书》。该书中提到了印度古代佛教名医耆婆（Jivaka），英国著名伊朗学家贝利（H. W. Bailey）教授因此给此书取名为《耆婆书》(Jivaka-pustaka)，Pustaka 就是"书""书籍"的意思。该书以耆婆向佛陀请教医学知识为开篇，其后就是佛陀教示给耆婆的许多医方。该书编号为 Ch. ii003，现藏于大英图书馆东方与印度事务部的收集品中。《鲍威尔写本》抄写在桦树皮上，《耆婆书》却是贝叶的，二者的形制不一样。《耆婆书》残存 43 叶，大概在 11 世纪以前抄的，它是晚期于阗文的文本。晚期的于阗文在学术界暂时还没有确切的历史年表，大致认为它是 11 世纪以前的。因为 11 世纪之后该语言就未见使用了，所以，《耆婆书》抄写的年代大约是在公元 900—990 年间的范围之内。《耆婆书》的结构也与《医理精华》不一样。《医理精华》是完整的医书，按照先说医理，再排列医科的顺序来编写的，而《耆婆书》是按着药方的性质来排列的，次序分别为酥药方、药散方、药丸方等。有的还加芝麻油来做药。《耆婆书》现存有 93个药方，相当于一部医方的精选集，而理论上它隶属于印度生命吠陀的体系之中。《耆婆书》和《医理精华》最大的不同体现在，《耆婆书》有佛教影响。一者，它是佛陀说的；二者，它里面有"佛法僧"三宝这样的一些词汇。《医理精华》当中"医"就是"医"，基本找不到与佛教相关的词汇，谈不上与佛教有什么关联，而《耆婆书》有明显的佛教影响。《耆婆书》

的于阗本是一个翻译的文本，和梵文文本不太一样，它不是直接的一一对应或原原本本的翻译，译者在中间还加了很多内容。《耆婆书》的于阗文本中，每次提到原梵文本当中的集合名词（如三果药、三辛药等）时，都一一进行解释。另外，《耆婆书》的于阗文本中，还有一些于阗本土的医学知识。因此，敦煌的《耆婆书》可以说是印度的和于阗本土医学知识二者融合的产物。第一部有关《耆婆书》的研究专著，是挪威学者斯坦·柯诺（Sten Known）完成的，他在 1941 年就把《耆婆书》翻译成了英文本。2005 年，陈明的《敦煌出土胡语医典〈耆婆书〉研究》由台北新文丰出版公司出版，该书是他在北京大学历史系暨中国古代史研究中心完成的博士后研究报告的基础上修订而成（其合作导师为荣新江教授），主要讨论了"耆婆"及其在中印古代医学文化交流方面的表现等问题，并整理翻译了《耆婆书》的梵文本。

此外，敦煌所出的于阗文的残药方主要在伯希和的收集品当中，大约有 5 件左右。美国国会图书馆所藏的克罗斯比（Oscar Terry Crosby）收集品当中，有 56 件于阗文的写本，大多数是佛经，也有世俗文书、医药文献。其中有一组现存 4 个残片的医药文献，涉及针灸之法，尚有待学者进行研究，而于阗文医学文书的整体研究也还有进行开拓的空间。

（3）粟特语医学文书。现存的粟特语医学残片有一种，编号 Pelliot Sogdien 19，只有 22 行，其中有关于呕吐、下泻的药方。亨宁（W. B. Henning）教授是粟特语的研究大家。他曾翻译了该残片的部分药方，但没有译全。另一件粟特文的医学文书，是德国美因兹（Mainz）科学与文学院所藏的梵文与粟特文对照的残片，编号 Mz639，它仅存有 7 行，内容是用来治疗眼病的药方。该残片中的一些药物词汇，可与《医理精华》《百方篇》（或《百医方》）中的眼科药方进行比对。

（4）龟兹语医学文书。最有名的龟兹语（吐火罗语 B 方言）医学文书要算是《百方篇》（*Yogasataka* 或《百医方》）。该书也是一部医方的汇编，有梵文本和藏语译本传世。在龟兹语医学残卷中，没有发现《阇罗迦本集》和《妙闻本集》的译本残片，仅仅是一些出自其他医书的药方，有些残片可能与龟兹当地的医学相关。龟兹语医学文书研究的重要著作是法国学者菲利奥扎（J. Filiozat）1948年出版的《龟兹语医药与占卜文书残卷》一书。随着对吐火罗语研究的日益进步，原有的文书解读与研究成果需要进行新的修订。法国彼诺（Georges-Jean Pinault）教授以及其他的一些吐火罗语学者，计划对龟兹语医学残卷展开新的综合研究。

（5）吐蕃医学文书。近年出版的《敦煌本吐蕃医学文献精要》，由罗秉芬先生主编，收录和翻译了6件吐蕃医学文书。该书对敦煌的藏文医学文书有详细的介绍和研究，大家可以参看。

（6）回鹘语医学文书。除了前述《医理精华》的10数件残片之外，回鹘文的医学文书主要是《杂病医疗百方》。现有的国内的研究文章主要有三篇，分别是陈宗振（《回鹘文医书摘译》）、洪武娌（《"古回鹘医杂病治疗手册"的医史价值》）、邓浩与杨富学（《吐鲁番本回鹘文〈杂病医疗百方〉译释》）所作的。最重要的回鹘文医学残卷既不是《医理精华》，也不是《杂病医疗百方》，而是印度生命吠陀三大经典著作《八支心要方本集》的回鹘文译本残片。丝绸之路虽然没有发现《八支心要方本集》的梵文本残片，但该著作的回鹘文译本残片，以及流传至今的完整的藏语译本和蒙古语译本，说明该书对我国的民族医学曾有过真正的影响。

（7）犍陀罗语医学文书。目前能够找出来的犍陀罗语医书只有一种，即出自克里雅的早期的佉卢文书702号的背面文书。在巴罗教授（T. Burrow）的英文转写本以及林梅村的《沙海古卷》中，该件文书残片现有的部分列出了一些药物的名字，通过考察这些药物名称和药物剂量的关系，可以发现它应该是印度生命吠陀医书中的"达子香叶方"。与"达子香叶方"相类似的药方，分别见于《鲍威尔写本》和《医理精华》中。佉卢文书702号的背面文书中，有关治病的那部分内容已经缺失了，但毫无疑问，它是一件医方。现在所能找到的犍陀罗语佉卢文的医书就这一件。

（8）叙利亚语医学文书。在新疆和敦煌所见的叙利亚语药方，数量很少，仅仅一些残片而已。其中有一个残药方，是用雪松油治疗脱发症的药方。这是马罗特（M. Maroth）从吐鲁番文书当中找到的，他认为这个药方应该是来自小普林尼的《自然史》，与波斯的医学家阿维森纳的疗法比较类似。后来有学者进行了进一步的追溯，认为这个药方不用绕到小普林尼的《自然史》里去找，它应该直接来自于波斯的医书，和当时在西域传教的景教徒有关系。景教东传的时候，景教僧人常常使用一些医学知识，医学活动是辅助传教的主要手段之一。在唐代史书中，给唐高宗治病的秦鸣鹤，有学者认为他可能是景教的医生。他医术高明，用扎针去治疗唐高宗的眼病，一下就治好了。他的姓"秦"可能就是"大秦国"的"秦"，由此推知他可能是景教的医生。秦鸣鹤是否确实是景教医生，我们目前尚无法确定。但如果看其他与景教相关的医药书，就会发现景教徒在外地传教时，确实曾使用各种医疗手段作为传教的基本方法之一。

二、从出土文书看中外医学交流

出土文书中的中外医学交流，主要体现在两个方面，一个是医学理论，一个是医药方的交流。

1. 医学理论。佛教医学理论中，疾病的总称为"四百四病"。佛教认为人体是由"四大"元素（地火水风）或"五大"元素（地火水风空）构成。"地火水风"的失衡，造成人体的疾病，每一种导致 101 种病，这"四大"所总共导致的疾病为 404 种，称之为"四百四病"。在汉译印度佛经当中，并没有关于 404 种病名的具体排列，但在藏医学经典《四部医典》当中，404 种病名都列出来了。敦煌的汉文医学文书当中，《张仲景五脏论》（P. 2125 等）和《明堂五脏论》（P. 3655）提到了"人生四大""四大五荫、假和成身""四大假和""一大不调、百病俱起"等话语。这是印度佛教医学的基本理论。这样的理论不需要进行详细的考订，一看就知道是来自印度的，因为以往的中医文献中没有这些话。俄藏的 Дx09888（图 3）是个残片，提到了"妙解八术。何名八术？请予列名"。这是印度生命吠陀医学"八术"的内容。Дx09888 的正面所列举的第一术是"头眼方"，第二术是"五脏六腑""内病""切脉"。Дx09888 的背面（图 4）则列举了"第三术"至"第六术"，以下的内容就残缺了。虽然 Дx09888 只是一叶残片，但我们能够看出来它基本的理论是来自印度。唐代求法高僧义净在《南海寄归内法传》中，也记载了"八医"的内容。"八医"就是"八方"（八术），第一术是"所有诸疮"，指治疗身体外来的疾病；第二是"首疾"，指头部咽喉以上部位的疾病；第三是"身患"，指咽喉以下身体的疾病；第四是"鬼瘴"，指受到鬼魔或邪魅的袭击所造成的疾患；第五是"恶揭陀"，梵语 agada，包括解毒药和解毒的内容；第六是"童子病"，指从怀胎到 16 岁以前都属于童子病，妇科病也在童子病的范围之内；第七"长年方"，是论述长寿的方法；最后的第八种是"足身力"，强调注意身体强健的方法。在印度生命吠陀中，它本来是指春药一类的房中术，但因为佛教反对性欲，所以它不能翻译成"强精"，只能翻译成"足身力"了。若将Дx09888 的内容与印度的"八术"进行对照，我们就不难发现，Дx09888 中的"头眼方"对应第二术"首疾"；"五脏六腑"对应第三术"身患"；"鬼气"对应第四术"鬼瘴"；"金疮下血"对应第一术"所有诸疮"；"毒药"对应第六术"治毒"；"疗诸［童子］"对应第五术"孩童"。这样的对应关

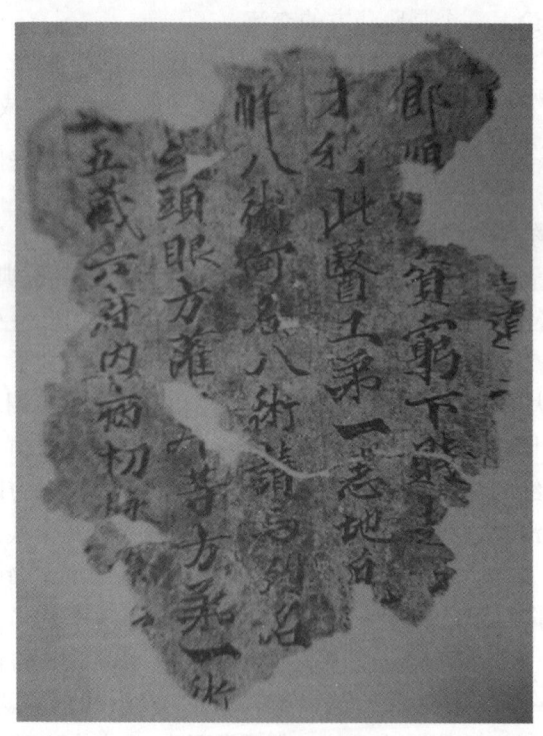

图 3　Дx09888 正面

系恰好表明印度生命呋陀的八种分科的学说在敦煌、吐鲁番地区有所流传和影响。

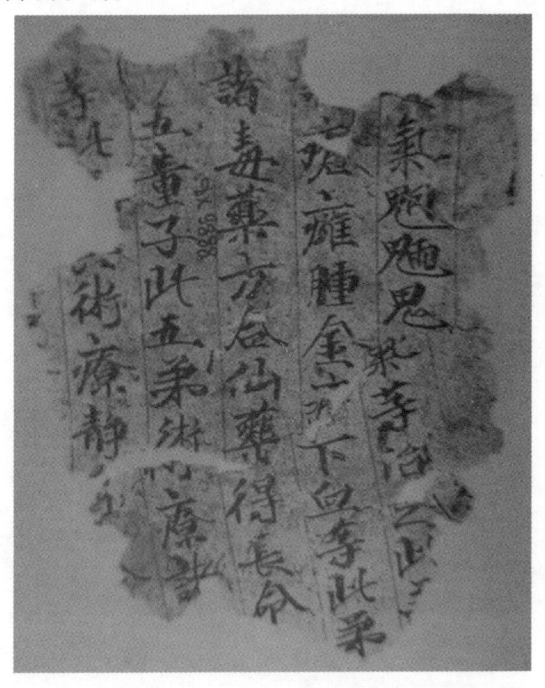

图4 Дx09888 背面

第二种印度医学理论是"三俱"学说。俄藏 Дx18173 是中间断裂了的残片（图5－6）。Дx18173 的正面记载了"问曰:'何则三俱、七界?'"。"三俱"指的是风、黄、痰,风就是内风,黄是胆汁,痰是类似中医所说的痰,有内痰和外痰之分。"七界"指的是一味、二血、三肉、四膏、五骨、六髓、七脑这七种人体组织。这"三俱七界"之说就是印度生命呋陀的理论。Дx18173 中还提到了"四大因缘"和"总集病"。什么叫"总集病"呢?它就是"风黄痰总集病"。按照印度医学的说法,"三俱"是人体中循环的三种体液,这三种体液尽可能地保证人体的健康。三种体液维持平衡状况,就能保证人的健康;它们若处于失衡状况,则导致人的疾病,所以,"三俱"又被称作"三毒"或"三病相"。"三毒"总共造成 7 种病:每一种体液分别造成一种性质的病（3 种）;每两种体液合和能造成的病（3种）,"聚合"就是三种体液集合在一起导致疾病（1 种）,总共造成 7 种病。在佛经中,风性、胆汁和痰性所对应的病分别是

197

风病、热病、水病。三液整合性的病就是"总集病"。所以，Дх18173 中提到的"风黄痰总集病"，正是印度医学理论的体现。

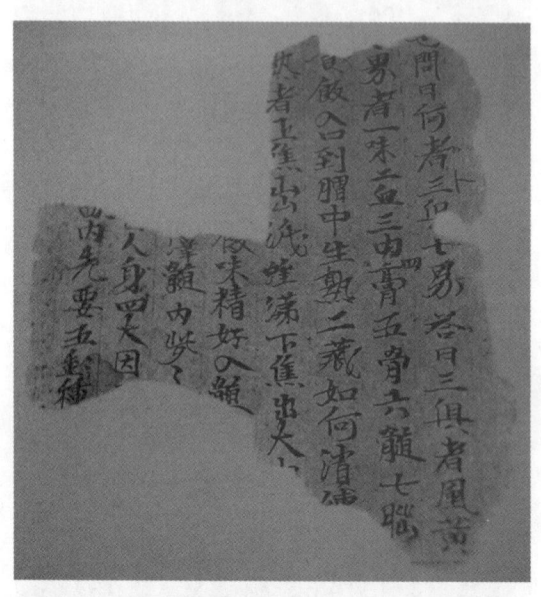

图 5 - 1　Дх18173（2 - 1）正面

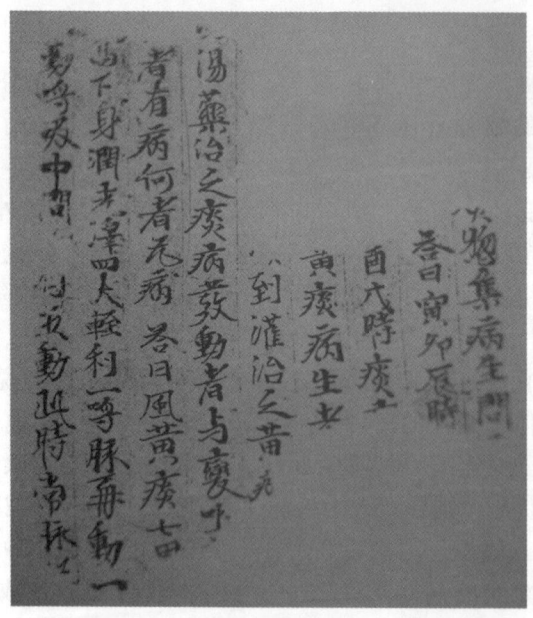

图 5 - 2　Дх18173（2 - 1）背面

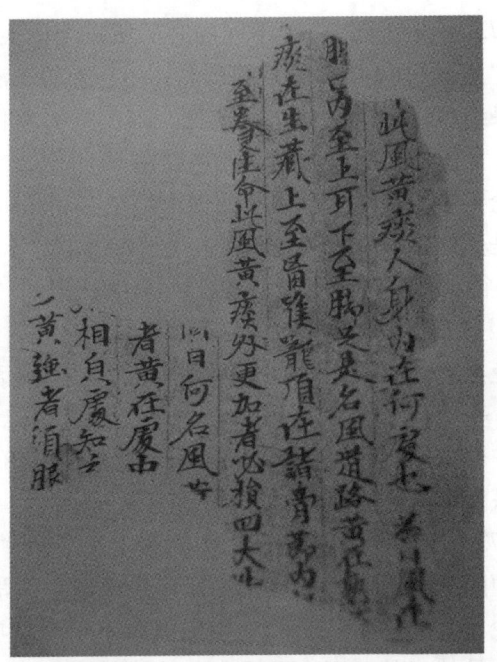

图6-1 Дх18173（2-2）正面

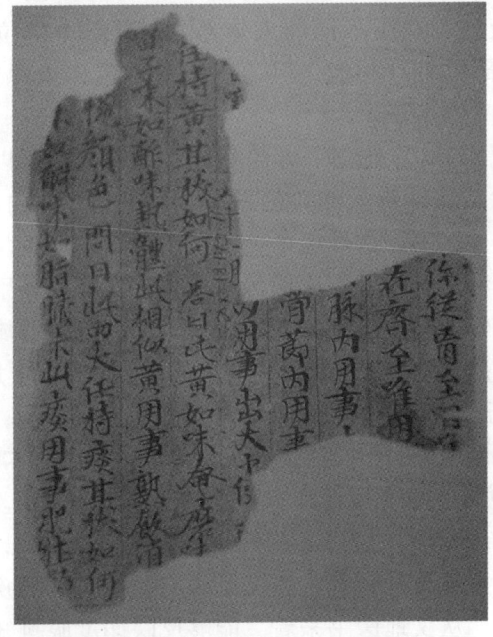

图6-2 Дх18173（2-2）背面

Дх18173 还谈到了每一个不同的时辰所发生的疾病的原因，又提及了"生藏"和"熟藏"的概念，还有人的体液的性能等问题。如果细致地考订 Дх18173 这件文书的抄写年代的话，它应该是在 8 世纪的前后。但即使把它放在 10 世纪，它也比印度脉学的理论要早。印度"脉诊"的理论是在 13 世纪时候才出现的，据说是受到中医的影响。印度古代没有"脉诊"这种方法，"切脉"是很典型的中医概念。Дх18173 中所谓的"一呼脉再动，一［吸脉再］动，呼吸中间［脉］存五动，此时常脉"，这句话实际上与唐代《黄帝内经·素问》卷五中间的话语（"一呼脉再动，一吸脉再动，一吸脉亦再动，呼吸定息，脉五动，闰以太息，名曰平人"）有密切的联系。这说明 Дх18173 号文书把印度的医学和中医的理论掺杂在一起了。

Дх18173 中还提到了"三焦"中的"上焦"和"下焦"，但中医文献中的"三焦"是怎么来的，这个问题在医学史界尚有很大的争论。有的学者认为"三焦"概念是中医自身的，有的学者则认为是外来的，至今还没有争论清楚。印度医学中并没有"三焦"这样明确的概念，印度医书中只提到了风、痰和胆这三种体液处于三个不同的人体部位。这三个部位看起来和"三焦"的部位有点相似，但"三焦"的具体来源究竟如何，还有待于进一步考证。

如果对 Дх18173 做进一步考察的话，我们就可以发现这部文书不是对某一种佛教经典的书写，也不是佛教内容的东西，而明显是一件医书。这件医书确实能反映出印度医学和中医学的交流。这种交流内容在中医传世的典籍当中，特别是中原地区流传的医学著作当中确实比较少见。这就说明西域地区或敦煌地区的中外医学交流的程度，有可能比中原地区更加丰富。

2. 医药方。不妨以眼药方、眼药知识及其应用，来讨论一下丝绸之路的中外医学交流情形。在现存的胡语写本中，《鲍威尔写本》中的前两个写卷都有不少的洗眼睛的方法。《医理精华》的第 26 章是"眼科"，此处眼科的范围比较大，它包括了治疗脖子以上部位的疾病，也就是说有关五官科的疾病，也在这眼科里面。从汉地医书来看，能够反映印度眼科知识传入中国的，主要是眼科理论和金鎞术的记载。唐代王焘的《外台秘要》卷二十一记载了来自西国胡僧的"天竺经论眼序一首"。季羡林先生在撰写《蔗糖史》的时候，发现两部《千金方》中关于印度眼科知识的记载比较少，而《外台秘要》中关于印度眼科知识的记载却比较多。他由此认为，印度眼科知识传入我国的主要时期，可能就在《千金方》和《外台秘要》之间的那100多年。

现存日本龙谷大学的大谷文书中的第1390号残片也为眼药方（图7）。大谷1390号中的眼药方，看起来可能是三个药方的组合。因为残片第一行的有"和水"两个字，可能是一个药方；中间的第二、三行可能是一个药方；第四行"又方"可能也是一个药方。该残片中最重要的是"毕钵"这一味药物。"毕钵"是梵语pippali的音译，即长胡椒。《外台秘要》中，有长胡椒这样的药物，不过是属于药性比较烈的药。它不用于治眼病，中医认为用这种药治眼，对眼睛有损害。印度和西域的看法却与此不太一样，不少的治眼方都用长胡椒。比如，《鲍威尔写本》第二个写卷的第854颂中，有一个"黑眼膏"，就掺了长胡椒。《医理精华》的第26章中，也有不少药方，其中也使用了长胡椒。大谷文书的医方残片中也用了长胡椒。然而，《千金方》《外台秘要》《医心方》等隋唐时期的大医书当中，没有一个眼科药方用长胡椒的记载。因此，大谷1390号残片能够反映出它确实是受到了印度医学的影响。

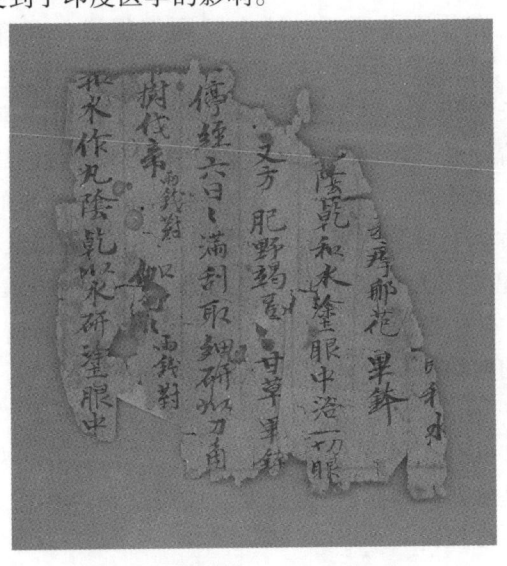

图7　大谷1390号：眼药方

另外一件出自吐鲁番阿斯塔那墓的文书（编号 73TAM 506：
4/43）当中，有一个药方使用了"石蜜"。所谓"石蜜"就是
现在所说的白糖。用石蜜治疗眼病，在《食疗本草》当中就有
关于其医疗原理的记载。敦煌出土的《食疗本草》（S. 076）中
说，石蜜有去除热火、明目的作用。在伯希和收集的其他汉文
医书当中，也有用石蜜来治疗眼病的记载。印度医书《医理精
华》中，也多用石蜜，有的治风湿性眼病，有的治胆汁性眼
病，有的治血液性的眼病，有的治结膜炎或夜盲症。这说明石
蜜的用途比较广泛。然而在传世的汉文中医典籍当中，用石蜜
来治眼病的记载却很少见。用蜂蜜治眼病的则很多，这是中医
的一个特色。这说明这些出土的类似使用石蜜的眼药方，能够
反映不少的眼科知识是外来的，而且应用到实际的治疗活动
当中。

另一类与中外交流相关的药方叫"长年药"或"万病丸"。
在《鲍威尔写本》当中，有三个"长年药方"。长年药方就是
长生药、长生的甘露。它常以天神之药甘露为名，像嫦娥上天

偷吃的灵药就是甘露。甘露的说法不但在印度有，在波斯（古
代伊朗）也有相似的传说。《医理精华》第 28 章专门叙述"长
生药"，就是长年药。在中医的典籍当中也有长年药，那么它们
之间会不会有什么关联呢？这个问题值得进一步探讨。在两
《唐书》里，曾提到唐太宗和唐高宗都请过印度长年婆罗门僧，
让他们做长年药方，结果唐太宗吃了那药后，不久就死了，后
来这个事情就成了笑话。那么，为什么英明神武的唐太宗要用
长年药呢？这反映了古代人对长寿的渴望。将外来的长年药和
中医的药方进行比较，我们就会发现它们的药物虽有所不同，
但是它们配方的方式和药方的长度却存在某种一致性。比如，
《鲍威尔写本》当中的三个长年药，都是大型药方，或者叫复
方。中医的典籍当中，其他类型的药方都比较简短，而"万病
丸"却不一样。《千金翼方》当中就收录了一条"耆婆万病
丸"，有 32 味药，属于大型药方。不过，"耆婆万病丸"中绝大
多数的药是中药。因此，"万病丸"的观念是否有外来影响，还
有待于进一步探讨。

3. 与中外医学交流史有关的其他资料。有一件出自敦煌藏经
洞的纸画，原编号为 Ch. 00217a - c，现编号为 BM OA 1919.1 -

1.0177（1－3）。该纸画的题记是用汉文和于阗文对照书写的，其中于阗文的题记比较简短。题记中提到了16个女神，她们都是保护小孩的。16个女神底下又有很多小夜叉，经常捣乱作怪，使孩子生病。不过，孩子生病的时候，经常去祭祀这些鬼怪，那样就会使孩子痊愈。该组纸画仅残存六幅图（图8－13），画有牛、狐狸、鹿和鸡等神怪的图像。每幅图的旁边注明，若梦见这些神怪的话，小孩子就会得什么病。这六幅画像所反映的内容与汉译佛经《佛说护诸童子陀罗尼经》有关系。该组纸画中说了16个鬼神，而《护诸童子陀罗尼经》里只说了15个鬼神。实际上，二者所说的内容性质是一样的，即这些鬼神会给小孩带来疾病，如果祭祀它们，小孩就不会生病。这组纸画相当于现在街上卖的年画，或小宣传画一类的东西，它反映出当时敦煌、于阗地区的人们有"护诸童子"这样的观念。祸害儿童的这种鬼怪，总称为"揭啰诃"（graha），graha 也有"抓"的意思。印度天文学著作中也有一个词，叫作 nava-graha，就是"九曜"或"九执"。"九曜"指的是"金木水火土日月"，再加上"罗睺"和"计都"两种。印度医书中，nava-graha 指的是九种"揭啰诃"或者"曜母鬼"。在《妙闻本集》中，这些魔鬼有九种。《八支心要方本集》当中有12种。这12种魔鬼，又叫作 bala-graha，bala 就是儿童的意思。12种魔鬼中，有5种是雄性的，7种是雌性的。《耆婆书》当中也提到过 graha，这说明印度医学著作中，graha 的观念基本上是一致的。印度医家都认为 graha 会给孩子带来病患，都需要以不同的方法祭祀，才能使孩子得到解脱，它反映了对儿童进行积极保护的一种心态。保护儿童也是全人类的一种共同心理，即便在现在，中医或者民间医疗也还有类似的方术，以保护儿童免受疾病之苦。从文字内容和图像来判断，敦煌的这组纸画无疑是受到印度医学文化影响的产物。

图8　Ch. 00217. a　　　　　图9　Ch. 00217. a

图 10　Ch. 00217. b　　　　　图 11　Ch. 00217. b

图 12　Ch. 00217. c　　　　图 13　Ch. 00217. c

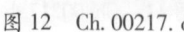

前文提到过印度的大医耆婆。实际上，耆婆的故事以及对耆婆的崇拜现象，也出现在丝绸之路的出土文献之中。吐鲁番出土的唐代张相欢的墓志（图14），就是一例。张相欢是初唐时期的西州高昌县人，曾到过洛阳，后来又被遣回到高昌。张相欢犯病的时候，其家人祭祀"耆域"。"耆域"是 Jivaka（耆婆）的另一个音译名。这就是说，张相欢的家人们去祈祷过医神耆婆。张相欢墓志中，还有"啼伤龙树"一句。龙树（Nagarjuna）是佛教大理论家，中观派的创始人之一，又是一位医学家。在藏文的典籍中，有几部医典都归在龙树的名字之下。因此，有人认为印度历史上的龙树有好几位，至少有三四位同名者。张相欢墓志中同时出现"耆域"和"龙树"的名字，而他们两个人都是印度医学史上和中国有密切关系的人物，因此，张相欢墓志反映出高昌人对外来医学人物或医术高明的人有一种崇拜之心，否则生病的时候就不会向他们祷告。耆婆的名字还见于其他的敦煌文书之中，比如，S.4363《后晋天福七年七月史再盈改补节度押衙牒》。从史再盈这个名字看，他应该是粟特人。他小时候非常聪明，长大后从师"习耆婆秘密之神方"，

"效榆附宏深之妙术"。耆婆和榆附分别是印医和中医的大人物，而所谓的"秘密之神方"究竟是指什么内容，还有待进一步探讨。总之，以耆婆为代表的印度医学文化对于敦煌的汉人和胡人应该都有影响。耆婆作为印度佛教文献中的医王，在中土颇有影响，不少医药方书均以耆婆的名字命名，如《隋书·经籍志》中提到的《耆婆所述仙人命论方》、唐宋史志中的《耆婆五脏论》等。这些以耆婆名字命名的医书绝大多数散佚了。台北"故宫博物院"现存的《耆婆五脏经》，是清末杨守敬在日本的时候购回来的。《耆婆五脏经》是上、下两卷的抄本，大部分是中医的内容，和印度医学的关系不是很大。不管这个本子是印度的还是中医的，它都能说明中医界对耆婆是非常重视的，否则不可能用他的名字来命名这部医书。

图 14　张相欢墓志

　　与耆婆有关的另一件医书，是德国吐鲁番探险队第二次探险时从新疆雅尔湖所发现的，原编号为 T. II. Y49 号，新编号是 Ch. 3725（图 15）。该件残片的尾题为"《焉婆五脏论》一卷"，此处的"焉"字应该是"耆"字的误写。这是出土文献中所能找到的《耆婆五脏论》的唯一证据。宋明的中医典籍中，有关于《耆婆五脏论》的记载，但内容和这件文书不一样。宋明的中医典籍论述孕妇腹中胎儿十个月不同的胎相时，引述了《耆婆五脏论》。吐鲁番所出的《耆婆五脏论》和宋明医书中的《耆婆五脏论》是不是一回事？或者它们是一部医书的上下两部分？二者之间的关系很复杂，需要进一步探讨。《耆婆五脏论》关于十月胎相的描述，和印度医学到底有没有关系，也值得深入研究。

208

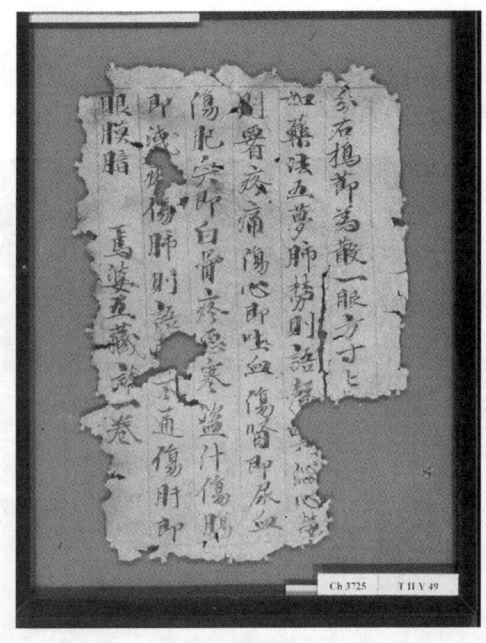

图 15　Ch. 3725

　　Ch. 3725《耆婆五脏论》的背面是"《诸医方髓》一卷"（图 16）。《诸医方髓》的内容与佛教有密切关系，是有关佛教创世神话的缩写。该神话提到，天地初始的时候，人们吃地藤、地味、自然粳米，没有生老病死。后来人的欲望越来越大，就带来了无穷的痛苦。类似这样的神话描述在很多佛经当中都能找到。

　　4. 出土医学文书所反映的社会生活的某些侧面。比较典型的一个例子是"牛五净"。"牛五净"，梵语 panca-gavya，是指牛所产出的酥、酪、奶、牛粪、牛尿等五种产品。其中的牛粪是没有落地的牛粪。印度人把牛粪和牛尿都用于药方当中，中医却不那样用。因为中国人认为牛粪和牛尿不干净，而印度人认为它是干净的，这里面就有"净"和"不净"的观念的差异。为什么印度人认为牛粪和牛尿是干净的呢？印度的《摩奴法论》里提及了赎罪苦行，它能够给人带来解脱，可解脱人的苦难和罪恶。其中的一个赎罪苦行方式就是使用牛五净，使用牛尿、牛粪、牛奶、酸牛奶、酥油这几样东西。汉译密教文献中，记载了"牛五净"的多种用法：有的是喝的；有的是和其他东西配合起来使用；有的是用来擦地的等。藏传佛教继承了印度密教中的一些用法，喇嘛闭关修行的时候，为了把房子弄干净，也把牛五净涂在地上。因此，"牛五净"的使用有它的宗教意义，它是印度医学的一个观念，而中医却没有类似的用法。

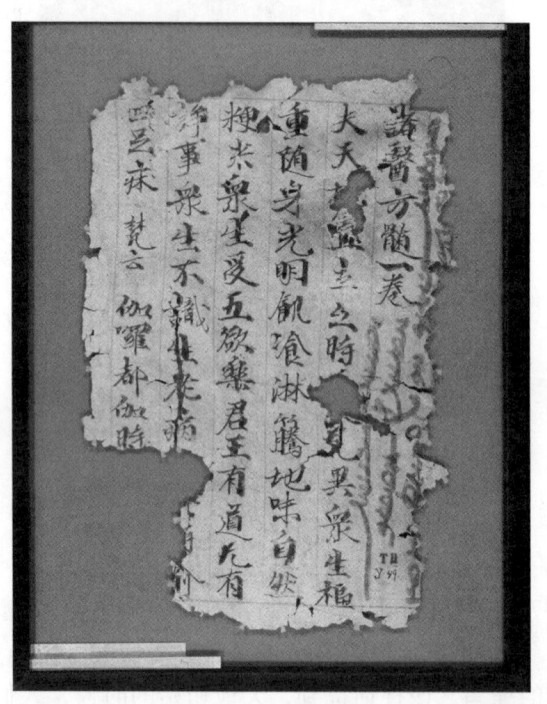

图 16　Ch. 3725 背面

此外，印度人对于药物的选择也能反映出他们自己的宗教观念。按照婆罗门教（或印度教）的教规，婆罗门是不能直接吃大蒜的，因为大蒜有辛辣味道，而且吃了以后散发出很难闻的味道，影响祭祀以及与他人的交流。葱也是这样，婆罗门不能直接吃。但要获得大蒜的药效该怎么办呢？那就让牛来吃大蒜，牛吃后产奶，婆罗门去喝牛奶，可间接地获得效果。作为第二个等级的刹帝利，即国王、武士这个等级的人物，也被要求不应该吃葱。在佛教经文中，"五辛"也是禁止食用的，即葱、姜、蒜这些东西是不能吃的。这些都和印度人的宗教观有关系。这就提示我们，在探讨药方的时候，不仅仅要看药物的组成，还要看它选择此药物背后所隐含的原因及其意义，以及它与中医的差异，中医对它的吸收或排斥等诸方面的问题。中医不用或者很少用牛粪来治病，也没有把"牛五净"作为一味药来治病。就是因为中医没有印度医学有关赎罪苦行那样的宗教观念。

根据出土文献来深入探讨中外医学交流的相关问题，如果我们希望取得较大的进展，那么将取决于以下几点：

第一，胡语医学文书的解读。希望有更多的伊朗学家、印度学家和西域的历史语言学家将丝绸之路出土文献中的胡语医学文书，尽快全部刊布出来，进行解读、翻译和研究。比如，可以通过梵文的医书对应本，去解读于阗文医学文书。解读这些于阗文文书，不仅仅对医学史研究有益，反过来说，医学文书的解读也有利于对其他世俗文书的解读，因为其中有很多词汇是共通的。

第二，不能单纯地强调胡语医学文书，必须将它与出土的汉文文书和传世的汉文史料结合起来。汉文史料不仅包括医书，还包括正史、笔记、佛教资料。就是说，要在更广的范围之内，把能找到的相关的史料都集中起来，这样研究才可能会更深入一点。

第三，讨论一件文书时，不要局限在一个语言文本的范围之内，要尽量把多语言的一些文献综合进行考虑。当然这样做比较困难，开始的时候只能做一些小的专题研究。为什么要提出这样的问题呢？因为敦煌藏经洞是佛教的一个窟，所收藏的大部分是佛教文献，但也包括很多的非佛教文献。从语言上说，这些文献是用汉文、藏文、于阗文、梵文等语言书写的。它们集中堆放在藏经洞中，这本身就是一个需要综合思考的大问题。从印度佛教的角度来说，印度人强调学习"五明大论"，五明当中包含了医方明、工巧明等知识。佛教僧侣学习医方明和其他非佛教知识，也是很正常的现象。敦煌是中外文化汇集的地方，来自多个民族和地区的人们汇聚在一起，相互之间肯定有交流或合作，在医学上也是如此。9—10世纪的时候，敦煌和于阗地区的交往比较密切。有文书记载，住在敦煌的人写信给于阗的亲朋好友，需要"好热细药三二升"。这说明敦煌和于阗之间有着实际的药物交流。可以说，中外医学交流不仅仅在医书当中反映出来，其他文书当中也有所反映，需要综合的考察与研究。

（本文原载于《敦煌与丝路文化学术讲座》，北京图书馆出版社，2005年。此次出版略有修订）

廖育群

日本汉方研究概说

廖育群　1982 年毕业于北京第二医学院中医系，1982—2013 年就职于中国科学院自然科学史研究所。2005—2009 年任自然科学史研究所所长，2008—2013 年任中国科技史学会理事长，2009—2013 年任《中国科技史杂志》主编。主要从事医学史研究，学术著作有《岐黄医道》《中国科学技术史·医学卷》（合著）、《阿输吠陀——印度传统医学》《医者意也——认识中国传统医学》《远眺皇汉医学》《吉益东洞——日本古方派的"岱宗"与"魔鬼"》《繁露下的岐黄春秋——宫廷医学与生生之政》《重构秦汉医学图像》《扶桑汉方的春晖秋色——日本传统医学与文化》等。撰有学术论文多篇，发表于《中华医史杂志》《自然科学史研究》《中国科技史料》《自然辩证法通讯》等刊物。

我从医学院校毕业后，即开始做医学史研究。因先后两次有机会在日本工作一年，所以也做了一点日本医学史方面的研究。今天应讲座安排，向大家介绍一点日本传统医学史。

　　对于日本和韩国的传统医学，如果没有深入进去的话，可能都会觉得不过是中医在域外的"拷贝"而已，不会有什么本质的区别。历史上，中国文化向日本和韩国传播，这是不争的事实，但是一种文化传到另一种文化环境中后，肯定会有一些变化。因而，观察其如何吸收、改造、创新，是一件非常有意思的事情。

　　这本《远眺皇汉医学》，是 2007 年由台北东大图书出版公司出版的。如果有兴趣更多了解与研究日本"汉方医学"的发展史，可以找来看看。我今天所介绍的，即这本小书中涉及的一点点内容。

一、汲取中国文化的途径

　　汉文化东传日本，在不同的历史时期各有特点，严绍璗先生将其概括为以下四个阶段：

　　1. 以人种交流为自然通道的传播形式（飞鸟奈良时代，6—8 世纪）；

　　2. 以贵族知识分子为主体的传播形式（平安时代，8 世纪末—12 世纪）；

　　3. 以禅宗僧侣为主体的传播形式（五山时代，13—16 世纪）；

　　4. 以商业为主要通道的传播形式（江户时代，17—19 世纪）[①]。

　　就以人种交流方式为自然信道的第一阶段而言，首先，其出现的时间显然要比飞鸟奈良时代早得多。据说在很早以前，就不断有大陆之民因各种原因移住彼邦。例如秦始皇时，为求仙药，曾派徐市（音同福，现多写作福）携童男童女东渡，却去而不返，日本土地上至今仍保留着徐市之墓。日本先民由采集、渔猎为主的"绳纹文化"发展到以农耕为主的农业生产时代，一般认为其直接原因固然是来自朝鲜半岛的移民，但这些移民中是否包含中国人，以及移民所携带的文化、先进技术中是否含有源自中国的成分？其答案自然是肯定性的。其二，虽然在某一阶段，会有某种特别值得强调的传播方式，但其他方式也可能并存。尤其是以人为载体的文化传播方式，在任何时代都是始终存在的。

而以贵族知识分子为主体的传播方式，则具有承前启后的性质。"遣隋使的主要成员乃中国人的后裔；遣唐使团中亦重用中国人；大和朝廷中统治阶级主要是臣、连、公、直、造、首、史、村主等八族，这八族都是中国人血统。"[②]在日本医学发展史上最为知名的丹波世家亦是汉人后裔。

虽然人与书始终是文化传播的主要媒介，但人的身份不同，传播的文化内容自然也就不同。在僧侣充当文化传播媒体的时代，带回日本的书籍主要是佛经（称之为"内典"），而涉及政治、历史、文学、自然科学等其他方面的"外典"十分有限。在《大正新修大藏经》卷五十五"目录部"中有《常晓和尚请来目录》《惠运律师书目录》《新书写请来法门等目录》《福州温州台州求得经律论疏记外书等目录》等，但其中所见与科技有关的书籍极少，仅可见《五脏六腑图》《七曜历》《秘录药方》等数种。据郑彭年统计，天平时代（729—748）20 年间流入日本的"外典"不过 43 种，其中的医学著作只有 3 种[③]：

《经典释文》《新修本草》《太宗皇帝集》《天官目录中外官簿分》《许敬宗集》《君臣机要抄》《石氏星官簿赞》《药方》《文轨》《政论》《帝德录》《十二戒》《安国兵法》《让官表》《内宫上占》《要览》《治痈疽方》《彗孛占》《军论斗中记》《帝历并史记目录》《群众集》《明皇论》《帝德颂》《职官要录》《天文要集岁星占》《瑞表录》《庆瑞表》《遁甲要》《钧天之乐》《上金海表》《簿赞》《圣贤》《太一决》《玉历》《石论》《庾信集》《古今冠冕图》《冬林》《传赞星经》《九宫》《推九宫法》《黄帝太一天目经》《天文要集》

然而到了以商贸为主要通道的江户时代则情况大异，大量关民生的实用著作迅速传入日本。据真柳诚的调查，江户时

期传到日本的中国医籍多达 980 种④。以享保四年（1719）第
29 号南京船的"赍来书目"⑤为例，一船一次带到日本的书籍就
多达 52 种 198 部。而其中三分之一是医书，计 18 种 70 部（书
名后的数字为该书的部数）：

　　《本草汇言》5、《本草备要》3、《景岳全书》6、《伤寒直
解》2、《素问灵枢》2、《锦囊秘录》3、《本草会纂》5、《石室
秘录》5、《医方集解》10、《证治大还》3、《张氏医通》
1、《薛氏医案》1、《金匮要略》5、《医宗必读》10、《本草纲
目》5、《千金方》1、《本草增备要》1、《素问灵枢类纂约》2

二、各时期的医学特征

（一）原始社会

　　世界各地早期社会中的医学，同多于异。基本都会涉及本
能性的医疗行为、根据日常经验所获得的经验医疗、巫术疗法，
以及本民族医药之神的传说等等。近代以来的一些日本医学史
家，于客观介绍外来文化的种种影响之前，往往会泛泛说上一
句：在古代日本，存在着固有的医术⑥。

　　1. 医疗之神：传说中的日本医药鼻祖（医药之神）为大己
贵命和少彦名命，或称大国主神、少彦名神等。《日本书纪》
谓："夫大己贵命、少彦名命戮力一心经营天下。复为显见苍生
及畜产，则定疗其病方；又为攘鸟兽昆虫灾异，则定其禁厌之
法。是以百姓至今咸蒙恩赖。"⑦

　　2. 巫术疗法：史学家通常是将考古数据、文献记载及人类
文化学田野调查的结果，视为一种具有普遍共性、可以适用于
各原始社会的规律，来言说各早期社会必定存在巫术性治病行
为。这种推论的合理性在于巫术产生的基础，不过是人类普遍
具有的模拟思维方式。就此种治疗疾病的方法而言，有几点值
得注意：首先，与本能行为、经验知识相比，巫术无疑是人类
理性思维的嚆矢，是可以称之为"知识分子前身"之巫师的创
造发明，也是他们赖以获得权力、地位与受人尊重的重要原因
之一。其二，"疾病"只是所有需要解决、处理的问题之一，既
没有像今人所持有的特定概念，也没有特定、专用的处理办法，

因而很难、也无须分辨其法术究竟是为了何目的。例如史称统领邪马台国的女王卑弥呼便是一位能够使用法术解决包括疾病在内各种问题的首领。其三，基于模拟思维的治疗方法，即所谓巫术式的治疗方法并不仅仅存在于人类早期社会，不仅存在于其后的各历史时期，而且是构成传统医学某些治疗方法的基础。由此构成了巫术、宗教、科学三者间的某种联系。

3. 经验疗法：早期社会究竟有哪些源于生活常识的治疗方法，也缺乏记载。有意思的是，到了江户时代中后期，在"国学"思潮的影响下，却出现了一些致力于发掘日本民族固有治疗方法者，鼓吹"日本的医学始于神代，存在着日本固有的医学"[8]，成为"在学问上虽然无可取之处，但反映世相，鼓吹皇国医学的和方派"[9]。如终身以吉益东洞为师的古方派医家村井琴山（1733—1815），编辑了《和方一万方》[10]。"国学"之兴，以名儒本居宣长（1730—1801）为首，但他也是一位医生，其家传的成药"小儿胎毒丸""むしおさえ""あめぐすり"等，至今仍在出售[11]。但从总体上讲，宣长与其他"和方派"医家并不相同，他虽然知道医学为外来文化但却不加排斥，而是从中国医学与日本医学没有什么区别的角度避免矛盾。同时，他主要是以医学作为自己的生计而从事国学研究。

（二）古代

按照日本史学通常所采用的历史分期，其古代社会始于《三国志·魏书》有所记载的、以女王卑弥呼统领的"邪马台国"业已建立的3世纪，终于12世纪末平安时代结束。

以僧侣和贵族知识分子为主要媒介的传播方式，使得这一时期的日本医学显示出宗教医学和贵族医学两种特点。言其具有宗教医学特点，主要是指僧侣兼医的现象较为普遍，并在疾病的治疗中广泛采用加持祈祷之法，据说奈良朝圣武天皇患病时，看病的禅师达126人[12]；同时在佛教博爱精神的指导下，建立了众多施药院等宗教医疗设施。言其具有贵族医学的特点，是因传入的医学著作与知识，主要是控制在贵族知识分子手中。

1. 大陆医学知识的传入：在这一历史阶段，日本首先是通过朝鲜半岛获得了源自大陆的医药知识，即日本医学史著作所谓的"韩医方"。5世纪前后，日本皇室有病，多是向当时朝鲜半岛的新罗、百济等国求医，如 414 年，新罗的金波镇汉纪武被请到日本为允恭天皇治病；此后又有百济的德来、王有稜陀、潘量丰、丁有陀等人先后到日本行医⑬。"韩医方"的传入，使日本列岛的居民得以用一种全新的眼光看待疾病与治疗行为——认识到疾病可由住居饮食、喜怒哀乐等内因和基于四气变化的外因引起；其疗法亦变为食饵、药物等，迈出了作为科学之医学的第一步。

中国医学直接传到日本，一般认为始于吴人知聪于 562 年携中国古代医方、本草和针灸书 160 卷赴日。日本医学史著作多以此作为外国医书，特别是针灸典籍传入日本之嚆矢。实际上，此前梁文帝曾于 552 年赠给日本天皇《针经》一套。此书后赐予纪河边多兔麿，并派遣他到新罗专门学习针术，于皇极天皇元年（642）学成归国，成为日本最早的"针博士"⑭。隋唐时期，日本官人、僧侣不避辛苦，冒生命之险渡海来学习先进的政治国策与科技文化。608 年，日人小野妹子使隋，随行有药师惠日和倭汉直福因。惠日在中国学医 15 年，始返回日本；倭汉直福因滞留中国学医的时间更是长达 31 年⑮。此后，惠日于 630 年和 654 年又曾两次来华。同时，也有以鉴真为代表的中国赴日僧侣兼传医药知识。宇多天皇天平年间，藤原佐世奉敕编撰的《日本国见在书目录》中，著录当时宫廷所存中国医书达 1309 卷⑯。医学博士丹波康赖，正是根据这些医书于 984 年编辑成当时最重要的医学著作《医心方》三十卷⑰。

2. 医事制度的建立：701 年颁行的《大宝令》，是日本仿照中国制定的律令制度。元正天皇养老二年（718）在此基础上予以修订，谓之《养老令》。其中的"医疾令"一篇，计 27 条，对于医师选用，特别是医学教育与考试等都有明确的规定。如：

第一条：医博士，取医人内法术优长为之，按摩、咒禁博士亦准之。

第三条：医、针生，各分经受业。医生习《甲乙》《脉经》《本草》，兼习《小品》《集验》等方；针生习《素问》《黄帝针经》《明堂》《脉诀》，兼习"流注"，"偃侧"等图，《赤乌神针》等经。

第七条：医、针生，博士月一试，典药头助一季一试，宫内卿辅年终惣试。其考试方式，一准大学例，若学术灼然，过于见任官者，即听补替。其在学九年无成者，退从本色。

第九条：有私自学习解医疗者，投名典药、试验堪者，听准医针生例考试。

掌管医事的中央政府部门为隶属宫内省的"典药寮"，其构成包括典药头、助等官员；医、针、按摩、咒禁等各科博士、医师、学生；药园师、药园生，计 120 余人[18]。并有所属的药户、乳户。服务皇室者有隶属于中务省的"内药司"，包括内药正、佑、令使、侍医、药生等职位，计 28 人。但实际上负责诊天皇之脉、掌进药的医师，乃是典药头，俗称"御匙医"。这个体制一直延续到明治维新[19]。

3. 平安时代的医学特点：服部敏良总结日本古代社会最后一个时期医学发展的概观，以为有以下四个特点：

（1）高度日本化——在阅读涉猎大量中国医籍的基础上，构建框架，根据日本的实情，选择必要的疾病，尝试体系化的编撰。

（2）分科的发达——出现了各类专科医生。

（3）一般人对医学的关心增长——普遍希望能够长寿。

（4）医事制度的改革——冷泉天皇康保四年（967）颁布的《延喜式》，与前代相较有些变化[20]。

这四项的重要性，可以说是依次降低。发展、变化，往往不是以革命——突变的形式出现，而是逐渐出现的。能够根据日本的实际情况，采撷中国医籍的内容，的确是"日本化"的一环，但谓其依然达到"高度"的层面，则不免言过其实。而医事制度的改革，更是不足称道，正如服部氏自己所言，这一时期的医事制度，"仍是承袭《大宝令》所定旧制。改变之处为《延喜式》在医师的选考、任用、诸国医师的勤务年限等细节上有所改变。"[21]

（三）中世

1. 僧医与民间医：始于 12 世纪末、终于 16 世纪末叶的镰仓与室町时代，僧侣与医学仍然保持着密切的关系。一般医史著作大多强调这一阶段的特点是僧侣兼医，或欲为医者必作僧侣。但服部敏良对此却有不同看法。他在承认僧医"尽管未必采用佛教的医说，然以佛教医学的一部分作为医论加以介绍却是事实"的基础上，又特别强调：

> 以为前代之民间医为僧医，故视他们固守佛教医说、在佛教思想的支配下进行医疗，乃是谬见。尽管不能否认从佛教医学获得启发，但成为医生最大的要素，是长于汉学、有读懂中国医书的能力。因而即便是僧医，为掌握医学的必读之书，是万卷的中国医书；佛教经典记载的医学是极为零散的知识，自然不可能仅靠这些弄懂医学、行医治病。

进而指出在该时代：

> 众多的民间医不是僧侣，有教养的一般民众习得医术、成为医生的人增加了。僧侣兼医为少数。故与前代不同，毋宁说是儒教的色彩逐渐增多。
>
> 伴随社会的变化、文化的发展，上层人士对医学持关心态度，懂得医疗，不仅是为了进行自我之健康管理的自我防卫手段，而且是以此体现知识分子教养程度。[22]

2. 宋医方的传入：宋代医学知识传入之后，日本医家在折衷选择汉至宋医方的基础上，加上自己的经验，编成了《顿医抄》《万安方》等著作。在金元医学传入之前，一直是以使用宋代《合剂局方》的处方为主。

3. 金元明代医学的传入：田代三喜从明归来，引入李朱医学，打破了使用《合剂局方》之成方的旧模式，使得日本医家学到了根据阴阳、虚实、气血、寒热等抽象概念进行辨证施治的新方法。同时，赴明归来的坂净运带来《伤寒论》，成为其后"古方派"兴起的契机。

（四）近世

这是汉方医学最为辉煌的历史阶段。

1. 医学流派的产生：首先，因曲直濑道三兴办"启迪院"、编著《启迪集》，使得其师田代三喜传入的代表当时最新水平的医学知识得到普及。因其使用与依据的是中国金元明时期的医学知识，所以被称之为"后世派"。同时，以道三为首的脱离僧籍的医家也逐渐增多，从而在社会中形成了谓之"儒医"的新的医家群体。其后，伴随着复古思潮的兴起，医学阵营中又出现了力主专用《伤寒论》之方、反对阴阳五行、脏腑经脉之说，矛头直指宋明医学的"古方派"，以及兼收并蓄二家之长的"折衷派"；又有以注重文献研究为特征的"考证派"；后世派中因重刘（完素）、张（从正）胜于李（杲）、朱（震亨）而得名的"后世别派"；率先接受西方医学知识的"汉兰折衷派"等等。

2. 西方医学的传入：自天文十八年（1549）开始，先是有葡萄牙人到日本从事布道活动；大约50年后，西班牙人于文禄（1592—1595）晚年来日。其后又有荷兰人到日本。日本人称葡萄牙、西班牙人带入的医学知识为南蛮流；称荷兰人的医学知识为红毛流、兰医。南蛮流以外科见长，而兰医则在解剖、生理学等方面为日本医学注入了新的知识。

由于在开始的阶段，荷兰医学是以"通词"为媒介而口耳相传，所以不能触其真髓。随着兰语学习之风的迅速进展，终于在日本的医师中出现了能够通过原著直接学习其医学知识者[23]。导致兰学勃兴的一个重要原因，是出自杉田玄白、前野良泽等之手的《解体新书》的刊行。明和八年（1771），二人在江户小冢原刑场，实地调查死刑犯的尸体解剖，其身体结构与荷兰人体解剖图完全一致，于是决定翻译此书。当时，玄白虽然是外科医师，但对兰语却一窍不通；良泽亦不过略知一二。故不难想见其翻译是何等困难，然三年后终于完成此业。此书面世后，造访者渐增，于是玄白乃建"天真楼"以教授生徒。曾随良泽学习的大槻茂质，亦建"芝兰堂"，弟子逾百人。其中有完成第一部《兰日辞典》的医师稻村三伯（后改名海上随鸥），以及后来成为各地兰学之祖的知名人物。此外各地还有许多类似的兰学塾，绪方洪庵在大阪开设的"适适斋堂"，自天保十五年（1844）至元治元年（1864），入门者达637人，福泽谕吉亦在其中[24]。

当代日本科学史家在讨论通过江户中期开始进行的解剖学研究，产生了怎样的思想革命之问题时，对《解体新书》的历史作用是这样评价的："江户时代，尤其是其中期，在中国系的

222

学问基础之上传入了西方的知识。何方正确？孰者为优？这样的问题意识强烈萦绕在日本的知识分子中间。在医学方面，就治疗水平而言，至少在18世纪时，并不足以观中西之优劣。但解剖图的优劣正否，则一看实际解剖，即可得到明白的结论"；"《解体新书》具有两方面的意义，首先引发了西洋比东洋优势的认识；其二，造就了新的日本的科学范式。"[25]

（五）近代以来

明治政府为了能与欧美文明之国看齐，从当时的国情出发，选择了德国的医学知识体系。并以法律形式限制了汉方医学的独立存在，以期实现令其逐步消亡的目的。从此汉方医学蹒跚于衰亡之路，仅靠少数志向坚定的学者维系其不绝如缕的一丝命脉。

自明治七年（1874），由当时负责医药卫生的文部省将强调医业许可制的《医制》送达东京、大阪、京都三府，并于次年通知三府实施医师开业考试开始；至明治十六年（1883）由太政官以法律形式发布《医师免许规则》，并于次年1月1日开始实行之间，针对政府要求新开业者，需通过物理、化学、解剖、生理、病理、药剂、内科、外科的考试；专修产科、眼科、口腔等某一专科者，亦分别考试有关的解剖、生理、病理知识，然后发给执照的规定，汉方医界展开了围绕着改变考试科目的"汉方存续运动"。被称为汉方界"六贤人"的浅田宗伯、冈田沧海、清川玄道、高岛佑启、桐渊道斋、河内全节，提出针对洋方六科的汉方六科，以示对抗之姿态。即：物理学——穷理尽性，化学——开物燮理，解剖生理学——脏腑经络，病理生理学——众病源机，药剂学——药性体用，以及脉诊的脉病证治。

其后，当内务省于1879年为将各府县出题的医师考试加以统一，发布含有内务省所出七科试题的"医师考试规则"时，汉方界也打出了"汉方七科"以示对抗。并于同年3月11日，以江户医学馆成员为核心，在东京结成温知社，发行机关刊物《温知医谈》。以期纠合同志，展开了动员全国的汉方存续运动。另外，在名古屋有以旧尾张藩医浅井桦园（1828—1883）、国干（1848—1903）父子为中心结成的博爱社；并于翌年（1880）11月得官方许可，开办皇汉医学校。国干的政治才干，得到东京方面的赞赏，成为温知社的第三代社首。汉方医家又于1880年

典籍与文化 9

223

在京都结成赞育社，出版《赞育医谈》；1881 年在熊本结成春雨社，发行《春雨医谈辑要》。这三大汉方医团体，于 1852 年11 月召开联合大会，形成了各派联合的态势。然也有同年 5 月从温知社中退出，单独结成回天医会、发行机关志《回天医谈》的分裂派存在。

在抗争的过程中，明治政府亦曾一度有所妥协让步，例如在三次驳回设立汉方医养成机构（共立和汉医学院），及其毕业生可获得开业资格之请愿后，却就 1882 年的第三次请愿书文本提出：

> 至大学毕业之正规医遍布全国之前，希望承认补此缺之汉方医这一点，限同年 6 月满 25 岁以上的汉方医学之子弟，视为与以往之开业医资格相同，准许不经考试而开业。

作为怀柔之策，还奏请授予汉方医学大本营之温知社督学浅田宗伯正七位，任用都讲今村了庵为大学讲师（和汉医史教导）。在这种形式下，次年和汉医学讲习所（后改名东京温知学校，馆主：浅井国干）新筑落成、开学授课，期待着其毕业生能够获得开业资格。

然而，当年 10 月 23 日的太政官布告宣布：此前的"医师考试规则"废止，自 17 年 1 月 1 日开始施行法律化的《医术开业考试规则》和《医师执照规则》。仅仅是在第一条中规定："医师需通过医术开业考试，获得内务卿颁发的开业执照。但此规则实施之前业已获得的开业证，仍然有效。"明治二十年（1887）1 月 20日，温知社最终因元老相继去世，会费难征而解散。

明治二十三年（1890）召开的第一届帝国议会，为受压制者提供了一次抗争的机会。自维新以来虽尽力抵抗但仍无法遏止其衰退之势的汉方医们，怀着对议会的极大期望，以浅井国干为首组织了帝国皇汉医会，提出有关汉方存续的请愿书，从此进入了所谓"议会斗争"的阶段。但因种种原因直到明治二十八年（1895），第八次议会时才得以付诸表决，而结果却是被否决。五年后浅井国干回归故里名古屋，在宗族的墓前奉上"谢医系断绝之长恨"的《告墓文》，历时多年的汉方存续运动，至此宣告彻底结束[20]。

224

昭和之初，乘复古思想之波，曾有复兴汉方医学的呼声。"二战"之后，来自美国的医学知识，使得医学界出现了注重身心医学的转变。因而社会上亦有以此为由，提出应当重新审视"东方医学"所具有的种种特点，以建立最新医学的言论。据统计，昭和三十三年（1958）后，汉方医学著作的出版显现出陡然增多的明显趋势（参见下表）[22]。

表 1　明治维新以来 110 年汉方医书及杂志出版的消长

三、近世医学流派概说

（一）后世派

后世派的产生，最能体现日本文化"后进性"特点。即某一事情、制度，或某种思想、学说，往往会晚于其原发生地一段时间在日本出现；但却不需要经历自身积累、孕育成长的过程。

以田代三喜于长享元年（1487）入明留学，12 年后携种种明代医学著作归国为嚆矢，代表着当时中国医学最新水平的医学思想与治疗技术，经三喜弟子曲直濑道三的推广而蔚然成风。此后，随着复古之风的兴起，日本医界才出现了研究与信奉汉代张仲景《伤寒杂病论》的新时尚。由于主张复古的医家们大声疾呼唯有张仲景《伤寒杂病论》中所记载的"古方"才是医道正轨，并对前此接受与使用的明代医学以及所有的"后世"之方大加批判，从而似乎形成了某种学术流派的纷争。因而史家乃将以田代三喜和曲直濑道三为代表，率先接受与使用明代医学理论与治疗方法的，以及秉承这一体系的医家群体称之为"后世派"；而将力主专用古方的后起之秀们称之为"古方派"。

然而需要注意的是，当所谓的"后世派"产生时，并没有一个在学术上与之对立的群体或医学流派存在。作为后学一方，在任何时代对于科学技术，无疑都是要学习与引进最新的知识。医学作为一种科学技术，自然也不例外。而此后出现的所谓"古方派"，实际上同样是受到中国医家在新的历史时期重新审视与研究《伤寒论》的启发与影响。换言之，虽然高举的是复古大旗，但实质上乃是传统医学沿着自身轨迹发展的又一里程碑，而并非单纯的"复古"。正因如此，所以对于所谓"后世派"的医家是否真的墨守一门之见，形成了一个与古方派相对立之学派的问题，必须考虑到时代先后的问题。即生活于这一新的医学发展出现之前的所谓后世派医家，当然不可能在自己的学说体系中融入这些新的知识，所以对于他们来说，实际上并不存在学术上的对立面。

此后，当医学发展造就了代表某种新思想的古方派时，医学阵营必然会在一段时间内存在各执己见的现象。这一点在以师徒相授为主要学习途径、各承家学的时代，表现得自然更加突出。但从总体上讲，后学之辈对于知识，必然会取兼收并蓄的态度。于是便有了所谓的"折衷派"。因而从史学的角度出发，固然需要以"名"言"事"——通过"后世派""古方派""折衷派"这样一些名称来标识某种现象，但更需要说明隐藏在这些"名"后面的"事"之本质。如果从"学派"的视角看，实际上只有"古方派"中的某些极端之人具有比较明显的派别特征——绝对排斥当时业已存在的其他知识。而所谓后世派与折衷派，乃是某一时代的主流，并无明确的对立面或对其他知识的排斥。

（二）古方派

"古方派"是指近世一些以否定宋明医学、独尊汉代张仲景《伤寒杂病论》为特征的日本医家。然《伤寒论》[28]传入日本的时间却并不早。

一般认为，将《伤寒论》带到日本的是世代为医的阪净运。他于室町时代明应年间（1492—1500）赴明学习，归国时带回《伤寒杂病论》。后因治愈后柏原天皇（1501—1526 在位）之病而名噪当时，先后撰写了《新椅方》《遇仙方》《续添鸿宝秘要钞》等。

其后，关东地区的永田德本（1513—1630），虽早年习李朱医学，但后来认为诸病皆由"郁滞"引起，主张"除汗、吐、下无秘术""药以有毒烈性者好""法宜求越人、长沙"，被日本后世汉医誉为"古方派的先驱者"。著有《医之辨》《梅花无尽藏》[29]。

到了江户时代，日本学术界出现了复古思潮。世称"古学先生"的伊藤仁斋（1627—1705），指责体用理气等皆为佛老之浮辞，非圣人之教，竭力推崇《论语》《孟子》等儒学典籍；而且在医学上也积极主张复古。其后荻生徂徕（1666—1728）亦以修古文辞为阶梯，锐意复兴圣人之学。从而使得复古之学成为德川时代一大学派，其最盛期为 18 世纪上半叶。此间，一些医家也认为，金元李朱医学与朱子儒学有着千丝万缕的联系，唯重思辨而无实证；古朴的张仲景医学是从纯粹的观察和实践中总结出来的，是以方、证对应的形式写成的，而且可以实证于临床。持这种观念的医家，逐渐形成了汉方医学的"古方派"。

然而古方派这一称呼，是到了被誉为古方派创始人"后藤艮山的弟子香川修庵以及山胁东洋一代时才开始自觉使用的。"[30]需要说明的另一点是，由于名古屋玄医在京都首唱古医方，比伊藤仁斋唱古学至少要早十余年，所以在日本医史界也有人认为古医早于古儒："由此观之，我邦学者对于宋以后之理学尤其是金元医学过于穿凿架空感到不满，乃是这一时代的趋势。而对此的议论，先起于医学社会。"[31]

（三）折衷派

生活于江户时代后期的中川修亭（1771—1850），在其著作中记述了当时之人对于"古方""后世"两家的评说：

> 夫人之有疾，如宅中有盗贼。古医方唯谋驱贼，而敢于不顾家之存亡；新医方唯主保守其家，不敢问贼之去否。[32]

因而无论是在理论方面，还是临床实际治疗中，出现兼采两方之长的所谓"折衷派"，乃是必然与自然之事。一般认为，折衷派的先驱是欲取两派之长、补其短，以使治疗臻于完璧的望月鹿门。其后，在京都有福井枫亭、和田东郭；在东京则是山田正珍、多纪元简等人。为使读者直观了解这一点而又不至冗杂，所以从这三个学派中各选两名代表人物，通过标示其生活时代，以期展示这一学术流变的时间顺序。

表2 后世派、古方派、折衷派代表人物的生活时代

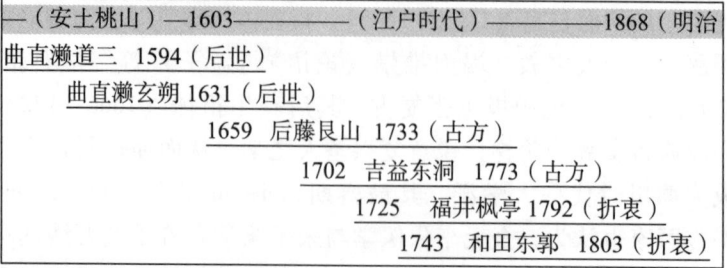

当然，上图仅仅是略举各学派形成期的代表人物，其后继者自然延绵不绝。另外，许多被史家以某种理由纳入某一学派的医家，其学术观点亦未必如此绝对。例如学《伤寒论》于古方派医家中西深斋十有余年、以研究《伤寒论》著称的川越衡山（1758—1828），在其所著《伤寒脉证式》[33]的绪言中明确地阐述了某种"折衷"味道的观点：

> 古方家之徒，划方于伤寒金匮，而大羞于用唐宋元明之方，断然不顾矣。仲景氏旨不然矣。……可谓世称古方家者，未知古方也。
> 其所谓式也者，言其所有凭依，而便取法也。

就所谓折衷派而言，有以下几点值得说明：

1. 持折衷观念的医家，是以"治病"为本。江户后期的许多临床医家基本上都是采取这种务实态度。

2. 日本的医史著作对于折衷派不甚重视，原因大致有二：其一，折衷派不像古方派那样具有日本医史学家乐于称道的"实证性"与"独特性"；其二，在"兼收并蓄"这一点上，与同时出现的以注重文献研究著称的"考证派"相同。往往被归为一体，而在"折衷派（考证派）"的标题下略加陈述。

3. 折衷的立场，还表现在对于中国与西方两种医学知识体系的兼收并蓄方面，故又有"汉兰折衷"之说。以麻醉、手术闻名的华冈青洲，可谓这方面的典型代表。

（四）考证派

自1603年德川家康在江户建立幕府，至1868年明治新政诞生，是史家称之为"近世"或"江户时代"的日本封建社会晚期。在这一时期，由于幕府以朱子学为官学，从而使得儒学脱离此前依附于禅宗的从属地位而独立发展。继而又出现了与其争相斗艳的古学、折衷等儒学流派，兼之当时虽已有以"兰学"为代表的西学存在，但所涉内容尚不及政治、哲学等领域，所以构成了儒学在整个社会意识形态、思想领域的主导地位。

另一方面，就技艺之学而言，由于医学自身所具有的种种特点——既是"仁术"与"格物穷理"之一端，又是官吏之外

229

的文化人体面谋生的最佳选择，且与所有人的生活需求都具直接关系，因而尽管医学不如儒学高贵，但也同样受到知识分子的普遍关注与青睐。从某种意义上讲，当时的"自然科学"，几乎就是医学。而在当时日本的"西学"中，医学也是主体。

同时，"儒"与"医"之间又有密不可分的关系。能够以儒谋生者，视"医"为"学"，故乐于研究；志在行医济世或无奈只能业医者，或因视儒学为基本素养，或为满足"儒志医业"的心理需求，通常也都有投于名儒门下学习的经历。从而构成了儒者与医者、儒学与医学间的密切关联。

自 16 世纪以来，日本在不断吸收中国医学最新成果并加以改造，逐渐形成同源而异流之汉方医学体系的过程中，先后出现了四个主要的流派。首先是以曲直濑道三（1507—1594）师徒为代表、以宋明医学理论与治疗方法为主体的所谓"后世派"；其后则是独崇汉代张仲景《伤寒杂病论》，认为只需根据病症选择药物，全面摒弃阴阳五行、脏腑经络、脉诊等中医基础理论的"古方派"；以及折衷"古方"与"后世"或"汉法"与"兰方"（荷兰医学）的折衷派。在此基础上，最后又出现了注重文献研究的"考证派"。

一般认为上述后三个流派的产生，分别受到儒学复古、折衷与考证之风的影响。迄今医史学家对于这一学术流派的论说与评价，或是将其并入"折衷派"而一语带过；或是盛赞其为"高度学问性业绩"，是"可以在全世界引以为荣的文化遗产。"㉞或谓因考证之兴，前世"臆造之说胜，而订诂之义微"的"粗梗武断之风始除"㉟；或在认可这一说法的同时，又感叹"可惜此前因古方家而将勃兴的日本医道，至此再度退到蒙昧之中。"㊱或褒其治学、育人之功；但又斥其把持教育方向、导致"学"与"术"分离之过等等。史家所以会有仁智不同的种种评价，除各自视角、价值取向不同外，还在于产生与活跃于江户时代中后期、构成明治维新取缔汉方医学之前最后一道亮丽风景线的医学考证派，不仅自身的学术构成十分复杂，而且是由诸多有血有肉有情之躯构成的、与社会具有种种联系的一个共同群体。

注释:

①严绍璗:《汉籍在日本的流布研究》,南京:江苏古籍出版社,1992年,第3—65页。

②参见颜锡雄:《从若干史实看中、朝、日交流的深远影响》,载王勇、王宝平主编《日本文化的历史踪迹》,杭州:杭州大学出版社,1991年,第1—12页。

③郑彭年:《日本中国文化摄取史》,杭州:杭州大学出版社,1999年,第58—59页。

④〔日〕真柳诚、友部和弘:《中国医籍渡来年代总目录(江户期)》,《日本研究》第七辑,1989年,第151—183页。

⑤江户时代,为严防天主教书物传入和商贸业务的自身需要,入港船只需将所载书籍详列目录呈上,由此留下了可谓第一手原始文献的"斋来书目"。经大庭修整理,收入《关西大学东西学术研究所研究丛刊》(一)(1967年,非卖品)。

⑥〔日〕长滨善夫:《东洋医学概说》,大阪:创元社,1961年,第51页。

⑦〔日〕新村拓:《古代医疗官人制の研究》,东京:政法大学出版局,1983年,第2页。 典籍与文化 9

⑧㉓〔日〕服部敏良:《江户时代医学史の研究》,东京:吉川弘文馆,1978年,第2页。

⑨〔日〕石原明:《日本の医学——その流れと发展》,东京:至文堂,1963年,第172页。

⑩见《近世汉方医学书集成》第31卷,东京:名著出版,1979年。

⑪〔日〕宗田一:《图说日本医疗文化史》,京都:思文阁出版,1989,第153页。

⑫〔日〕富士川游:《日本医学史纲要》,东京:平凡社,1979年,第25页。

⑬〔日〕富士川游:《日本医学史》,东京:日新书院,1941年,第17页。

⑭〔日〕藤井尚久:《医学文化年表》,东京:日新书院,1942年,第14、17页。

⑮吴粤昌等:《中日医学交流史略》,《福建中医药》1982年第1期,第44—46页。

⑯〔日〕服部敏良：《平安时代医学史の研究》，东京：吉川弘文馆，1955年，第129页。

⑰《医心方》中引用中国医籍81种。然以其中没有任何康赖个人的经验、看法，便认为该书纯属"模仿"的史学观已然过时。盖因透过该书选择了哪些内容，以及与中国同类医书编撰体例之不同（例如"针灸"列于内、外、妇、儿诸科之前），可窥同中有异。

⑱然而据新村拓之考证，日本"并没有作为医官的咒禁师"；"历史上实际未见按摩师之名，亦无治疗例。"见《古代医疗官人制の研究》，东京：政法大学出版局，1983年，第115、120页。

⑲〔日〕山田重正：《典医の历史》，京都：思文阁出版，1980年，第1页。

⑳〔日〕服部敏良：《平安时代医学史の研究》，第264—265页。

㉑〔日〕服部敏良：《平安时代医学史の研究》，第106页。

㉒以上均见服部敏良：《室町安土桃山时代医学史の研究》，东京：吉川弘文馆，1971年，第262—263页。

㉔〔日〕服部敏良：《日本医学史研究余话》，东京：科学书院，第153—162页。

㉕〔日〕中山茂：《日本人の科学观》，大阪：创元社，1977年，第71—72、93页。

㉖详见日本科学史学会编：《日本科学技术史大系》第24卷"医学〈1〉"，东京：第一法规出版，1965年，第311页；宗田一《图说日本医疗文化史》，京都：思文阁出版，1989，第417—422页；山田重正《典医の历史》，京都：思文阁出版，1980年，第510页。

㉗〔日〕矢数道明：《明治110年汉方医书および杂志出版の消长》，东京：春阳堂，1979年，第126页。

㉘东汉末年张仲景着《伤寒杂病论》，经后人整理而析为两书。其一是以"六经辨证"为纲，专论外感病治疗的《伤寒论》；另一是以"脏腑辨证"为纲，论说各种杂病治疗的《金匮要略》。

㉙详见潘桂娟、樊正伦：《日本汉方医学》，北京：中国中

医药出版社，1993 年，第 46—60 页。

㉚见《近世汉方医学集成》第 13 卷，大冢恭男所撰写"解说"第 5 页。

㉛见芸备医学会编：《东洞全集》，东京：吐凤堂书店，1918 年，第 47 页。

㉜〔日〕中川修亭：《医方新古弁》卷上。见《近世汉方医学书集成》112 册，东京：名著出版，1979 年，第 5—6 页。

㉝见陈存仁编：《皇汉医学丛书》第 7 册《伤寒脉证式》，上海：上海中医学院出版社，1993 年，跋、提要、绪言第 2—3 页。

㉞《近世汉方医学书集成》第 107 卷，小曾户洋撰写的"解说"第 13 页。

㉟〔日〕浅田宗伯：《皇国名医传·多纪桂山》，见《近世汉方医学书集成》第 99 卷，东京：名著出版，1979 年，第 541 页。

㊱〔日〕富士川游：《日本医学史》，第 438 页。

梁永宣

藏于日本的日朝医家笔谈

　　梁永宣　北京中医药大学中医医史文献专业教授、博士生导师，日本兵库医科大学中医药孔子学院中方院长。兼任中华医学会医史学分会主任委员、中国农工民主党北京市委第十二届文化工作专门委员会副主任委员，北京市中医管理局中医药文化科普研究基地负责人，国家中医药管理局科普文化巡讲团成员，国家中医药发展综合改革试验区工作先进个人，全国中医药文化宣传先进个人。2006年6月博士论文《宋以前金匮要略方流传史研究》获香港求是科技基金会求是科技奖学金一等奖。曾参与北京市中医药数字博物馆建设，并主持中国科学技术协会"老科学家学术成长资料采集工程——唐由之"项目，以及北京市中医管理局"北京市中医药人文知识推广与传播研究"等研究。主创《青少年中医药文化知识普及读本》(2009年6月获新中国成立60周年全国中医药科普图书著作特别奖)、《中医启蒙三字经》《中医健康养生谣》等书，主要应用于北京市中医管理局主办的地坛中医药文化节。在各类专业及科普杂志中发表论文70余篇，主编人民卫生出版社"十二五"规划教材《中国医学史》《中国文化·医药》《中医药学简史》《带您走进〈金匮要略〉》《元邓珍本〈新编金匮方论〉》《医林撮要》等著作。

一、日朝医家交流背景——历史上的朝鲜通信使

朝鲜国王向日本派遣的外交使节团，史称朝鲜通信使，又称"通信使""朝鲜使节"等。其主要方式是由朝鲜国王派出携带书契及礼单实物的外交使节团，向日本足利将军、德川将军派遣。其先例在高丽王朝辛禑元年（日本永和元年，1375）即有，当时在朝鲜王朝的成宗朝便制定了使节团的组成人员及携带物品，孝宗朝后开始确立下来。

日本室町时代这样的使节团只在世宗时期有三次，其详细情况不明。而江户时期自庆长十二年（1607）到文化八年（1811），前后共达 12 次。这 12 次交流，亦成为日本研究日韩（朝鲜）关系的重要内容，也是本文要讨论的主题。

分析朝鲜派遣通信使的原因，室町时代主要为禁止倭寇入朝之商谈，以及祝贺日本将军世袭，幕府统治时基本相同，与丰臣秀吉侵朝有很大关系。而江户时期的 12 次中，前 5 次原因较为复杂，后 7 次主要是为了祝贺日本将军袭位。这样的使节团，多则近 500 人，少则 200 多人。使节团中一定伴随有良医、医员，推测他们一方面是所有出使人员的随行医生，同时也担负有与日本医者进行交流的职责。

通信使所行路线：

经朝鲜王城汉城出发—经陆路或水路—釜山—人对马府中—相之岛（蓝岛）—下关—上关—濑户内海东—鞆浦、牛窗、室津、兵库—大阪—经京都—过大垣、名古屋、静冈—箱根—下江户。

通信使往返一次前后需要五个月，有时长达七八个月。

日本各界对于这种一生难遇的奇事，给予了多方面的关注。他们设有专门接待的驿站，欢迎远道而来的外国人。而朝鲜使臣到达江户后，也会专门选择吉日，在日本诸大名列坐时行聘

礼，献礼物，而日本将军则予以慰劳。使团行进过程中，停宿于日本诸藩客馆及江户本誓寺、本愿寺等地。途中，大批日本文人、墨客、学者、医师，自发地奔向那里，学习以朱子学为首的朝鲜先进文化及医学知识，进行诗文应酬及医学方面的质疑求解，同时也间接地接触了大量的中国文化。

伴随有朝鲜良医、医员的使节团，成为日本医生关注的对象。他们不止一次地主动奔赴使节团的住所，通过笔谈的方式互相沟通，汉语成为他们十分便利的交流工具，由此获得了尽量多的信息。这些笔谈记录被日本医家很好地保留起来，在交流活动后不久便整理刻印，流传于世。根据初步研究，目前，日本国内各藏书机构收藏与医学内容相关的笔谈医书约 40 种（实际数目应该多于此），其中 20 余种保存于国立公文书馆内阁文库，其余分散于京都大学医学部富士川文库、国立国会图书馆、东北大学狩猎文库、东京大学图书馆、大阪武田财团杏雨书屋等多处。韩国国立中央图书馆也藏有部分书籍。本文先介绍其中的 18 种书籍，其中来自内阁文库的 17 种，京都大学富士川文库在网页公开有另一种。

二、日朝医学笔谈记录具体内容

18 种书籍的有关情况是：18 种书籍中以 1748 年的第十次交流记录最多，其次 1711 年的第八次与 1748 年的第十一次交流记录相同。而第一至七次的相关记录没有线索，或者说相关线索很少。

根据 18 种书籍的出版年代顺序，简要介绍每一种书籍的大致内容：

（一）《两东唱和后录》

原书 1 册 1 卷，《别录》1 卷，《韩使官职姓名》1 卷，是日本针医村上溪南及其长子周男等，前往朝鲜信使所居宿舍拜访，与朝鲜良医奇斗文之间关于针术的问答。

溪南，号樵斋，世代以针为业。其子周男，号得应斋。奇斗文，号尝百轩，居于京城，作为医员于朝鲜肃宗三十七年（1710）随通信使赴日。《两东唱和后录》书中载他为鸡林医官宣务郎，官至朝散大夫典涓司直长。

日本正德元年（1711）九月十四日，朝鲜三官使因遇海浪滞留于日本境内。同月二十日，由对马州之医士梯靖庵相邀，村上溪南与其子及门人杏仙与朝鲜医家会面于西本愿寺。主要以村上溪南、其子周南禀，奇斗文复的形式予以笔谈。所记载的主要内容包括：

1. 针灸基本理论问题

《灵枢·经脉》篇内容，如"病有是动有所生""是动者六气之病也，所生者十二脏腑之病也"的含义。以及砭石灸焫之补泻、井荥俞原之合、缪刺之法。

2. 二人相互赠书

奇斗文："治病论穴之说全在仆之册中。"

村上溪南："窃撮疗病之扞格而难来择者，凡五十有穴，为一小册，谨呈。"

3. 村上溪南之长子周男询问毫针之刺法，并请奇斗文在自己身上试针而加以体会。

（二）《鸡林唱和集》

内阁文库藏有四种《鸡林唱和集》，均为日本正德二年（1712）刊本，十五卷，而册数各不相同。原书为朝鲜使臣赴日时，道中各地的文人雅客所做的诗文唱和、问答笔谈汇集，其中卷四、卷十四包含有与医事相关部分。书中所出现的日朝人物有：

稻生若水，生活于公元 1655—1715 年。名宣义或义，字彰信，通称正助，又称稻若水。江户人。为江户中朝本草学者、博物学先驱者。曾随其父稻生恒轩习医，随木下顺庵学儒，并师事于福山德润，后为加贺藩主。著有《庶物类纂》等书。

竹田定直，为日本博多的儒医。

李东郭，名礥，字重叔，号东郭，朝鲜通信使中制述官。生于甲午年（1654），乙卯（1675）进士，癸酉（1693）文科状元，丁丑（1697）重试及第，曾为安陵太守。来日时 58 岁。

南泛叟，名南圣重，字泛叟，朝鲜通信使中书记、副司果。生于丙午年（1666），来日时 46 岁。

原书卷四收有以下内容：

1. 稻生若水与李东郭之间的笔谈，述及樱花、樱桃及枫树之区别。此为日方问，朝方答。

2. 南泛叟与稻生若水之间的笔谈，关于仙人掌、桂树、葡萄等内容。此为朝方问，日方答。

3. 奇斗文与稻生若水之间的笔谈，首先对于一种植物（青树？）有不同看法，后有对仙人掌、人参苗、附子苗、乌头的讨论。

卷十四还载有名为春庵之日人与奇斗文之间的笔谈。有趣的是，春庵请教关于煎剂中"生姜一片"的计量如何掌握，说日本人多肠胃软脆，不受大服。奇斗文则以中国仲景小柴胡汤为例，认为半夏配生姜之用法为治病之妙剂，取生姜半朵以斫切破三片，一片在其中，则可掌握生姜用量。此说颇与中国用法相似。

（三）《桑韩医谈》

2 册 2 卷，北尾春圃撰。本书为作者于日本正德元年十二月一日夜，值朝鲜使节一行止宿于大垣桃源山全昌寺时，访问朝鲜医官奇斗文，进行问答后，又将自家医论附加而成书。

北尾春圃，字育仁，号壮庵，浓州大垣之医。书中自述姓藤氏北尾，名春圃。其长子号春竹，次子春伦，三子号道仙。

朝鲜肃宗三十七年（1710），为贺日本关白源家宣新立，派正使赵泰仪，副使任守幹，从事官李邦彦赴日，奇斗文作为医官随行。

书中涉及问题如下：

1. 药物学知识

北尾春圃问唐沙参与野胡萝卜之关系，并携带实物请奇斗文品尝。引用《本草纲目》、《证治准绳》、洁古老人之说，探讨沙参、蔓参、人参、荄蒬等药性。原书中还附有药物图。

240

2. 难治疾病

春圃问	奇斗文答
疼痛兼有惊挛之病	湿热痰三气挟风游走于督脉。
小儿疳痢	处方抑肝扶脾散，或用消食保童丸、消食饼、肥儿丸。
耳聋三十三年	亲自诊脉后查虚里动，用补中益气汤加味，兼针灸风池穴治疗。
痨瘵传尸之病	用天民之法加减造化。
仲景伤寒温热病脏结者	风中脏，如仲景之法。
伤寒温热病蓄血之症	水蛭、虻虫炒黄消毒用之。

3. 医论问题

春圃向奇斗文呈上为其三个儿子所做的医论六条，请其评论。内容包括：枢扭，阳有余者丹溪之所发挥，客问未发之火、已发之火、假火，客热入里者以知母黄檗之辨等。奇斗文读后认为所论多效先哲之论，表示赞赏。同时他还批评其他一些日本医生，谈到自对马州到江户沿路，所遇日本业医，多违古人之法。

4. 病案举例

在第二册坤卷中春圃以治法为先，边论边列举一些病案加以说明，包括：脾胃、补阳、脉绝而生、脉平而死（三个病例）、实似虚者或泻之或和之（两个病例）、未发之火、假火（两个病例）、阴阳如权衡、火极似水（未标明者均为一个病例）。对于这些病例描述，奇斗文称赞、评论为："所论病气之用药，无违古人之活套法，可谓东海之天民也。"

5. 赠送礼物

奇斗文送春圃三种药，即牛黄清心丸、紫金锭、薄荷煎。

（四）《桑韩唱和埙篪集》

原书未署作者。共8册，为日本享保四年（1719）使臣来聘时，诸国诗家所赠答的诗文及笔录汇集而成。其中有关医事关系部分为卷四、卷八、卷九。具体内容如下：

卷四前载有"医员笔录"，主要为北尾春圃之子北尾春伦与朝鲜良医副司果权道间的商讨，春伦主要询问："向所呈心下虚

241

实论及家君所呈精气神论之文"，朝鲜使者未作详细回答。之后春伦问一男子前项生核颈烂病例，朝鲜医员金光泗治以荣卫还魂汤加独活、柴胡各一钱答。

卷八为饭田玄机与权道之一问一答。涉及度量衡方面的问题；《黄帝针经》在朝鲜的流传；妇人妊娠至五月后束腹之问题；人参、白附子在中国与朝鲜产地之不同；探讨方剂计量；针法的具体应用；植物学相关问题。

卷九为京都医士饭田隆庆、长州萩之医士林义方与朝鲜使三书记菊溪、啸轩、秋水，医员小心轩、西樵之间的互相问答。谈及《伤寒论》注书问题，并就《灵》《素》的成书年代稍加商讨。此外，朝鲜啸轩素患肝火症，请宽斋良诊治后处以五积散。

（五）《韩客笔谭》

原书 1 册，写本，太医令橘勳所作。作者于日本延享五年（1748）五月，依上命于东都会朝鲜信使良医赵崇寿，其医事问答汇为 1 卷。赵崇寿，字敬老，号活庵。朝鲜来使中之良医。关于医学部分主要集中于原书第二部分，所涉及的主要内容有：

1. 大量篇幅讨论了一些重要医学书籍的收藏及版本问题

如对全元起注释的《素问》及王冰所做注进行讨论，并探讨"登天"一词各自的认识。谈话中涉及下列朝鲜及中国医籍：《胎产谚解》《痘疹谚解》《医林撮要》《乡药集成方》《东医宝鉴》《针灸经验方》《经验方》《千六集》《南溪集》《济斋集》《古今录验方》《简要济众方》《兵部手集》《小品方》《博济方》《本草拾遗》《医学发明》《活人书》《灵苑方》《庚辛玉册》《医统正脉》等。

2. 关于多发病

橘元勳述日本以脚气肿满为多，崇寿认为属湿热之所为。

3. 探讨药物、植物内容

人参之储藏法，假人参之鉴别，中华人参之产地、形态、炮制在不同书籍中的记载；黄连之药物形态等内容；铁脚威灵仙之药效；《东医宝鉴》所载之吞口鱼、松鱼、崧鱼与鲣鱼之关系；松鱼之有毒、无毒问题。

此外，两人还围绕中国张景岳其人其著，《巢氏病源》《外台秘要》《肘后方》《千金要方》《千金翼方》《医学入门》《医学正传》《万病回春》《直指方》等予以讨论，元勳将《病源》《外台》二书赠予崇寿，崇寿以扇柄、翰墨回赠元勳，双方达成协议，将互通书籍之有无。

（六）《仙槎笔谈》

原书 1 册 1 卷，附 1 卷。此书与上述《韩客笔谭》内容基本相同，只是增加了谈话中的一些诗赋，并记载了双方互赠之物；橘元勳向朝鲜通信使赠书纸及折扇等礼品，朝鲜朴敬行回赠药丸七种：牛黄清心丸、苏合香丸、朱砂安神丸、小儿清心丸、九味清心丸、抱龙丸、龙脑膏，并介绍了每种药的适应症。

（七）《仙槎笔谈抄录》

为《仙槎笔谈》选择部分内容的手抄本，抄写于明治十五年，即 1882 年，据原书刻印年代的 1748 年已有 135 年。

（八）《桑韩医问答》

本书为日人河村春恒和朝鲜医官赵崇寿之间进行的医事问答。内容如下：

1. 河村春恒询问正德年间北尾春圃与奇斗文间交谈所问的疑问，并请述三十年的变化。赵崇寿讲述劳瘵、传尸内容。

2. 河村春恒就黄胖病、药医、针医、热入血室、小儿疳疾、气口脉部位之说、《素问》、《灵枢》成书及主要内容、《内经》中所言中风与后世之不同、灸背之法等内容请问。赵崇寿一一详答。

3. 关于"方书所谓之时疫与后世之不同"，河村春恒罗列"时疫诸症大观"细问，赵崇寿逐项回答，亦十分详尽，并特别强调老人得病治法，还附有治痔漏汤。

4. 再问笔语部分：二人讨论毫针之用，用针治积之病，肝肺关系等内容。

（九）《班荆闲谈》

1 册 2 卷，直海龙撰。为作者与朝鲜良医赵崇寿、制述官朴敬行之间的问答。与医学相关主要内容如下：

1. 直海龙向朝鲜良医赵崇寿呈上四条疑问，为《本草原始》中的人参采集法、禁忌、使用部位以及高丽人参等相关的问题，席间赵崇寿即刻回答，并告知人参叶之用法。

2. 关于几种药物的疑问：握雪礜石、蕙草、方茎麻叶、长松，枫树、海棠、樱桃之鉴别。

3. 关于朝鲜药茏、药物剂量质疑，并讨论几种药物的形态鉴别及药物功效。

4. 赵崇寿赠送直海龙秘丸药一方、小儿妇人奇药数剂，及草种、石品。

（十）《桑韩锵铿录》

原书3册。记载了浪华医士百田安宅与朝鲜良医赵崇寿之间的医事问答。

医学部分主要在《桑韩锵铿录医谈》中，为百田金峰与赵崇寿之笔谈内容，其中包括：

1. 部分疾病的治疗方法：骨蒸、火动、彭胀、膈噎、温泉疗皮肤疾、瘿瘤、瘰疬、痫疾。

2. 不同季节的多发病。

3. 服药法：汗吐下方中用之多寡、平生保养服药、小儿养育法。

4. 计量法：处方剂量之轻重、分量等。

（十一、十二）《朝鲜笔谈》

原书分为乾、坤2册。为延享五年五月二十八日到六月十二日期间，东都医官河村春恒与朝鲜良医赵崇寿之间的问答。

首先谈到了之前曾见面的橘元勋，随后河村请教了朝鲜国所常用医方书、日本所产人参的真伪、制法，并询问盐在吐法中的应用问题，而赵崇寿则打探奇斗文笔谈记录之下落，问询当时日本大医院中的名医数量。

因旅途奔波劳累，赵氏身体不适，向河村请教所患肠痛病的治法。此外河村还就下述诸病与朝鲜方商谈，包括舌疽、时疫、治痔漏方、小便清、脐下冷、胎滑、耳聋、舌龈津血凝结及治头风之金方等治疗方法。文中双方还探讨了中风为病、五运六气，《素问》《灵枢》之成书、篇章，对王冰加入七篇的看法，以及三部脉、小儿之疾、热入血室、黄胖病等问题。

（十三）《朝鲜笔谈》

1册，抄本。分为上、下2卷。原书载延享五年五月二十八日，东都医官野吕实夫（字元丈，号连山）前往浅草本愿寺，

244

与朝鲜赵崇寿等人相互质问的笔谈。其内容包括：

1. 药物学问题

植物中之梓楸与假梧桐之鉴别；黄芩、贝母、白附子实物鉴别；问椒之蜀秦之别，问桔梗、荠苨、沙参诸种药物产地；昆布、海带两国名称语言的互相介绍；论两国计量之不同。

2. 探讨两国治病方法之不同

元丈以《素问》为据，述日本方法与《内经》所言不同；探讨双方所用针之区别。

3. 互赠礼品

朝鲜赠日方清心丸、苏合丸、人参养胃汤、不换金正气散、藿香正气散，日方回赠一壶酒。

（十四）《两东笔语》

原书共3册6卷，每日笔谈为1卷。为戊辰（1748）六月，东都医官丹羽正伯（号良峰）与朝鲜良医赵崇寿、医员松斋、制述官矩轩等人的笔谈。内容包括：

1. 药物学方面大量问题：涉及苍术、海苔、赤小豆、柚、黄连、柴胡、银柴胡、小茴香、五味子、药果、钟乳等多种，并就人参之产地、差异详述。

2. 医学理论及临床：关于妊娠五月着带之讨论。

3. 两国差异的讨论：良峰谈对日本医学二流医流、方流的认识，及自身习医之法、对仲景医书的认识。并谈及程朱之学。活庵认为应该重视《素》《难》二经及运气说；各述习医所读书之差别。

（十五）《桑韩笔语》

1册1卷，山田正珍撰于宝历十四年（1764年）四月，东都刊。现藏于日本京都大学富士川文库。

山田正珍，姓昔，氏山田，名正珍，字玄同，文字宗俊，号图南。书斋名杏花园。他生于宽延二年（1749年），是日本著名儒医，自幼聪慧伶俐，好学博识。

山田正珍一生多处拜师求学，既学儒又习《素问》《灵枢》，研本草之论。他的一生倾注于对《伤寒论》研究，后曾在医学馆从事《伤寒论》讲座，其理论凝结于《伤寒论集成》中。此外，正珍还著有《伤寒考》《天命辨》《新论》《权量揆乱》等书。

天明七年（1787）因肺疾而逝，年仅 39 岁。

宝历十四年，时年仅 16 岁的少年山田正珍，便接待渡日朝鲜通信使使节，自二月二十三日起至三月八日为止，共 12 次前往该处，与包括制述馆、良医、医员、书记、伴倘在内的人员进行了笔谈及诗文问答，其中与医事相关的问题，有以下内容：

1. 药物学问题

询问关于《东医宝鉴》中的数种药物，探讨长石、理石在日本、朝鲜两国的异同；《金匮要略》中甘草粉蜜汤中的粉为何物、人参的炮制法；《千金方》《金匮要略》中的药物讨论。

2. 理论及治疗研究

对《内经》《甲乙经》中经络学说的是非质疑；问瘰癧的治疗法。

（十六）《倭韩医谈》

1 册 2 卷，坂上善之撰。

作者在浅草客馆本愿寺与朝鲜诸学士及良医李慕庵会合，就人蔗而问，并询薝菜、龙骨等药品的功能，火浣布的制法，药材的炮制法等，又问朝鲜专门医之名，包括大人医、小儿医、痘医、肿医、针医、眼医、积聚医、妇人医等。并就《伤寒论》中的二三语正疑义，又与其他质疑问答进行论述。

（十七）《两东斗语》

2 册，松本兴长撰。

原书描述宝历十四年甲申之春，东都口科侍医法眼松本善甫长子兴长，受命于江户浅草本愿寺之东厢谒朝鲜之学士及良医。

其中所问的医学内容主要与舌病相关，包括有：口舌之病所载于方籍者；舌疽出自何书；就正德年间尝百轩与良医赵崇寿关于舌疽问题对日本的回答再次提出疑问，予以确认。

第二册中有日本人东原所问"医问八条"，其主要内容有：问《内经素问》之版本真伪；《内经》注家；对赵崇寿不了解张介宾之说表示批评；《内经》中九针之讨论，《金匮玉函》中所论的四百四病；《儒门事亲》之汗叶下三法非子和之法；下疳便毒杨梅疮之治法。回答者为良医慕庵。之后有一段东原关于瘰癧传尸之治疗方法介绍。整个问答过程感觉日人东原知识非常丰富，问题文字很长，而朝鲜良医慕庵答语较少，似有力不从心之感。

（十八）《和韩医话》

1册2卷，山口忠居撰。

本书是宝历十四年二月三日，朝鲜使节一行通过名古屋时，张藩之医山口安斋与朝鲜医官李慕庵在宾馆相会，就医学问题进行笔语问答，后汇为一册。

山口忠居，字湛玄，号安斋，又号橙橘窝主人。世业医，居尾府。入皇都山胁东洋之门，详于针灸后而归。在名古屋开业，后名声大振。曾著有《病家示训余议》一书。李左国，字圣甫，号慕庵，为本次通信使团中良医，官阶为副司果，年30岁。

上卷内容始于通刺，围绕《痧胀玉衡书》而论，质疑于脚气、瘟疫、痘疹、卒死、放刮疗法等内容，讨论了上述疾病的治疗药物及不同症状的治疗方剂。同时慕庵希望在日购买好医书，包括《伤寒论》及《丹溪心法》，双方还就《仲景伤寒论》的版本、内容加以探讨，其中安斋还向慕庵推荐了和刻《外台秘要》本。

下卷始记安斋送李慕庵一部《伤寒论》，但称《丹溪心法》未在书肆求得。之后以正德元年来日答疑的奇斗文与当时日本医家所谈内容为依据，问痨瘵传尸当今治疗之良方、痘症治法、预防法，偏枯病的治疗、并就名古屋地区流行的飓风（相当于现今之疫痢）、癣疮而问；同时安斋请慕庵诊治他自己的哮喘病；最后还就人参真赝鉴定法及参叶之主治予以质问。

二人离别时互赠药品，安斋送慕庵家传赤龙丹一器，慕庵回赠安神二丸、苏合五丸。

典籍与文化 9

参考文献：

1. ［日］吉田忠：《朝鲜通信使との医事问答、日本文化研究所研究报告》，沈阳：东北大学出版社，1988年。

2. ［日］三木荣：《朝鲜医学史及疾病史》，东京：思文阁出版，1991年。

3. ［日］三木荣：《朝鲜医书志》，东京：日本大阪学术图书刊行会，1973 年。

4.〔日〕小曾户洋：《日本汉方典籍辞典》，东京：大修馆书店，1999 年。

5.〔韩〕金信根：《韩医药书考》，汉城：韩国首尔大学出版部，1987 年。

6.〔日〕国史大辞典编集委员会编：《国史大辞典》，东京：日本吉川弘文馆，1988 年。

7.〔日〕内阁文库编：《内阁文库汉籍分类目录》，东京：内阁文库，1956 年。

（原载《医古文知识》，2004 年第 3 期，第 24—27 页；2005 年第 2 期，第 32—33 页。承蒙该刊同意转载，谨致谢忱。另需说明的是，本文在本次出版中略有改动）

讲座 丛书